INTRODUCTION TO
TAX LAW

基礎から学べる

租税法

第3版

谷口勢津夫＋一高龍司＋野一色直人＋木山泰嗣 著

Taniguchi Setsuo+Ichitaka Ryouji+
Noishiki Naoto+Kiyama Hirotsugu

弘文堂

第3版はしがき

この度、版を重ねて第3版を刊行することになりました。この間、本書は、おかげさまで、租税法を「基礎から」学ぼうとする幅広い層の読者の皆さんに受け入れられてきました。

今回の改訂にあたっても、本書の基本的コンセプト（「初版はしがき」参照）は堅持しながら、①この間の法改正や新判例を踏まえた加筆修正と②この間私たちが教科書として使用してきた経験を踏まえた加筆修正、を施すことを改訂の基本方針としました。

①については、とりわけ第1章で連結納税制度の廃止・グループ通算制度の導入（令和2年度税制改正）、公正処理基準に関する最判令和2年7月2日民集74巻4号1030頁、みなし配当に関する最判令和3年3月11日民集75巻3号418頁等を解説に反映させました。

②については、TOPICSを中心に、第2章「シェアリングエコノミーと現金主義」、第3章「軽減税率と消費税の負担」「登録番号の確認は仕入税額控除の適用上の新たな要件か」、第4章「相続税法32条1号の更正の請求と前訴判決の拘束力」「資産移転時期に中立的な相続税・贈与税の一体化に向けた検討」等を追加・加筆修正し、大幅にリニューアルしました。

昨年来のコロナ禍でも経済社会の変転を受け税制が新たな展開を見せる中、今後も読者の皆さんに「基礎から」租税法を学んでいただけるよう、本書も適宜その内容を検討し更新してまいります。

最後に、今回の改訂にあたっても、弘文堂編集部の北川陽子さんに大変お世話になりました。心より御礼を申し上げます。

2021年12月

執筆者一同

第2版はしがき

初版の刊行から2年近くが経ったが、この間、本書は、おかげさまで、租税法を「基礎」から学ぼうとする幅広い層の読者に受け入れられてきた。

今回の改訂に当たり、本書の基本的コンセプト（「初版はしがき」参照）は堅持しながら、①この間の法改正や新判例を踏まえた加筆修正と ②この間私たちが教科書として使用してきた経験を踏まえた加筆修正、を施すことを改訂の基本方針とすることにした。

①については、とりわけ、法人税の分野（第1章）で平成29年度税制改正による法人税法34条（役員給与の損金不算入）の改正、平成30年度税制改正による同法22条の2（収益の額）の新設、相続税の分野（第4章第1節）で平成30年7月の民法（相続編）改正、等の主要な内容を解説に反映させた。

②については、全体を通じて解説をより理解しやすくするため文章表現等を見直したほか、①も含めこの間の社会経済の動きを受けて授業等で取り上げた問題を盛り込んだ（例えば、第1章 Keyword 4「収益認識に関する会計基準」、第2章 Keyword 11「消失控除」、第3章 TOPICS 4「仮想通貨と消費税」、第4章 TOPICS 12「成年年齢の引下げ」など）。

今後とも、読者の声に耳を傾けつつ、互いに意見を交わしながら、本書が名実ともに「基礎から学べる租税法」として世に受け入れてもらえるよう精進を重ねていきたい。

最後に、今回の改訂にあたっても、弘文堂編集部の北川陽子さんに大変お世話になった。心より御礼を申し上げる。

2019年1月

執筆者一同

初版はしがき

　本書は、学部・大学院を問わず、また、主たる専門が法学系であるかどうかを問わず、大学で租税法を「基礎」から学ぼうとする学生の方だけでなく、租税法を「基礎」から学ぼうとする社会人の方をも読者として想定して、企画・執筆した教科書・独習書である。

　租税法を「基礎」から学ぶ、という場合、私たちが企画・執筆の方針としてきたのは、読者が本書を通じて、「自分の納めるべき税額について自分自身で判断・計算できるようになること」を目標にして、租税法を学んでもらいたい、ということである。そのためには、租税法律の個々の条文の理解だけでなく、当該租税法律の全体を俯瞰した理解も必要である。読者には、「森を見ながら、木を見る」ような学習を心がけてもらいたいと考えている。

　しかし、そのような学習は、「言うは易く行うは難し」である。そこで、本書では、最小単位の「見出し」には、必ず「問いかけ」を付けることにした。「問いかけ」は、一般に、教育の不可欠の要素といわれる。本書では、私たちが読者の「学習行程」におけるいわば「ナビゲーター」として「学習目標」を見据えながら、そこに辿り着くためにそのときどきに考えてもらいたい事項について、「問いかけ」を発することにしたのである。読者には、「問いかけ」を念頭におきながら、それに続く解説を読み、「問いかけ」に答えつつ理解を深めてもらいたいと考えている。このような「問いかけ」重視の姿勢は、第1章以下の各章の冒頭に解説への「誘い」として設けた「○○税の世界へようこそ！」欄のメッセージや設問にも、感じていただきたい。

　「問いかけ」は、究極的には「森」を見ながら、個々の箇所では「木」の「幹」ともいうべき基本的内容に即して、発するよう心がけた。本書では、法人税（第1章）、所得税（第2章）、消費税（第3章）および相続税・贈与税（第4章）の各税目について、税額計算の基本的仕組みを「幹」とし、必ず「図表」で示したうえで、税額計算のプロセスに従い個々の規定を解説することにした。その際、解説の「幹」をより明確にするために、基本用語、関連問題、発展問題などは「Keyword」「TOPICS」欄のなかで解説することにした。読者には、これらの欄を、「学習行程」の「道草」とは考えず、とはいえ解説の「幹」を読むときとは頭を切り換えて、併せ読んでもらいたい。もっとも、法人税については企業会

計の理解、相続税については民法（家族法）の理解が不可欠であることから、第1章と第4章では法人税、相続税との関連において、本文でもできるかぎり企業会計、家族法を解説することにした。本書1冊で、租税法を「基礎」から学んでもらえるよう、序も含めできるかぎり配慮を施した。

　本書は、読者の関心に応じてどの章から読み始めてもらってもよい本にすることを私たちが互いに了解したうえで、企画・執筆したものである。ただ、私たちが法人税を第1章に配置したのは、「差引計算思考」ともいうべき考え方が上記の各税目に共通する税額計算の根底にある考え方であり、法人税については、その考え方が「益金の額から損金の額を控除する」として最も純粋な形で貫徹されていると考えるからである。差引計算思考は資本主義経済を前提とする租税の本質的な要素の一つといってもよい。もちろん、差引計算思考は、内容や態様は異なるものの、他の税目についても必要経費（広義）控除、仕入税額控除、債務控除などのなかにもみられる。読者には、是非とも、本書を通じて差引計算思考をマスターしてもらいたい。

　企画・執筆に関する以上の方針・姿勢は、私たちがメールのやり取りも含め、打合せ会・読合せ会を重ね、練り上げてきたものである。ただ、各章の解説内容については、「**図表**」の使い方や「Keyword」「TOPICS」欄で取り上げる項目の選定なども含め、各税目の特性を考慮して、各自の判断と創意工夫に委ねることにした。もちろん、それぞれの章のなかでは、内容的にも形式的にも一貫性のある叙述を行った。

　本書はそもそもは弘文堂の北川陽子さんの企画によるものである。北川さんには当初から大変お世話になり、そのときどきにおいて温かく力強い励ましときめ細やかで的確なアドヴァイスを頂戴した。私たちとしては、今後とも不断の努力を重ね、私たちの方針・姿勢も含め本書に対し読者の共感・支持をいただけるよう精進を続けることをもって、北川さんへの謝意の表明とさせていただきたい。

2017年3月

執筆者を代表して

谷口　勢津夫

●執筆者紹介●

谷口勢津夫(たにぐち・せつお)　　序、第2章
・**現在**　大阪大学大学院高等司法研究科教授
・**経歴**　1956年生まれ。京都大学法学部卒業、京都大学大学院法学研究科博士後期課程単位取得退学。甲南大学法学部助手・専任講師・助教授・教授を経て、2004年4月より現職。
・**著書**　『租税条約論』(清文社・1999)、『租税回避論』(清文社・2014)、『租税法演習ノート〔第4版〕』(共著、弘文堂・2021)、『税法の基礎理論』(清文社・2021)、『税法基本講義〔第7版〕』(弘文堂・2021)。
・**メッセージ**　租税法は複雑難解と思われ「食わず嫌い」になりがちな法分野です。しかし、租税法は、私たちの生活の様々な場面に深く関わっており、企業が経営判断・経済的意思決定をする場合にも必ず考慮すべき重要な要素です。読者の皆さん、「食わず嫌い」をせず、私たちと一緒に、私たちの「問いかけ」に答えながら、租税法を「基礎から」学んでいきましょう。

一高龍司(いちたか・りょうじ)　　第1章
・**現在**　関西学院大学法学部教授
・**経歴**　1969年生まれ。関西大学法学部卒業、関西大学大学院法学研究科博士前期課程修了、神戸大学大学院経営学研究科博士後期課程修了。大阪産業大学経営学部講師、京都産業大学法学部助教授・教授を経て、2010年4月より現職。
・**著書**(いずれも分担執筆)　『テクノロジー革新と国際税制』(清文社・2001)、『テキスト国際会計基準』(白桃書房・2001)、『検証 国税庁情報の重要判決50』(ぎょうせい・2012)、『入門国際租税法〔改訂版〕』(清文社・2020)。
・**メッセージ**　本書は、現行制度を概観するだけでなく、租税法上の論点を意識して、初学者を含む多様な読者に確かな学びを提供できるように工夫されています。本格的な学習の出発点として、また、要点確認や知識の拡充などのために、本書を活用してください。

野一色直人(のいしき・なおと)　　第3章

・**現在**　京都産業大学法学部教授

・**経歴**　1970年生まれ。大阪大学法学部卒業。国税庁入庁、東京大学大学院法学政治学研究科民刑事法専攻修了、ケースウエスタンリザーブ大学ロースクール卒業、国税庁退職後、大阪学院大学大学院法務研究科教授、立命館大学経済学部教授を経て、2017年4月より現職。

・**著書**　『入門国際租税法〔改訂版〕』(分担執筆、清文社・2020)、『国税通則法の基本 その趣旨と実務上の留意点』(税務研究会・2020)、『地方自治法の基本』(分担執筆、法律文化社・2022)。

・**メッセージ**　租税法は、経済活動や社会生活の多くの場面に関係する法律です。本書を通して、皆さんが普段から接している消費税、あるいは、所得税といった租税の根拠となる消費税法、所得税法等の租税法の基礎的な知識や考え方を身につけてください。さらに、本書のKeywordやTOPICSのなかから、皆さんにとって、面白いと思う租税法の世界を見つけてください。

木山泰嗣(きやま・ひろつぐ)　　第4章

・**現在**　青山学院大学法学部教授・弁護士

・**経歴**　1974年生まれ。上智大学法学部卒業。司法修習、鳥飼総合法律事務所アソシエイト、パートナーを経て、2015年4月より現職。

・**著書**　『分かりやすい「所得税法」の授業』(光文社新書・2014)、『税務訴訟の法律実務〔第2版〕』(弘文堂・2014)、『超入門コンパクト租税法』(中央経済社・2015)、『教養としての「税法」入門』(日本実業出版社・2017)、『入門課税要件論』(中央経済社・2020)など。

・**メッセージ**　難解だと思われがちな租税法。たしかに腰を据えて学ぶことが求められます。しかし本書に登場する判例などからもわかるように、法の適用が納めるべき税金の有無および税額に直結する点に、面白さがあります。相続税・贈与税は、いま注目の税金。民法との関係も深く、やりがいのある科目です。民法改正もありました。様々な特別措置もあります。しっかり学びましょう。

第2章 所得税

第 **4** 章　相続税・贈与税　　201

凡　例

判例の引用、判例集・雑誌等略語で引用する場合は、慣例に従った。
法令の表記についての略語は、以下の例によるほか、慣例に従った。

- 憲　⟶　憲法
- 民　⟶　民法
- 商　⟶　商法
- 会社　⟶　会社法
- 行訴　⟶　行政事件訴訟法
- 行手　⟶　行政手続法
- 所法　⟶　所得税法
- 所令　⟶　所得税法施行令
- 所規　⟶　所得税法施行規則
- 所基通　⟶　所得税基本通達
- 法法　⟶　法人税法
- 法令　⟶　法人税法施行令
- 法規　⟶　法人税法施行規則
- 法基通　⟶　法人税基本通達
- 措法　⟶　租税特別措置法
- 措令　⟶　租税特別措置法施行令
- 措規　⟶　租税特別措置法施行規則

- 相法　⟶　相続税法
- 相令　⟶　相続税法施行令
- 相規　⟶　相続税法施行規則
- 相基通　⟶　相続税法基本通達
- 消法　⟶　消費税法
- 新消法　⟶　令和5年10月1日から施行される消費税法
- 消令　⟶　消費税法施行令
- 新消令　⟶　令和5年10月1日から施行される消費税法施行令
- 消基通　⟶　消費税法基本通達
- 税通　⟶　国税通則法
- 地税　⟶　地方税法
- 家事　⟶　家事事件手続法
- 家審　⟶　家事審判法

- 抜本改革法　⟶　社会保障の安定財源の確保等を図る税制の抜本的な改革を行うための消費税法の一部を改正する等の法律
- 一般法人　⟶　一般社団法人及び一般財団法人に関する法律
- 連結財務規　⟶　連結財務諸表の用語、様式及び作成方法に関する規則

序 租税法を「基礎」から学ぶにあたって

　本書を使って租税法を「基礎」から学ぶにあたって、必要と思われる共通の基礎的事項（Ⅰ）と学習上必要な基本情報（Ⅱ）を「序」として以下に述べておく。

Ⅰ　学習上の基礎的事項

❶………租税法律主義と課税要件──租税法では何が重要なのか、何を学ぶのか

　租税に関する重要なことがらは、何よりもまず、「誰」が「自分の」「何」に対して「どれだけの金銭を租税として」国または地方団体に支払わなければならないかを決定することである。それらの事項は「課税要件」といい、法律で定めなければならないものである（租税法律主義）。このことを少し詳しく述べると、以下のようになる。

　わが国の租税判例のうち基本判例として第1に挙げられるのが、大嶋訴訟・最高裁大法廷判決（最大判昭和60年3月27日民集39巻2号247頁）である。この判決は租税および租税法律主義の意義について次のように判示している。

　「租税は、国家が、その課税権に基づき、特別の給付に対する反対給付としてでなく、その経費に充てるための資金を調達する目的をもつて、一

定の要件に該当するすべての者に課する金銭給付であるが、およそ民主主義国家にあつては、国家の維持及び活動に必要な経費は、主権者たる国民が共同の費用として代表者を通じて定めるところにより自ら負担すべきものであり、我が国の憲法も、かかる見地の下に、国民がその総意を反映する租税立法に基づいて納税の義務を負うことを定め（30条）、新たに租税を課し又は現行の租税を変更するには、法律又は法律の定める条件によることを必要としている（84条）。それゆえ、<u>課税要件</u>及び<u>租税の賦課徴収の手続</u>は、法律で明確に定めることが必要であるが、憲法自体は、その内容について特に定めることをせず、これを法律の定めるところにゆだねているのである。」（下線筆者）

　この引用部分のうち第1文の前半（「……自ら負担すべきものであり」まで）が租税の意義（これを定める規定はわが国の租税法令にはない）に関する判示であり、その後半および第2文が租税法律主義の意義に関する判示である。租税法を学ぶにあたって「基礎（出発点）」として常に肝に銘じておかなければならないのが、租税法律主義である。

　憲法は、租税法律主義、すなわち法律に基づく課税の原則を、課税される国民（納税義務者）の観点から（30条）と、課税する国家（課税権者）の観点から（84条）、定めている。租税法律主義は、近代国家における民主主義および法治主義の淵源ともいうべきマグナ・カルタ（大憲章。1215年）において、当時のイギリス国王ジョンが諸侯との間で当時の租税（楯金・援助金）につき、「いかなる楯金または援助金も、朕の王国の一般評議会によるのでなければ、朕の王国においてはこれを課さないものとする。」と確約したことを起源とし、その後の議会制民主主義の発展に伴い、課税権者に法律（前記判示にいう「[国民]の総意を反映する租税立法」）に基づく課税を命じる憲法原則として、確立されてきた。租税法律主義は、課税権者に対して法律に基づく課税を義務づけることによって、国民の財産および（財産を経済的基礎とする）自由を恣意的・不当な課税から保護すること、を目的とする憲法原則であり、租税の場面における法治主義の現れである。

租税法律主義によれば、「課税要件及び租税の賦課徴収の手続は、法律で明確に定めることが必要である」（前掲大嶋訴訟・最大判）とされる。このうち課税要件とは、納税義務の成立要件をいい、これを定める租税法を課税要件法という。法（法規）は、一般に、「法律要件」と「法律効果」を定め、法律要件に該当する事実が発生すれば、法律要件が充足され、その結果として法律効果が生ずる、という基本構成を採用している。租税法についていえば、課税要件に該当する事実（課税要件事実）が発生すれば、課税要件が充足され、その結果として納税義務の成立という法律効果が生ずる、というのが課税要件法の基本構成である。

　課税要件の内容を細分化すると、課税要件は、冒頭で述べた、「誰」（①）が「自分の」（②）「何」（③）に対して「どれだけの金銭を租税として」（④）国または地方団体に支払わなければならないかを決定する要件である、ということができる。①の「誰」を決定する課税要件を「納税義務者」、②の「自分の」（①と③との「結び付き」）を決定する課税要件を「帰属」、③の「何」を決定する課税要件を「課税物件」または「課税対象」とそれぞれいう。④の「どれだけの金銭を租税として」を決定する課税要件は、③課税物件を金額で表現し税率適用の基礎となる金額である「課税標準」と、これに占める納付すべき税額の割合である「税率」の二つから成る。課税要件に関する租税法の定めのうち、多くの税目においては、課税標準に関する定めが複雑かつ難解であるため、本書においても課税標準に関する解説の比重が相対的に大きくなる。

　以上の５種類の課税要件のすべてが充足されると、特定の者（個人または法人）について納税義務が成立することになる（税通15条１項参照）。

　なお、租税は、課税物件の性質や内容の観点から、所得に対する租税（所得課税）、消費に対する租税（消費課税）および財産あるいは資産に対する租税（財産・資産課税）に大別される。本書で扱う税目のうち、法人税および所得税は所得に対する租税、消費税は消費に対する租税、相続税・贈与税は財産あるいは資産に対する租税である。これに関連して、わが国の令和３年度予算分の「国税・地方税の税目・内訳」を以下に掲げて

おく。

【図表1　わが国の税制の概要（税の種類・税収の内訳）】

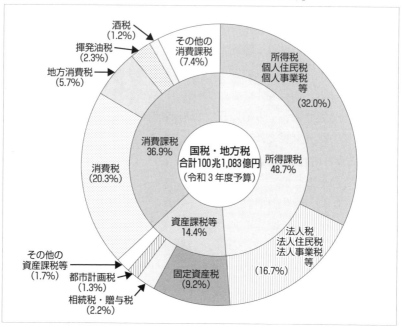

出典：財務省ウェブサイト

❷………申告納税制度

1　納税申告と課税処分──人は自分が納付すべき税額を、納税義務の成立当初から知っているのか

　租税法律主義によれば、課税要件だけでなく「租税の賦課徴収の手続」も法律で定められなければならない。その手続の中心をなすのが申告納税制度であり、国税の多くはこの制度を通じて支払われる。以下では、申告納税制度について概説する。

　課税要件の充足により特定の者に成立した納税義務については、その義務が成立しただけの段階では、その義務がどのような内容であるか、すなわち、納付すべき税額がいくらであるかを、通常は、その者（納税義務

者）自身でさえ知らない。そこで、成立した納税義務を納税義務者が履行し、あるいは税務署長（租税行政庁）がその履行を請求するためには、その成立と同時に特別の手続を要しないで納税義務が確定する国税（税通15条3項）を除き、成立した納税義務の内容を、納税義務者および租税行政庁が、それぞれ租税法（課税要件法）の定めに従って、確認することが必要になる（同条1項）。このような、成立した納税義務の主観的確認を、納税義務の確定という。納税義務の確定のための手続を通じて具体的な税額を納付する義務を負うことになった納税義務者は、租税の賦課徴収の手続上は、源泉徴収義務者（91頁参照）と併せて、納税者（同2条5号、税徴2条6号）と呼ばれる。

　本書で扱う税目に関する納税義務の確定については、その確定の方式として申告納税方式が採用されている（法法74条、所法120条、消法45条、相法27条・28条参照）。申告納税方式とは、成立した納税義務が納税者の納税申告によって確定することを原則とし、納税申告が正しくない場合または納税申告がされない場合に限り、租税行政庁の行政処分（課税処分）により確定する方式をいう（税通16条1項1号）。

　まず、納税申告は、課税標準・納付すべき税額等を記載した納税申告書（税通2条6号）の提出によって行われる。納税申告は、個別租税法律の定める申告期限（法定申告期限）を基準として、①期限内申告（同17条）と②期限後申告（同18条）とに区別される。期限後申告を行った納税者に対しては、納税申告義務違反に対する行政上の制裁として加算税が賦課される（同66条）。加算税は、名称が「税」とはいえ、冒頭でみた定義（前掲大嶋訴訟・最大判）に当てはまる本来の租税ではなく、本来の租税すなわち本税と合わせて賦課徴収されるという意味で、附帯税と呼ばれる。また、当初申告（期限内申告または期限後申告）が過少申告であった場合にこれを是正するための納税申告を、③修正申告（同19条）という。

　なお、当初申告または修正申告が過大申告であった場合にこれを是正するための手続としては、更正の請求（税通23条）が定められている。これは、修正申告とは異なり、納税者自身が当初申告による納税義務の確定を

是正することを認める手続ではなく、租税行政庁に対して、当初申告による納税義務の確定を減額する更正（減額更正）を請求することを納税者に認める手続である。

次に、課税処分は、①納税申告が正しくない場合に行われる更正（税通24条）と、②無申告の場合に行われる決定（同25条）とに区別される。租税行政庁が自ら行った更正または決定による納税義務の確定が誤っていると自ら判断した場合、租税行政庁は一定の除斥期間（同70条、71条）内であれば何度でも納税義務の確定をやり直すことができる。その場合の課税処分を③再更正（同26条）という。

2　租税の納付と滞納処分——税金はいつまでに支払わなければならないのか

申告納税制度においては、納税義務の確定を前提にして、納税者は納期限までに確定税額の納付をすることとされている（税通35条1項・2項）。納期限には、①個別租税法律が一般的に定める法定納期限と、②個々の納税者について具体的に定まる具体的納期限とがある。①法定納期限は、申告納税方式による国税については法定申告期限と一致する。②具体的納期限は、ⓐ納税者が期限内申告をした場合は法定納期限、ⓑ納税者が期限後申告または修正申告をした場合は当該申告書の提出日、ⓒ納税者が課税処分を受けた場合は当該通知書の発送日の翌日から起算して1月を経過する日、である。

その納付が正しくされた場合には、その納付をもって納税義務が消滅する。これに対して、その納付が全くまたは正しくされない場合、すなわち、当該租税の全額または一部の額が滞納になった場合には、租税行政庁がその滞納者（税徴2条9号）に対し確定税額の徴収（強制徴収としての滞納処分を含む）をすることとされている（税通36条以下）。

なお、以上で概説した申告納税制度は、第一次的には納税者の自主性・自発性に依拠・依存する制度であることから、その実効性を確保するために、個別租税法律はこれを補完する制度として、課税期間の途中に予定的に行う申告納付・徴収の手続を定めている（予定的申告納付・徴収納付制

度）。源泉徴収制度（91頁参照）は徴収納付制度の代表例である。

3　不服申立てと訴訟──誤った課税を直ちに裁判所で争うことができるのか

　申告納税制度において、課税処分や滞納処分が誤っているにもかかわらず、租税行政庁が自らその誤りを是正しない場合、これを放置すれば、納税者の財産が過大税額の賦課徴収によって違法に侵害されたままになる。これでは、国民の財産および自由を恣意的・不当な課税から保護することを目的とする租税法律主義が、実際には意味をもたないことになる。

　そこで、租税法律主義の目的を実現するために、租税法は納税者の権利救済手続として不服申立て（租税不服申立て）および訴訟（租税訴訟）を定めている。租税不服申立ては、国税不服審判所という裁決専門機関に対する審査請求を原則とする。ただし、納税者は、選択により、当該処分を行った租税行政庁に対する再調査の請求をすることもできる（税通75条1項）。租税訴訟については、特に取消訴訟（行訴8条以下）が実際上重要である。租税訴訟は、一般の行政訴訟（同8条1項本文）と異なり、審査請求を経た後でなければ提起することができない（同項但書、税通115条1項）。このことを審査請求前置主義という。

Ⅱ　学習上の基本情報

❶………条文の参照方法──条文はどのようにして探すのか

　租税法を「基礎」から学ぶにあたって、法令の条文をいかにして正しく読解するかが、学習の出発点であると同時に、目標であるといってよい。条文を正しく読解するためには、当然のことながら、条文を直に参照しなければならない。

　本書で解説する租税法令の条文をすべて収録する出版物として、『税務六法 法令編』（ぎょうせい）と『実務税法六法 法令編』（新日本法規出版）があり（ともに通達編もある）、ほぼすべて収録する出版物として『六法全

書』（有斐閣）がある（いずれも毎年改訂されている）。中里実ほか編『租税法判例六法〔第5版〕』（有斐閣・2021年）には、関連判例のほか関連施行令規定の参照・抜粋などの学習上の配慮も盛り込まれている。

　なお、これらに収録されている法令情報はインターネットでも総務省（e-Gov法令検索）および国税庁（法令等。通達を含む）のウェブサイトで検索することができる。

❷⋯⋯⋯条文の表記の仕方──条文はどのように読むのか

　本書で取り扱う条文の内容については以下の各章の解説を読んでいただくこととして、ここでは、条文を引用・参照する場合の表記の仕方（読み方）について、次の四つの点を指摘しておく。

①条名（序数で書かれた条文の名前）に付いている「第」は省く。ただし、条名に枝番号が付いている場合（租税法は改正が多いので条文が追加されるときに枝番号が付けられることがよくある）には、枝番号の次の「第」は残す。例えば「法人税法4条の3第2項3号イ」のように表記する。

②条文の各条・項・号が二つの文章で書かれ「ただし」で接続されている場合、「ただし」の前の定めを「本文」、後の定めを「但書」と表記する。例えば「所得税法24条2項本文」「同項但書」のように表記する。

③条文の各条・項・号において二つ（または三つ）の文章が並列的に書かれている場合（「この場合において」で接続されることもある）それぞれを「前段」（「中段」）「後段」と表記する。例えば「消費税法9条7項前段」「同項後段」のように表記する。なお、四つ以上の文章から成る場合はほとんどないがその場合には「第1文」「第2文」……と表記する（二つまたは三つの場合もこのように表記してもよい）。

④条文の文章中の（　）内の定めは「括弧書」、号の前に置かれた定めは「柱書」（はしらがき）と表記する。例えば「相続税法3条1項柱書後段括弧書」のように表記する。

　なお、法令における漢字の表記等については、漢字に振り仮名が付けられる場合があることも含め、平成22年11月30日付け内閣法制局長官決

定「法令における漢字使用等について」を参照されたい。

❸⋯⋯⋯租税判例等の参照方法──判例はどのようにして探すのか

　法令の正しい解釈を確定するのは、裁判所である。したがって、租税法令の条文を読解するためには、判例（下級審の判断しか示されていない場合は裁判例）の理解が不可欠である。判例を参照するには、各種判例データベースを利用するのが便利である。ただし、論文等で判例を引用する場合、正式には、公刊の判例集（「凡例」参照）によらなければならない。公刊の判例集のうち訟務月報および税務訴訟資料については法務省および国税庁のウェブサイトでも参照することができる。

　なお、判例集未登載（未公刊）の判決も含め（すべてではないが）、裁判所ウェブサイトの「裁判例情報」で参照できる。また、裁判所のような第三者機関とはいえないが、国税不服審判所のウェブサイトで検索できる裁決も租税法令の読解に関して有益である。

　ほかに、租税判例に関する学習用図書として、金子宏ほか編『ケースブック租税法〔第5版〕』（弘文堂・2017年）や中里実ほか編『租税判例百選〔第7版〕』（有斐閣・別冊ジュリスト№253・2021年）を推奨する。

❹⋯⋯⋯租税法規の趣旨・目的の意義と学び方──趣旨・目的は「暗記」
　　　　　しなければならないのか

　租税法律主義の下では、「租税法規はみだりに規定の文言を離れて解釈すべきものではない」（最判平成27年7月17日判時2279号16頁）。もっとも、そのような文理解釈の結果なお複数の解釈可能性が残る場合、租税法規の意味内容（規範）を一義的に確定するには、当該租税法規の趣旨・目的に照らして当該租税法規を解釈することが必要になる。その場合、わが国における租税立法の現状では、法案について「逐条的理由附記」がされておらず、せいぜい、国立国会図書館のウェブサイト（国会会議録検索システム）で衆議院財務金融委員会（旧大蔵委員会）および参議院財政委員会の会議録により法案提案理由の一部を知ることができるにとどまる。税

制改正法案の「趣旨・目的」を間接的に探知するうえでは、法案の起草の「出発点」である政府税制調査会（首相の諮問機関）の答申が重要な意味をもつ。政府税制調査会のこれまでの答申については、公益社団法人日本租税研究協会のウェブサイトで参照することができる。さらに、税制改正法案の原案ともいうべき毎年度の税制改正大綱（閣議決定）や税制改正の解説については、財務省ウェブサイトで参照することができる。

　租税法規の趣旨・目的は、教科書等の解説を単に「暗記」するのではなく、条文に則して条文に照らし合わせながら、その意味内容を理解する学習を心がけるべきである。そのような学習に慣れてくれば、今度は、条文からその規定や要件の趣旨・目的を推論する学習にも取り組んでみるとよい。その際には、もしその規定や要件が定められていなかったとすれば、どのようなことが問題になるであろうかとイマジネーションを働かせてみよう。租税法だけでなく法律一般にいえることであるが、法律は人の社会経済生活上の様々な問題を解決するためにそのときどきの問題に即して規定・要件を定めるものであるから、規定・要件の基礎・背後にある問題を突き止めることができれば、そこからその規定・要件の趣旨・目的を推論することができよう。

❺⋯⋯⋯⋯法律用語辞典——租税法の学習にはどのような辞書が必要なのか

　租税法も日本語で書かれている以上、国語の読解力が問われることから、租税法の理解にも国語辞典が必要であるほか、専門用語については法律用語辞典を引くことも必要である。学習用としては、法律一般については高橋和之ほか編集代表『法律学小辞典〔第5版〕』（有斐閣・2016年）があるほか、租税法については金子宏監修『租税法辞典』（中央経済社・2001年）や岩﨑政明・平野嘉秋共編『税法用語辞典〔10訂版〕』（大蔵財務協会・2022年）がある。

第 1 章

法人税

◆法人税の世界へようこそ！◆

　法人税法における中心的問題は、法人の各事業年度の所得の金額の計算に関するものである。この金額は、当該年度の益金の額（収益の額）から損金の額（費用・損失の額）を差し引いて計算される。まずは以下の事例を読み、最後の問いかけについて考えてもらいたい。そのうえで、後続する本文の該当箇所におけるヒントを基に、改めて検討してみてほしい。

- -

　Ｆは、株式会社Ｐ（製造業、資本金２億円）の発行済株式総数の50％を保有し、Ｐ社の代表取締役でもある。株式会社Ｓ（同１億円）は、Ｐ社が80％出資するＰ社の子会社であり、Ｐ社製品甲を扱う卸売業者である。Ｆの子Ｃ（Ｐ社株主）は、大学卒業後間もない平成27年１月１日付でＰ社取締役に就任したが、経営上の知識がなかったため、同日から５年間、アメリカの経営大学院に留学し、勉強に専念した。留学中のＣの取締役としての職務は、年数回の取締役会にインターネット電話で参加し、近況報告と簡単な質問をして議決に加わることのみであった。Ｐ社はこの間、毎月100万円を役員報酬としてＣ名義の口座に送金した。ＣはＦの了解を得て適宜これを引き出し、専ら生活費と学費に充てた。

　Ｐ社は、令和元年５月に、これまで甲の販売に重要な貢献をしてきたＳ社が、間もなく倒産する窮状にあったため、取引銀行の了解を得た合理的な再建計画に則り、Ｓ社に対し甲（時価1000万円、取得価額300万円）を単価300万円で100個譲渡した。

Ｆは、令和元年 12 月末日付けで代表取締役を退任し、同２年１月１日付で非常勤の取締役に就任した。以後のＦの主な任務は、新代表取締役となったＣら経営陣に助言を行うことである。Ｆの役員報酬の年額は従前の半分以下になったが、同年２月に行われたＰ社株主総会で、Ｆに対しその貢献に相応する１億 5000 万円の退職慰労金を支給することが決まった。ただ、同年はＰ社の資金不足が懸念されたため、5000 万円のみ支出した。残額は、令和３年と同４年に分けて支払うことが決議されている。

　以上の事例において、Ｐ社の各事業年度（暦年とする）の所得の金額の計算上、どのようなことが問題となるだろうか。

Ⅰ　法人税の概要

❶………法人税法上の法人とその区分──法人税は誰に課されるのか

　法人税の納税義務者は、内国法人と外国法人に大別される。**内国法人**とは、国内に本店または主たる事務所を有する法人（法法２条３号）であり、**外国法人**とは、内国法人以外の法人である（同２条４号）。内国法人は、源泉が日本にあるか国外にあるかを問わず、その所得に対し法人税が課される（同４条１項・５条）のに対し、外国法人は、日本に源泉のある所定の所得（国内源泉所得）に対してのみ法人税が課される（同４条３項・９条）。

　法人とは、個人や財産の集合体としてそれ自体で法律行為（契約等）を行い、その効果（権利と義務）が帰属する主体である。法人税法に法人の定義規定はない。民法は、「法人は、……法律の規定によらなければ、成立しない」（民 33 条１項）と定めている。よって、ある団体が法人であるか（法人格を有するか）否かは、形式的かつ一義的に決まる。法人税法もこのような民法の法人概念をそのまま受け入れている（借用概念。96 頁、**Keyword 2** 参照）。もっとも、外国の組織体のなかには、日本でいう法人に該当するか否かの判断が難しいものがある。

外国法人と
リミテッド・パートナーシップ（LPS）

　複数の構成員が出資する外国の組織体Aの事業から生じる所得または純損失は、Aが日本の租税法上の法人に該当すればAに帰属し、該当しなければ構成員に帰属するものとして日本の課税上は取り扱われる。

　例えば、アメリカのデラウェア州のLPSは、その債務に関し無限責任を負う1名以上のジェネラル・パートナーと、出資を限度とする有限責任を負い、限定的な経営参加権を有するリミテッド・パートナーによって構成される。LPSの損益の割当て、脱退、脱退時の配当等はLPS契約に従う。LPS持分は譲渡可能だが、パートナーはLPS財産に特定の持分を有しない。このようなLPSを外国法人に当たると評価した最判平成27年7月17日民集69巻5号1253頁は、外国法人該当性の判断に際しては、①当該組織体に係る設立根拠法令の規定の文言や法制の仕組みから、日本法上の法人に相当する法的地位を付与されている（いない）ことが疑義のない程度に明白であるか、②当該組織体が権利義務の帰属主体であると認められるか（具体的には、設立根拠法令の規定の内容や趣旨等から、自ら法律行為の当事者となることができ、かつその法律効果が当該組織体に帰属すると認められるか）を検討することとなるとしている。

　法人税法は、内国法人を5分類して、各事業年度の課税標準（5条・7条・21条）と税率（66条、措法42条の3の2・68条）を定めている（次頁の**図表1**参照）。

　公共法人には、法人税法別表第1に掲げる25類型の法人が該当し、法人税が課されない（法法4条2項）。地方公共団体のような課税主体や公共サービスの提供に匹敵する機能を担う法人に帰属する所得に課税しても、結局は納税者や国民に追加の負担を招くから無意味であり適切でないと考えられている。

【図表1　法人の種類と課税標準・税率】

種類	例	課税標準	税率
公共法人	地方公共団体、国立大学法人、日本中央競馬会	―	（納税義務なし）
公益法人等	公益社団〔財団〕法人、宗教法人、学校法人	収益事業から生じた所得の金額	・23.2%（公益社団〔財団〕法人、非営利型法人）、19%（これら以外） ・特例15%（所得800万円以下部分。以下同じ）
人格のない社団等	所定の要件を満たすPTAや同窓会	同上	・23.2%（特例15%）
協同組合等	信用組合、消費生活協同組合、農業協同組合	すべての所得の金額	・19%（特例15%） ・特定の協同組合等の特例（所得10億円超部分は22%）
普通法人	上記以外の法人（会社、一般社団法人、医療法人等）	同上	・23.2% ・特例15%（資本金1億円以下の法人のみ。ただし、相互会社、大法人〔資本金5億円以上等〕の100%子会社等を除く）

　公益法人等（法人税法別表第2に列挙される法人）と人格のない社団等（法人とみなされる）は、収益事業から生じた所得にのみ法人税が課される（法法3条・4条1項）。普通法人等でも一般に行われる事業から公益法人等が稼得する所得の場合は、事業主体間での競争条件の中立と課税の公平の観点から、課税の対象とすべきと考えられている。公益法人等の所得については、最終的には公益事業に用いられること等の考慮から、適用税率は低い（公益社団〔財団〕法人と非営利型法人の場合を除く）。収益事業は、物品販売業から労働者派遣業まで34業種がある（同2条13号、法令5条）が、公益社団〔財団〕法人の公益目的事業は収益事業から除外される（同条2項）。収益事業とそれ以外の事業とで区分して経理を行わなければならない（同6条。法基通15-2-1以下も参照）。なお、公益法人等が収益事

業の資産からそれ以外の事業のために支出した金額は、事実の隠蔽や仮装経理がないかぎり収益事業に係る寄附金の額とみなされる（法法 37 条 5 項、法令 73 条の 2。61 頁参照）。

宗教法人と収益事業

　宗教法人は令和 2 年末現在で 18 万 544 法人ある（文化庁編『宗教年鑑 令和 3 年度版』33 頁）。宗教法人による死亡したペットの葬儀、供養等の事業が収益事業に該当するか否かが争われた事件で、最判平成 20 年 9 月 12 日判時 2022 号 11 頁は、①対価性の有無、②他種法人の一般的事業との競合の有無、および、③社会通念に照らして判断すべきとし、一連の葬祭業を分解し、ⓐ葬祭および法要・死体引取り、ⓑ遺骨の納骨箱保管、ⓒ塔婆、位はい、墓石等の交付を、各々、ⓐは請負業およびその付随的行為、ⓑは倉庫業、ⓒは物品販売業に該当する旨示した。宗教法人による墳墓地貸付け（法令 5 条 1 項 5 号二）、お守り・おみくじ販売、神前結婚・仏前結婚（飲食等除く）に係る事業は、一般に収益事業に当たらない（法基通 15－1－10(1)・15－1－72）。

Keyword 1　人格のない社団等（権利能力なき社団・財団）

　人格のない社団等（法法 2 条 8 号）は、民法上の権利能力なき社団・財団の借用概念（96 頁参照）である。権利能力なき社団となる要件は、①団体としての組織をそなえ、②多数決の原理が行われ、③構成員の変更にもかかわらず団体そのものが存続し、かつ、④代表の方法、総会の運営、財産の管理その他団体としての主要な点が確定していることである（最判昭和 39 年 10 月 15 日民集 18 巻 8 号 1671 頁）。権利能力なき社団の場合、権利・義務は構成員に総有的に帰属し、総有財産のみが責任財産となる（最判昭和 48 年 10 月 9 日民集 27 巻 9 号 1129 頁）。団体名で不動産登記はできない（最判昭和 47 年 6 月 2 日民集 26 巻 5 号 957 頁）が、訴訟の当事者に

はなれる（民訴29条）。他方、権利能力なき財団の成立要件は、①目的財産の分離独立と、②当該財産の管理運営体制の確立、つまりその財産の管理人・管理機関への帰属である（最判昭和44年6月26日民集23巻7号1175頁）。

　協同組合等は、法人税法別表第3に列挙される組合、信用金庫等であり、専ら構成員を顧客として対内的事業を行う非営利法人である。そのすべての所得に軽減税率で法人税が課される（法法66条3項）。なお、構成員が当該事業を利用した程度に応じて受ける剰余金の配当等（事業分量配当等）は、事後的な値引または割戻しに相当するため、協同組合等はこれを損金に算入しうる（同60条の2）。

　他のすべての法人は普通法人である（法法2条9号）。会社等（株式会社、合名会社、合資会社、合同会社、協業組合、特定目的会社、相互会社）に加え、一般社団〔財団〕法人、医療法人等も含まれる。法人格単位（単体）で見た全申告法人数約289万法人のうち会社等が約271万法人を占める（国税庁「第145回国税庁統計年報 令和元年度版」213頁）。平成28年度改正で、普通法人の法人実効税率が標準税率ベースで20％台（平成30年度から29.74％）まで引き下げられた。法人実効税率は、法人税に加え、地方法人税と地方法人特別税（後者は損金算入可）、地方税である法人事業税（損金算入可）と法人住民税を考慮した法人の所得に対する税率を意味する。

　なお、受益者が存しない信託等の法人課税信託に関しては、信託財産から生じる所得に対し受託者である法人または個人に法人税が課される（法法4条・4条の6〜4条の8）。また、退職年金業務等を行う法人には、退職年金等積立金の額を課税標準として税率1％で法人税が課される（法法83条以下）が、現在課税が停止されている（租特68条の4）。

　以下の解説は、原則としてグループ通算制度を除いた内国法人たる株式会社の課税を念頭におく。

グループ通算制度の概要

　国税庁長官の承認（法法64条の9第1項）を経て、完全支配関係のあるグループ内の各内国法人（通算親法人と通算子法人。併せて通算法人）が、グループ内で損益通算等の調整を行った上で、個別に法人税の申告納付を行う制度である（令和2年度改正）。連結納税制度（廃止）では、親法人がグループを一体として連結所得を計算し、連結法人税の申告納付を行う（各法人の負担部分の計算も要する）ため、制度が複雑で事務負担が大きいなどの問題があった。

　グループ通算制度では、赤字の通算法人に係る欠損金の合計額が、黒字の通算法人にその所得金額に応じて配分（損金算入）される一方で、ここでの損金算入額の合計額が、赤字の通算法人にその欠損金額に応じて配分（益金算入）されることにより、損益通算がなされる（法法64条の5）。仮に特定の通算法人Aの申告所得に対し後に更正等が生じても、他の通算法人の上記損益通算には影響を及ぼさず、不足税額は専らAから徴収されるのが原則である。ただし、こうした遮断措置の濫用を防止する規定（同64条の5第8項・64条の7第8項）のほか、各通算法人の連帯納付責任の定め（同152条）もある。

　単体申告であり、所定の条件（例えば親法人との間に完全支配関係の維持が見込まれる）を満たせば、制度の適用に際し通算法人の資産の時価評価課税はない。もっとも、グループ内での損益通算を通じた租税回避等を防止するため、組織再編税制との整合性を考慮しつつ、制度適用前ないしグループ加入前に生じた通算法人の所定の資産に係る含み損益は時価評価課税（欠損金も全額切り捨て）を受け（法法57条6項・64条の11・64条の12）、あるいは時価評価課税の対象外であっても、適用・加入前の欠損金や含み損の利用には制限が課される場合がある（同57条8項・64条の14等）。さらに、通算法人Bがグループ離脱後に含み損ある資産の譲渡損失を実現しつつ、Bの株主である通算法人CがB株式の譲渡損を実現するという損失の二重計上を排除するため、Bは、その主要事業の継続

の見込み等を欠けば、離脱直前にその資産に対する時価評価課税を受け、これに応じてCはB株式簿価の修正を要する（同64条の13、法令119条の3第5項）。通算法人（または他の通算法人）の行為または計算に関する一般的な否認規定もある（法法132条の3）。

❷………損益取引と資本取引の区別等──法人税は何に課されるのか

　法人税法の制定は昭和15年であるが、法人所得税の起点は明治32年の所得税法にある。同法が「第一種　法人所得」に対する課税（税率2.5%）を開始して以来、所得概念としては伝統的に純資産増加説を採り（148頁参照）、これに基づく損益の計算を要求してきた。

　法人税は各事業年度の所得の金額を課税標準として課される（法法5条・21条）。法人の所得の金額は、当該年度の益金の額から同年度の損金の額を控除した金額である（同22条1項）。当該年度の益金の額に算入すべき金額は、別段の定めがあるものを除き、資本等取引以外の取引に係る当該年度の「収益」の額である（同条2項）。損金の額に算入すべき金額は、別段の定めがあるものを除き、当該年度の①収益に係る「原価」の額（1号原価）、②「費用」（償却費以外の費用で債務の確定しないものを除く）の額（2号費用）、および、③資本等取引外の取引に係る「損失」の額（3号損失）である（同条3項）。原価と費用を合わせて費用と呼ぶことが多い。

　益金および損金を生じない「資本等取引」とは、「法人の資本金等の額の増加又は減少を生ずる取引並びに法人が行う利益又は剰余金の分配……及び残余財産の分配又は引渡し」（法法22条5項）を意味する。会社と株主との間で資本を直接出し入れする取引および支払配当に伴う純資産の増減を所得計算から排除することで、株主から受け入れた元手を運用した成果を所得として把握するのである。

Keyword 2　資本金等の額と利益積立金額

Ⅰ. 「資本金等の額」とは、「法人……が株主等から出資を受けた金額」（法法2条16号）であり、【①+（②+③-④）】で計算される（法令8条）。

- ①資本金の額
- ②過去年度の@-ⓑの金額
  - @出資払込または自己株式譲渡対価のうち資本金の額とされなかった部分等の12項目
  - ⓑ準備金の額または剰余金の額を取り崩して資本金の額に組み入れた金額等の10項目
- ③当該年度の上記@に対応する金額
- ④当該年度の上記ⓑに対応する金額

　会社の貸借対照表上の純資産の部の構成要素である株主資本は、資本金、新株式申込証拠金、資本剰余金、利益剰余金、自己株式および自己株式申込証拠金から成る（会社計算規76条2項）。法人税法の資本金の額は会社法からの借用概念であり、会社の設立または株式発行に際し株主が払い込んだ財産の額（その2分の1以下を資本準備金としてもよい）を指す（会社445条）。会社の資本剰余金は、資本準備金と「その他資本剰余金」から成り、同じく利益剰余金は、利益準備金と「その他利益剰余金」から成る（会社計算規76条4項・5項）。資本金と両準備金は定義上「剰余金の額」から除かれる（会社446条1号）一方で、剰余金の配当（同453条）の原資には、その他資本剰余金とその他利益剰余金が含まれる。その他資本剰余金には、例えば、資本金の減少（同447条・449条）額で欠損の補てんや資本準備金に繰り入れなかった金額が含まれる（会社計算規27条1項1号）等、会社法上の資本と利益の区別は緩んでいる。他方、法人税法の「資本金等の額」には、資本金の減少額を含めており（法令8条1項12号）、基本的に資本と利益の区別を維持している。

Ⅱ. 「利益積立金額」は「法人……の所得の金額……で留保している金額」（法法2条18号）であり、【（①-②）+③-④】で計算される（法令9条）。

- ①過去年度の「@-ⓑの金額」（留保していない金額があれば減算）等の7項目
  - @所得の金額、受取配当金（益金不算入分）等の8項目
  - ⓑ欠損金額、法人税額（地方法人税額・住民税額も）等の4項目

②過去年度の剰余金の配当（資本剰余金の額の減少に伴うもの等を除く）等の７項目

③当該年度の上記①に対応する金額

④当該年度の上記②に対応する金額

法人税法上、例えば、特定同族会社の留保金課税に関する留保控除額の計算（78頁参照）等において、利益積立金額が関係する（67条５項）。

❸………所得税との統合論──法人税は所得税とどのような関係にあるのか

シャウプ勧告は、会社を株主の集合体と捉え、法人税を、最終的な個人株主に対する所得税の前取りと考えた。この見方によれば、法人税課税後の所得から配当を受けた株主に所得税を課すことは二重課税となる。他方で、配当を受けるまで法人にも株主にも課税しなければ、課税時期の延期（課税繰延べ）によって法人企業が個人企業よりも有利になる。個人企業と法人企業との間での「差別的待遇は、……経済活動の能率を害する」と考えられた。そこで、法人税と最終的な個人株主に対する所得税との二重課税を排除する調整（法人税と所得税の統合）が求められてきた。以下、代表的な統合の仕組みを説明する。

第１は、組合課税方式である。会社を民法上の組合（任意組合）、株主をその組合員とみて、任意組合に関する課税を会社に及ぼす方法である（85頁参照）。つまり法人を透視して構成員にパススルー課税をする（法人税を不要にする）ものである。少数の株主に支配される会社等を除けば、実施には困難や弊害が多い。

第２は、配当所得税額控除方式である。受取配当額を含めて所得税額をいったん計算し、そこから一定の税額控除を行うことで統合を図るものである。所得税法上の配当所得に対する調整方式である（92条）が、画一的で不完全な二重課税調整に留まる。

第３は、法人税株主帰属方式（インピュテーション方式）である。以下の例で説明する。仮に、法人税率を30％、所得税率を40％として、会社

Aは1000の所得に対し300の法人税を納付し、残額700から、個人B（A社の50％株主）に配当金350を支払うとする。この配当金に係る法人税額は150（＝300×350÷700）と計算され、これを配当金額に加えて法人税引前の配当金額500（＝350＋150）を求める。この500に対する所得税額200から納付済みの150を控除して、Bが納付すべき所得税額50を算出する。こうして、配当に回る所得に係る法人税と所得税の二重課税は解消する。英、独等でかつて採用された方式だが、簡素さの点で劣り、国外株主への適用が困難で、欧州連合では資本移動の自由等との抵触も問題となった。

第4は、二重税率方式である。法人の所得のうち配当分と留保分とで法人税率を異にし、法人段階で事前に調整する仕組みである。かつてわが国でも採用されていたが、大雑把な調整しかできない。

第5は、支払配当損金算入方式である。支払利子と同様に支払配当も損金に算入すれば二重課税は消えるが、法人の所得の稼得時期と配当時期とが乖離して税率に変動が生じる場合には不完全な調整になる。わが国では、90％超の即時的な分配等を条件に、投資の器ないし媒体となる投資法人や特定目的会社等に関するかぎりで、この方式を適用している（措法67条の14・67条の15）。

以上に加え、受取配当金を非課税とすることも統合方式の一つに数えられることがある。

総じて組合課税方式と法人税株主帰属方式が理想的だが、執行上の限界がある。法人税が減給や商品価格への転嫁を通じて株主以外の主体の負担に帰着する範囲では、配当に対する負担調整は統合論では説明しえず、投資誘因の性格を帯びる。よって現実の統合の仕組みは、法人税負担の帰着に係る認識に加え、徴税・納税費用、政策目的等を反映して定められる。

法人成りと法人課税をめぐる政策論

わが国では、法人（公共法人を除く）の所得には一貫して法人税を課し、統合は不完全である。法人化はまた、株主による会社の欠損金の通算を阻止する（13頁参照）。これらは、企業の法人化を抑制する要因となる。もっとも、実態は個人企業と同様なのに形式上会社として活動する「法人成り」が顕著である。法人税率は低下しており、株主は配当以外の手段で法人の所得を手にすることも可能であるから、税負担の面でむしろ法人化が有利に働くことも多い。

アメリカ法は、伝統的に統合を行わないが、「チェックザボックス」と称されるアメリカ財務省規則（§301.7701-3）の下で、株式会社等以外の事業主体は、法人課税を受けるかパススルー課税を受けるかを選択しうる。100人以下の個人等の出資者から成る小規模法人（S法人）は、出資者の所有割合に応じた簡素な出資者課税の選択も認められる。

統合論は、資金調達に関する課税の中立性という視点も提供する。この意味では、個人の受取配当も受取利子も非課税とし、支払配当も支払利子も損金不算入とする代替課税も選択肢となる（米財務省〔1992年〕の包括的事業所得税〔Comprehensive Business Income Tax〕提案）。また、支払利子に加え、法人の自己資本に係る通常利回り（金利相当）も、支払配当の有無にかかわらず損金に算入する仕組み（イギリスの財政研究所〔1991年〕によるACE〔allowance for corporate equity〕提案）は、いくつかの国で取り入れられている。

❹………損益法と実現主義──法人の所得はどのようにして計算するのか

純資産増加説の下で、債権担保能力や会社の解体価値の測定に主眼をおく財産法の観点から、年度末の貸借対照表項目をすべて時価評価して、前年度末時の価額との比較で純資産の増加を測定するという所得計算のみが肯定されるわけではない。むしろ、適正な期間損益計算を指向する損益法に従い、純資産の増減の基因となる取引（資本等取引を除く）に係る損益

を把握し、その結果として所得を測定することを基調としうる。法人税法も、継続的な帳簿管理を前提に、損益法の原理に基づく所得計算を求めている。

Keyword 3　財産法と損益法、資産負債アプローチと収益費用アプローチ

　財産法は、ある期間に増加した純資産によって利益（資本余剰）を計算する方法である。他方、損益法は、その間の収益から費用を差し引いて利益（収益余剰）を計算する方法である。財産法上の利益は財産的裏づけを伴うものの利益の発生原因が明らかにされない。損益法の得失はこれと逆である。

　他方、資産負債アプローチと収益費用アプローチは、やや多義的ながら、利益の定義やある会計基準における処理（定義、認識、測定、表示等から成る）が「資産・負債」と「収益・費用」のいずれを中心にして説明されるかに着目した用語である。例えば、負債が増加〔資産が減少〕したから費用が計上される旨定めれば前者に接近し、他方、経済価値の費消または収益獲得に対応する犠牲が生じたので費用が計上され、未支出なので負債も増加〔既払なので資産が減少〕すると定めれば、後者と親和的である。

　法人税法は、公平な執行、納税資金等の租税政策上の要因も考慮し、原則として資産の評価損益は所得に反映させず（25条1項・33条1項）、収益については外部取引（対外的取引）を通じて実現したもののみ考慮し（22条2項・22条の2）、また将来支出を伴う不確実な費用・損失を見積りに従って損金に算入することを認めていない（同条3項）。もっとも、課税の公平に資するかぎり、年度末の資産・負債の時価の増減でも、信頼可能な測定をなしうるならば、法人の所得の金額の計算（つまり租税会計または税務会計）に反映すべきともいえる。これを肯定する時価主義と純資産増加説とは両立し、活発な取引市場のある売買目的の資産の場合等は、むしろ年度末における時価評価が適切となりうる（61条・61条の3・61条の5等。68頁参照）。

❺………**事業年度と確定申告**──法人税はいつ、どのようにして納めるのか

　各事業年度終了の日の翌日から2か月以内に、その納税地の所轄税務署長に対し、「確定した決算に基づき」、当該年度の所得の金額、法人税額等を記載した確定申告書（貸借対照表等を添付）を提出し、法人税額を納付しなければならない（法法74条・77条）。事業年度は、法人の会計期間で、法令または法人の定款等に定めがあればそれによる期間（1年が最長）、もしなければ、所定の要件の下で所轄税務署長に届け出たまたは税務署長が指定した期間となる（同13条）。上記の2か月以内にやむをえず申告が間に合わない場合や定時株主総会が招集されない常況にある場合は、所定の延長が認められる場合がある（同75条・75条の2）。事業年度が6か月を超えるときは6か月を経過した日から2か月以内に、直前年度の確定税額の6か月分（通例、前年度税額×6/12）の額等を記載した**中間申告書**の提出と当該税額（中間納付額）の納付を要する（同71条・76条）。年度の初日から6か月を1事業年度とみなして仮決算をしてもよい（同72条・76条）。資本金が1億円超の法人等には**電子申告**が義務づけられた（同75条の3）。

　納税地は、原則として法人の本店または主たる事務所の所在地である（法法18条）。

❻………**欠損金の繰戻しと繰越し**──欠損金は他の年度の所得と通算できるか

　理論上は事業年度が1年以内である必然性はない。長期的に見て公平な所得計算とするために、ある年度の**欠損金額**（所得の金額の計算上損金の額が益金の額を超える部分。法法2条19号）は、他の年度の所得の金額からも控除されるべきである。

　法人税法は、青色申告（85頁参照）を条件として、欠損金額の繰戻還付と繰越控除を設けている。前者は、通例、直前1年前に開始した還付所得事業年度の【法人税額×当該欠損金額÷同年度の所得の金額】で還付額を算定し、欠損事業年度の申告書の提出に際し還付請求をするもの（80条）であるが、資本金1億円以下の普通法人等の場合を除き執行停止中である

（措法66条の13）。他方、後者は、過去10年分の欠損金の繰越控除（損金算入）を認めるものである（法法57条）。損金算入可能な繰越額は所得の金額の50％までであるが、資本金1億円以下の普通法人等は所得の金額まで損金に算入しうる（同条11項）。

　なお、所定の災害損失に伴う欠損金額には、白色申告でも利用しうる繰戻還付と繰越控除の制度がある（法法80条5項・58条、措法66条の13第1項但書）。

Ⅱ　企業会計と租税会計

❶………企業会計の体系──企業会計という用語は何を指すのか

　企業会計には、外部への伝達が目的の財務会計と内部管理に役立つ管理会計がある。租税会計と関わるのは、主に財務会計上の慣行や基準である。この意味での企業会計（狭義）は、会社法および金融商品取引法における計算書類および財務諸表に係る利益計算（制度会計）の基礎にもなる。特に会社法上の当期利益は租税会計の起点とされ、租税会計は会社法上の内部計算との一致も原則的に要求される（法法74条1項）。租税会計が原則として企業会計に基づくべきとする要請を企業会計準拠主義という。この意味での企業会計は、会社法会計を含む広義のものである。本章は、説明の便宜上、特に断らないかぎり「企業会計」を狭義で用いる。

　企業会計原則（昭和24年、経済安定本部企業会計制度対策調査会中間報告）は、戦後において、日本の企業会計制度の改善統一を図るべく設定された。同原則は「企業会計の実務の中に慣習として発達したもののなかから、一般に公正と認められたところを要約したものであって、……すべての企業がその会計を処理するに当たって従わなければならない基準」として、「商法、税法……等の企業会計に関係ある諸法令が制定改廃される場合において尊重されなければならない」と謳われた（「企業会計原則の設定について」二、同中間報告）。同原則は、実現収益に発生費用を対応づけて（費

用収益対応の原則）利益を計算する損益法および収益費用アプローチと整合する。資産は取得原価で評価され、期間配分を通じて費用化される。「原価—実現」を基軸とし、利益は投下資本の回収余剰として把握される。同原則（最終改正昭和57年）は、同原則注解とともに、企業会計の基本原則として機能してきた。これらを基礎に、商法（計算書類規則等）、証券取引法（財務諸表等規則等）上の会計基準が構築され、また業界ごとの基準（例、海運企業財務諸表準則〔運輸省告示〕）や日本公認会計士協会の監査上の取扱い等も公表されてきた。

　他方、1970年代には、アメリカの財務会計基準審議会（Financial Accounting Standards Board, FASB）から、投資意思決定有用性（財務情報は投資家の意思決定に有用なものであるべきとする考え方）を重視し、資産負債アプローチに基づく概念ステイトメントが公表された。日本でも、この頃から会計基準の策定と改正が証券取引法（後に金融商品取引法）を指向したものとなり、国際会計基準委員会（International Accounting Standards Committee, IASC）が1989年に策定した「財務諸表の作成及び表示に関するフレームワーク」にも、資産負債アプローチの影響が見てとれた。日本では、特に90年代からは国際的な動向を踏まえた会計基準の高品質化が進められ、会計基準の中心的な設定主体も、民間の財務会計基準機構（2001年設立）内の企業会計基準委員会（Accounting Standards Board of Japan, ASBJ）に移り、2002年以降、ASBJの手で「企業会計基準」等が策定されている。関係する日本公認会計士協会の各種実務指針等もある。

　金融のグローバル化が進む中、欧州連合が2009年1月から域外上場企業にも国際会計基準（International Financial Reporting Standards〔IFRS〕＋ International Accounting Standards〔IAS〕）またはこれと同等の基準の適用を義務づける等の環境変化を受け、ASBJと国際会計基準審議会（International Accounting Standards Board, IASB）は、日本基準の国際会計基準への収斂（コンバージェンス）を加速する東京合意を2007年に公表し、日本企業の欧州での資金調達に対応した。ASBJは「連結先行」で会計基準を手直しする方針を採るが、収斂後の新基準により、個別財務諸表へのそ

の適用が特に排除されていないかぎり、租税会計も影響を受ける可能性がある。

収斂と並行して、国際会計基準のうち金融庁長官が指定したもの（指定国際会計基準）の連結財務諸表への任意適用（アドプション）が、所定の上場企業にかぎり、2010年3月期から始まっている（連結財務規1条の2・93条）。現在、金融商品取引法の適用のある会社の連結財務諸表は、日本基準、アメリカ基準（連結財務規95条）、国際会計基準または修正国際基準（2016年3月期以降）の適用可能性がある。

会計基準の改正等が「連結・上場・国際」指向で進むと、投資意思決定有用性の観点から、ある程度の予測と主観性を取り込んだ資産・負債の公正価値評価が求められるようになる。だが、このような会計基準は、「単体・非上場・国内」が共通の属性となる中小企業等には必ずしも適さない。そこで、日本税理士会連合会・日本公認会計士協会・日本商工会議所・ASBJが策定した「中小企業の会計に関する指針」や、さらに簡便で、国際会計基準の影響を受けないことを明記した、中小企業の会計に関する検討会（事務局は金融庁と中小企業庁）の「中小企業の会計に関する基本要領」の開発に繋がった（会計基準の複線化）。

❷………確定決算主義と損金経理──会社法会計からの影響はどのようなものか

明治32年に法人所得税を導入した当初から、租税会計は健全な企業会計に依存しており、法人税法の独立（昭和15年）以降も、原則的定めのみを法人税法において整備を進めてきた（147頁参照）。申告納税方式への移行（昭和22年改正）時には、確定した決算に基づく所得金額の計算が明示的に要求されるようになった。このように、租税会計は従来から複式簿記の原理に従った企業会計と商法会計を前提としてきた。

昭和40年度改正は、税法の体系的な整備、表現の平明化および規定の整備合理化の三つを基本方針とし、租税会計の基本原則を維持しつつ、益金と損金に関する基本規定（法法22条2項・3項）を明文化した。確定し

た決算との関係では、一般に、外部取引に係る損益は申告調整の対象となる（確定した決算に縛られない）一方で、**内部計算（内部取引）**による損益は、確定した決算における取扱いが最終的なものとなる。この点を費用・損失に関し明示したものが損金経理要件である。損金経理とは、確定した決算において費用または損失として経理することをいう（同2条25号）。**確定した決算**（同74条1項）とは、株主総会（または会計監査人設置会社が所定の条件を満たす場合は取締役会）の承認（会社438条・439条）を経た会計処理と解される。これは、内部計算に関しては、最もよく事情を知る経営者の選択で、最高意思決定機関である株主総会等の承認を得たものを尊重することで、「会社自身の意思として、かつ正確な所得が得られる蓋然性が高い」という趣旨に出たものである（東京地判昭和54年9月19日判タ414号138頁）。よって確定申告自体が法人の意思に基づくものと認められるかぎり、会社法上の確定決算の手続に依拠しない違法があっても、法人税法上は有効な申告となる。

　「確定決算主義」は、①確定決算に基づく課税所得の計算・申告、または、②損金経理等の要件を意味するほか、③後述の「一般に公正妥当と認められる会計処理の基準」（公正処理基準。法法22条4項）に従うことを指す場合もある。会社の利益は、かつては「公正ナル会計慣行」を斟酌した計算が要求された（旧商32条2項）のであり、現在は「一般に公正妥当と認められる企業会計の（基準その他の企業会計の）慣行」に従いまたはこれを斟酌して計算されねばならない（会社431条・614条、会社計算規3条）。会社法上の利益計算も企業会計を基礎にする点は租税会計と同様であるが、会社法上依拠されるべき会計基準・慣行と公正処理基準とは同じではないので、③の用語法は正確とはいえない。また②は①の一局面である。よって本章は、確定決算主義という用語を、②を含めた①の意味で理解する。いずれにせよ、租税会計は会社法会計と密接な関係がある（次頁の**図表2**参照）。

【図表 2　企業会計（狭義）・制度会計・租税会計】

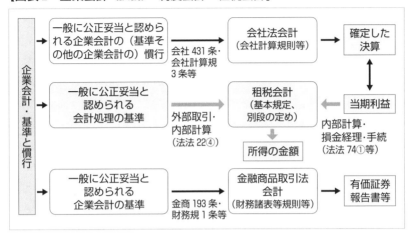

❸………**逆基準性の問題**───法人税法は会社法会計にいかなる影響を及ぼすのか

　確定決算主義の想定とは裏腹に、会社は、有利な租税上の効果を先読みして内部計算を選択するかもしれない。一般に、閉鎖的な、すなわち所有と経営が一体となった法人で、外部からの資金調達に関心が薄ければ、外観上の業績よりも税負担の軽減を優先しがちである。上場会社の経営者も、自身の評価に直結する株主利益の最大化のため、税額を最少化する処理を無視しがたい。租税法令や通達が許容する処理の具体性も、経営者には魅力に映るかもしれない。会社法上の利益計算が法人税法上の準則に規定される現象、すなわち「逆基準性」には、「会社自身の意思として、かつ正確な所得が得られる」という確定決算主義の想定に反し、会社の利益計算自体を歪める問題もある。損金経理要件のある別段の定め（34 頁等参照）において、この問題が顕著となりやすい。

　会社法と法人税法とは元来目的が同じでないうえに、収斂の進展によって、会社の利益計算と租税会計との乖離が進み、納税費用節約の利点が減る一方で、逆基準性の問題が増すことから、確定決算主義の廃止を是とす

る向きもある。仮に廃止しても、上場会社なら、内部統制監査（金商24条の4の4）を通じ、財務会計上の利益を最大化しつつ租税会計上の所得を最少化するような恣意的な会計処理を阻止しうるといわれる。だが、逆基準性の問題は、むしろ現状の監査によっては企業会計に及ぼす歪みを十分に阻止できないことを暗示している可能性がある。元より日本の法人のほとんどは、このような監査を受けない同族会社（75頁参照）である。確定決算主義の廃止論は、未だ十分な支持を得ていない。

❹………公正処理基準の意義──企業会計に合致していれば十分なのか

　昭和40年度改正で益金と損金の基本規定を明文化したが、これのみでは十分な解釈上の指針とはいえないとして学説等の批判を浴びた。また、税制調査会答申（昭和42年2月）は、税務行政が、画一性を追うあまり個別的事情を疎外し、企業の会計慣行との不一致や執行・納税費用の増大を招いているとの認識に基づき、税制の簡素化を旨とする課税所得計算の弾力化ないし商法・企業会計慣行等との開差の縮小の方途として、課税所得は「企業が継続して適用する健全な会計慣行によって計算する旨の基本規定を設け」、「必要最小限度の税法独自の計算原理を規定することが適当」だと勧告した。同答申は、開差の原因の多くは期間損益事項（前払費用等）にあるとし、さして弊害がなければ収支ベースの処理を大幅に是認すべきともいう。こうして、法人税法22条4項が制定（昭和42年5月31日成立）され、収益の額および原価・費用・損失の額は「一般に公正妥当と認められる会計処理の基準」（公正処理基準）に従って計算されることが明記された。

　公正処理基準は、企業の**会計慣行の尊重**の趣旨を明確に規定するものであり、会社が恣意的でなく継続的かつ客観的に適用する確立した会計基準をもって処理している場合には、課税庁が個別具体的に適否を判断して、その処理を是認することを明らかにしたものである（昭和42年5月26日第55回国会参議院大蔵委員会会議録第12号3頁・9～10頁）。公正処理基準の制定を通して、「法人税法自体、……課税の画一性の要請よりも、法人

の自主性尊重を重視したものと解するのが相当であって、〔画一性の要請の〕後退が生じることは、法人税法も予定している」（福岡地判平成11年12月21日税資245号991頁）。

　もっとも、税制調査会答申が挙げた上記の問題には、企業会計の未発達や恣意に基因する部分もあり、公正処理基準の制定が、課税の公平等、税制の大本を崩すことも当然できない。企業会計への過度な依存には租税法律主義との抵触も懸念される。公正処理基準の解釈を通して、**公平な所得計算**と、企業会計の尊重との最適なバランスをどこに見いだすのかは、判例の集積に拠ることが期待されていた。最判平成5年11月25日民集47巻9号5278頁は、船舶による輸出取引における収益の益金算入時期に関連し、「法人税法22条4項は、現に法人のした利益計算が法人税法の企図する公平な所得計算という要請に反するものでない限り、課税所得の計算上もこれを是認するのが相当であるとの見地から、収益を一般に公正妥当と認められる会計処理の基準に従って計上すべきものと定めたもの」だと解している。会計慣行が一般化し、健全な慣行として継続的に適用が行われ、社会的に認知されていても、そのことのみで税法とは無関係に公正処理基準に該当すると評価されるものではない（名古屋地判平成13年7月16日訟月48巻9号2322頁。東京高判平成25年7月19日訟月60巻5号1089頁も参照）。また別の判例は、特に会計慣行等に目を向けることなく、脱税目的での架空経費計上（公正処理基準に反する処理）の協力者に支払った報酬を費用または損失として損金に算入する処理も公正処理基準に反し許されないとした（最決平成6年9月16日刑集48巻6号357頁）。

　ただし、会計慣行から距離をおく公正処理基準の読み方には、立法意図から乖離する、漠然とした公平論に基づく会社経理の否定は租税法律主義に反するといった批判がある。

　なお、ASBJによる包括的な「収益認識に関する会計基準」（以下、「新会計基準」という）の公表を契機として、益金の算入時期と金額に関する基本規定（法法22条の2）が定められた。これにより公正処理基準に依拠する範囲は減じられるが、当該規定は、法人税法上の伝統的な考え方を踏

まえて、新会計基準のうち受け入れられない部分を明記しつつも、他の点については新会計基準との基本的な整合性を図っており、会計慣行尊重の理念を後退させるものではない。

Ⅲ　益金および損金の意義と算入時期

❶………益金および損金の基本的内容──企業会計とどのような関係があるのか

　ある事業年度の法人税額とその納付額の算出過程を**図表 3** に示す。

【図表 3　各事業年度の法人税額計算の仕組み】

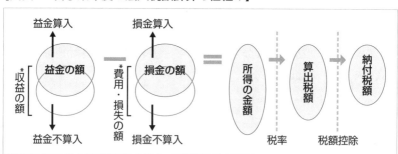

＊企業会計（広義）上のもの

法人税法には収益および原価・費用・損失の定義規定はなく、公正処理基準を通じ、原則として、企業会計上のこれらの観念を受け入れている。

　収益費用アプローチの下では、収益を、①外部から流入する経済的価値（対価）と見るか、または、②企業から出て行く財や役務それ自体（その測定は外部からの流入に依拠する）と見ることもできる。他方、過去、現在または将来の支出によって計数化された財または役務（用役潜在力）が原価であり、用役潜在力を失った原価（費消原価）のうち、収益獲得に役立ったものが費用、これに役立たず喪失したものが損失である。この意味での費用は、原価（法法22条3項1号）と費用（同項2号）を含む。ただし、1号原価には譲渡原価を含むのが原則である。2号費用と損失（同項3号）は、企業会計上の費用（1号原価以外）と損失から導くのが基本となる。

　企業会計が収斂を経て純資産の増減から収益と費用・損失を定義し、その計上時期を判断するに至っても、租税会計が機能しなくなることはない。公正処理基準の下では、ある程度の動態的解釈（企業会計上の収益と費用・損失の意味の変化に応じて法人税法上のこれらの解釈も動くと見る）が予定されている。元より昭和40年度改正前の益金・損金に係る通達は、純資産の増減から益金と損金を説明していた（148頁参照）。立法経緯に鑑み、同じ説明が現行法に反するとは解されない。

　もっとも、外部取引を経る前の評価益は、別段の定めなしには益金に算入されえない。前掲最判平成5年11月25日（31頁）も、「権利の実現が未確定」な収益の計上を公正処理基準に反する処理として例示した。また、収益は「取引」なくして益金に算入しえないのが基本（法法22条2項）である。ここでの「取引」の主な解釈には、互いに重なり合うものの、①外部取引、②簿記上の取引、および、③法的取引がある。②に言及する東京地判平成21年4月28日訟月56巻6号1848頁は、DES（77頁参照）に伴う混同（民520条）が取引に当たるとしたうえで債務消滅益を益金に含めたものであり、判旨は内部計算を取り込む趣旨ではなく、①と矛盾しない。最判平成18年1月24日判タ1203号108頁も、学説の批判はあるが、当事者の一方が意図し、他方が了解して実現した資産価値の移転を取引に当

たると評価しており、さらに、3号損失も文理上取引がないかぎり損金とされないのは、内部計算にすぎない評価損を排除する趣旨を含むと解しうる。これらを考慮し、「取引」（法法22条2項）とは外部取引（一般に、経済的価値の確実な移転の基因となる事象）を意味すると解しておく。

> ### Keyword 5　別段の定め（法法22条）
>
> 　各年度の益金の額と損金の額は、「別段の定め」（法法22条2～4項）があればそれに従って決まる。ここでの別段の定めの主たる構成要素は、法人税法22条の2ないし同64条の規定（および広義には租税特別措置法上の関係規定）である。これらは、公正処理基準を確認し、画一化し、またはその例外を設けるものである。法人税法65条は、同22条ないし同64条に係る技術的細目的事項を政令に委任する規定であって、別段の定めには該当しない（大阪高判平成21年10月16日税資259号順号11293）。
>
> 　別段の定めへの譲歩は、例えば法人税法22条の2にもある。ただし、同条の定めに反する企業会計上の処理を排除するため、そこでの別段の定めからは同22条4項を除いている。

❷………無償取引に関する収益の擬制──無償の利益供与でなぜ収益が
　　　　生じるのか

　法人税法22条2項は、収益の発生事由に「無償による資産の譲渡又は役務の提供、無償による資産の譲受けその他の取引」を含めている。無償とは対価の流入（反対給付）のないことである。にもかかわらず、無償取引があれば、資産の譲受人に加え、資産の譲渡人と役務提供者も、当該資産または役務の時価相当額を益金に算入しなければならない。会計学上も収益を「出て行く価値」で説明する見方があるが、無償取引に係る会計基準は確立していない。無償の資産の譲受けは公正な評価額をもって取得原価とされるが（会計原則注24）、企業会計上これが収益か資本剰余金かは定かでない。なお、役務の無償享受には特に益金算入を要しない（通説）。役務費用の節約分だけ所得の金額は増えるので、これで問題はない。

　法人税法上無償取引から譲渡人等に収益が生じることの代表的な説明に

は、以下の四つがある。

①二段階説は、無償取引を、有償取引による対価の受入と当該対価の返還（贈与、給与等）から成る二段階の取引と同視する（大阪高判昭和53年3月30日高民集31巻1号63頁参照）。わかりやすいが、当事者が行っていない取引を擬制する説明には租税法律主義に鑑み疑問があり、擬制を正当化する理由の説明を別途要する。

②適正所得算出説は、収益を外部からの経済価値の流入と考え、無償取引は本来収益を生じないが、税負担の公平、法人間の競争中立性等の租税政策の確保を図るために、収益を擬制すると説明する。二段階説に理論的基礎を与えるが、益金の基本規定において擬制と政策を正面から肯定する説明には、所得計算の基本原理に立脚した説明を重視する立場からの批判もある。

③増加益清算説は、譲渡所得課税の趣旨に係る判例の説明（106頁参照）と同じく、資産価値の増加により発生済みの増加益相当の収益が、当該資産に対する支配の移転時に実現するとみて益金算入を肯定する（最判昭和41年6月24日民集20巻5号1146頁参照）。擬制と政策抜きに基本規定の説明を行うもので一貫性があるが、無償の役務提供に係る収益を説明しにくい面がある。

④同一価値移転説は、無償による役務等の提供者（例、無利息融資の貸主）は当該役務等を自社に便益（例、利息相当額）をもたらすべく利用する潜在力（例、元本）を有するところ、かかる潜在力の移転により便益が収益として顕在化すると見る（前掲大阪高判昭和53年3月30日参照）。③と同じく収益を出て行く価値とみる見方に基づく一貫性があるが、役務の場合は、役務の提供時に収益が提供者側に発生・顕在化し、また同時に相手方に移転し実現するという技巧的な説明となり、難解さが増す。

①と②は収益を外部からの経済的価値の流入とし、③と④は収益を外部へ流出する経済価値と見る。収益費用アプローチの下ではいずれも採りうるが、法人税法上は①と②が通説的である。

同時に、提供者側では、手放した資産または役務に係る原価を損金に算

入しうるほか、対価相当額の受贈者への移転（二段階目の取引）は、通例「実質的に贈与又は無償の供与をしたと認められる金額」として寄附金とされ（法法37条7項・8項）、所定の限度額まで損金に算入しうる（同条1項、法令73条。61頁参照）。寄附金の損金算入により提供者側の益金算入の効果は相殺される。俗に「寄附金課税」とは、損金算入限度額を超える部分の扱い（損金不算入）を指す。ただし、受贈者から対価的意義を有するものと認められる経済的利益の供与を受けている場合や、提供者が対価相当額の利益を手放すことを首肯するに足りる合理的な経済目的その他の事情が存する場合（例、将来のより大きな損失を避けるための子会社支援損）は寄附金とされない（法基通9-4-1・9-4-2参照）。

　資産の低額譲渡（正常な対価に満たない対価による譲渡）は「有償による資産の譲渡に当たる」（最判平成7年12月19日民集49巻10号3121頁）が、適正な時価との差額も売主の益金の額に算入され、そのうち実質的に買主に贈与したと認められる額が寄附金（法法37条8項）となる。

☞本章冒頭の事例で、P社からS社に対する低額譲渡に関し、令和元年度のP社の所得の金額の計算上、益金の額および損金の額として、どのような項目がいくらの金額で考慮されるであろうか。

TOPICS5

転売特約付の低額譲渡と寄附金課税

　複数の関連会社に利得を分散するべく転売額を決めた特約のある譲渡が行われる場合は注意を要する。例えば、時価（6億円）よりも低額（2.2億円）でF社に転売する特約付で土地の低額譲渡を売主M社から受けた買主X社（Mに支払った対価は1.7億円）の場合、MはXとFに合わせて4.3億円（＝6億円－1.7億円）の贈与（寄附金）をしたことになり、転売によるXの収益と原価はいずれも2.2億円、MからXへの実質的贈与の額は0.5億円（＝2.2億円－1.7億円）になる旨判示された（大阪高判昭和59年6月29日行集35巻6号822頁）。

資産の適正な価額（時価）は財産の客観的交換価値をいい、当該財産につき不特定多数の当事者間における自由な取引において成立する価格である（大阪地判昭和53年5月11日行集29巻5号943頁）。また、無利息融資において当事者間で通常ありうべき対価に関し、前掲大阪高判昭和53年3月30日（35頁）は、定期預金金利との近似性を認定したうえで、商事法定利率（6％、商514条［廃止］）による利息相当額だとした。

　法人税法22条の2は、こうした従来の考え方を踏襲し、益金の額に算入すべき金額は、資産の引渡し時の価額または役務提供につき通常得べき対価の額に相当する金額と明記した（同条4項）。新会計基準は、変動対価等を考慮した取引価格をもって収益の額とするが（32頁、**Keyword 4** 参照）、租税会計上は、貸倒れと買戻しの可能性は資産または役務の対価とは別の要素と見るため、このような可能性がないものとして益金の額を求める（同条5項）。

　なお、関連会社間の国際的取引における対価が独立企業間価格から乖離する場合は、移転価格税制（措法66条の4）の適用を受ける可能性がある。

Keyword 6　独立企業間価格

　移転価格税制上、法人Aと、50％以上の所有関係等を有する外国法人（国外関連者B）との間の国外関連取引に関し、Aの支払う対価が「独立企業間価格」（arm's length price, ALP）を超える場合またはAが受ける対価がALPに満たない場合、当該取引はALPで行われたものとみなされる。具体的には、比較対象取引の価格自体や粗利を用いてALPを算定する方法（＝独立価格比準法、再販売価格基準法、原価基準法）、国外関連取引に係る営業利益がAとBの貢献度等に応じて分割されるようALPを算定する方法（＝利益分割法）、AまたはBの一方に通常の営業利益を帰属させるべくALPを算定する方法（＝取引単位営業利益法）と、これらに準ずる方法のなかから、最適なものを使用する（申告調整も可）。時価との差額は通例直ちに寄附金（措法66条の4第3項）とはされない。外国の同種の税制がBに対して適用された場合、租税条約に基づく課税当局間の合意があれば、AはALPに従ってその所得と税額を減じる（対応的調整）べく更正の

請求をなしうる（租税条約実施特例法７条１項）。

　なお、立法論としては、国内の無償取引等についても、ALP を対価とする取引があったものとのみ擬制して課税を行うべきとする「一段階説」がある。

❸………益金および損金の年度帰属

1　導入——益金と損金の算入時期がなぜ問題となるのか

　一般に、益金の算入時期が遅くなるかまたは損金の算入時期が早くなると、所得の年度帰属と課税時期は延期される。税率が一定ならば、租税負担の現在価値が金利分だけ小さくなるので、納税者は課税繰延べを有利だと考える。欠損金の繰越控除には制限がある（24 頁参照）から、法人は直ちに所得を減じる処理を好むほか、税率の高い年度の所得を減らしたいとも考える。法人が任意に益金・損金の算入時期を決められれば、法人税の公平な執行は維持できない。益金・損金のタイミングは、租税会計の中心的問題の一つである。

2　益金の年度帰属——実現主義と権利確定主義はどのような関係にあるのか

　法人税法上、伝統的に権利確定主義に基づいて益金の算入時期が決められる。権利確定主義とは、収益は、収入の原因となる権利の確定時に益金の額に算入すべきとする要請である。企業会計上の実現主義に基づく収益の計上時期と結果は大部分一致するが、異なる場合もある。

　企業会計原則は、売上高に関し「商品等の販売又は役務の給付によって実現したものに限る」（会計原則第二・三・B）とし、関連して、経過勘定項目（前受・未収収益）や特殊販売契約（委託・試用・予約・割賦の各販売）等に一般的指針を与えている（会計原則注５〜７）。会計学上、実現主義は、外部取引を経て「給付と転換（債権等の取得）」があった時に収益を認識すべきとする基準を指す。だが実現主義は、それ自体では現実の取引に一貫した当てはめを可能にする十分な具体性があるとはいえない。そこで、新

会計基準は、実現主義に言及することなく、上述の如く履行義務の充足時を収益の一般的な認識基準として採用した（32頁、**Keyword 4**）。

　他方、権利確定主義には、法的な検討を踏まえることで、益金の算入時期を判断しやすい利点がある。双務契約において、一方当事者による履行は、他方当事者の同時履行の抗弁権（民533条）を消滅させ、当該他方当事者から収入を得る権利（特に債権）を無条件にして確定させる。例えば売買（同555条）では、売主は、財産権（所有権等）の移転時に代金を受ける権利を確実にしうるから、その時に益金の額に算入すればよい。請負であれば目的物の引渡し（同633条）が支払時期とされ、委任では委任事務履行後に受任者は報酬を請求しうる（同648条・656条）から、遅くともこれらの時期には対価の額が確定し、益金の額に算入すべきである。事案と契約ごとの具体的判断を要するものの、典型的には、このような法的な思考に即して収益の額として確実となった年度を決し、益金の年度帰属が定まる。

　法人税法22条2項の立案段階では、収益の実現や確定に言及することも検討され、また「所有権の移転又は役務の提供があったとき」を判定基準として設けることも促された（税制調査会「所得税法及び法人税法の整備に関する答申」〔昭和38年12月〕）。だが、当時はこのような一般的規定の導入は果たせず、将来の立法的課題とされた。後に導入された公正処理基準には、会計慣行に合致する継続的処理を原則として受け入れることで、この課題の解決に資する効果もある。前掲最判平成5年11月25日（31頁）は、公正処理基準によれば、収益は「その実現があった時、すなわち、その収入すべき権利が確定したときの属する年度の益金に計上すべき」とする一般的解釈を示した。そのうえで、「取引の経済的実態からみて合理的な」基準の中から法人が選択し継続的に適用する会計処理なら是認すべきとした。課税実務も、棚卸資産の販売は引渡し時に益金算入を要求する一方（平成30年改正前法基通2-1-1）、請負による役務提供の場合は、その完了時（同法基通2-1-5）を基本としつつ、金額の確定に応じた益金算入を要求し、あるいは他の合理的な益金の算入時期の選択を認めることもあった。

法人税法22条の2は、新会計基準にいう履行義務の充足時という基準が実現時や権利確定時と「大幅には変わらない」（財務省「平成30年度税制改正の解説」271頁）との認識の下、同22条4項の適用を排したうえで、目的物の引渡しの日または役務提供の日の属する事業年度の益金の額に算入することを原則とした（同条1項）。そして、従来の取扱いを踏まえて、確定決算での経理（申告調整が可能な場合もある）と公正処理基準に従うこと、別段の定めが優先することを条件に、かかる日に近接する日の属する年度の益金に算入する（同条2項・3項）。これにより、たとえば電気業・ガス業の検針日基準は、新会計基準には適合し難いとしても、租税会計上は許容されうる（法基通2-1-4）。他に、公正処理基準に従って修正の経理をした場合の現年度修正（修正時の年度の益金または損金に算入する調整）を基本とする取扱い（法法22条の2第7項、法令18条の2）も明記された。収益認識の単位に関する定めはなく、別段の定めがない限り公正処理基準に従うところ、通達はこの点に関し新会計基準を受け入れている（法基通2-1-1）。なお、長期割賦販売に際して、賦払金の支払期まで益金と損金の算入時期を延期する延払基準（旧法法63条）は、リース取引に関してのみ維持された。

　支配の移転や役務提供が完了し、通常なら収入の原因となる権利が確定するはずだが、例外的な事情（例、違法取引、訴訟、法定条件の未成就）により未だ収入すべき権利または金額が確定しないときでも、返還の予定も処分に関する制限もなく、対価となる金銭等を受領しかつこれを支配しているかぎり、収益の実現があったものとして当該金銭等の額が益金に算入される（管理支配基準。最判昭和46年11月16日刑集25巻8号938頁参照）。企業会計上も、現に返金の見込みなしに金銭等を収受し、収益の額（取引価格）を合理的に評価しうるかぎり、給付が完了（履行義務を充足）している以上、実現の要件（収益認識の要件）を充足する。もっとも、管理支配基準の名の下に現金主義を強要することがあってはならない。同基準は、給付や支配の移転は完了済みであるが上述の例外的事情があって権利が確定しない事実に関してのみ用いられるべきである。

企業会計上、前受金や前受収益は負債であり、返還の義務や予定にかかわらず、役務等の給付を行って初めて収益として実現する。新会計基準でもこの点に基本的な変更はない（適用指針パラ52・58）。他方、返還の予定も義務もなく受領した前受金（例、商品券発行の対価）等の場合、権利確定主義に従えば、その受領時の年度の益金に算入される（対応する1号原価も同時に損金算入。名古屋地判平成13年7月16日訟月48巻9号2322頁）。現行通達は、取引開始時に受けた返金不要な支払は、その時の益金に算入することを要求しつつ、期間の経過に応じた益金の算入も許容する（法基通2-1-40の2）。ただし商品券発行の対価の場合は、従来の取扱いを改め、商品の引渡し等を待って益金の額に算入することを基本とした（同2-1-39）。

総じて、法人税法は、公正処理基準の下で、収益の実現をその益金算入時期に関する基本的な判定ルールとし、その具体的事案への適用に際しては、権利確定主義に基づき、また例外的・補完的に管理支配基準に従って、益金の算入時期を決してきた（132頁参照）。このような理解は、法人税法22条の2に引き継がれている。同条は、新会計基準を反映しつつ、同基準と所得計算との異同を示すとともに、租税法律主義の要請に資する役割を担っている。

3 損金の年度帰属

(1) 原価——売上原価等の損金算入時期はどのように決められるのか　売上原価その他の原価は「当該事業年度の収益に係る」ものが損金に算入される（法法22条3項1号）。よって、ある年度の益金とされる収益に個別に対応する原価が同時に損金の額とされる。1号原価には役務原価を含み、原価の額の見積りも排除されない。最判平成16年10月29日刑集58巻7号697頁は、宅地の造成販売業者が開発行為の許可を受けるために余儀なくされる未実施の公共工事の未払負担金について、①近い将来に費用（負担金）を支出する相当程度の確実性と、②事業年度末日の現状による金額の適正な見積可能性という条件を満たすかぎり、債務の確定がなくとも、

売上原価として宅地販売時の損金の額に算入しうるとした。

　購入した棚卸資産の取得価額は、①「購入の代価（引取運賃……その他当該資産の購入のために要した費用……の額を加算した金額）」と、②「当該資産を消費し又は販売の用に供するために直接要した費用の額」の合計額である（法令32条1項1号）。製造等した棚卸資産の場合は、その「原材料費、労務費及び経費の額」と②の額の合計額となるが（同項2号）、「適正な原価計算に基づいて算定されているときは、その原価の額に相当する金額」が取得価額とみなされる（同条2項）。減価償却資産に関しても同様の定めがある（同54条1項・2項）。

　1号原価と2号費用との区別にも、会計慣行と適正な原価計算の尊重が基本的に及ぶ。また、見積と実際の差は、その確定時の損益とするのが会計慣行である（法基通2-1-4・5-1-2）。

　(2)　**費用──債務の確定はどのように決まるのか**　2号費用（償却費を除く）は、明文上、給付の原因となる債務の確定時まで損金に算入しえない。通達は、①債務が成立し、②債務に基づき具体的給付をすべき原因となる事実（以下、「給付原因事実」）が発生し、かつ、③金額の合理的算定が可能である、という要件を充足してはじめて債務の確定があると見る（法基通2-2-12）。これらは、一般に通用する基準として実務上定着しており、むしろ政令への格上げが検討されるべきものである。

Keyword 7　債務の確定

　通達が示す上記3要件のうち、②給付原因事実の発生をめぐって争いが生じがちである。双務契約では、他方当事者Bの履行が、一方当事者Aにとっての給付原因事実とされる場合が多い。ただ、②の充足時（例、Bによる役務の提供）とAの履行時（例、対価の支払）の時差が大きければ、Aの支出額には重要な金利が含まれうる。このような場合、②の充足時に、支出額の現在価値に限って損金に算入すれば問題ないが、現在価値計算には主観性や納税費用等の懸念が残る。そこで、②としては、Aの履行時との大きな時差のない事実（例、対価の支払期日）が見いだされる傾向がある。

③に関し、例えば福岡高判平成 13 年 11 月 15 日税資 251 号順号 9023 は、従業員のうち当該年度の営業成績が基準に達したものを海外旅行に招待するため、旅行会社の見積に従い同年度に購入・支出した旅行ギフト券代について、見積書と当該旅行会社の約款上代金の変更の可能性があったため、③の基準を満たさないと判示している。

　2 号費用における債務確定主義は、主に引当金繰入額ないし見越費用の除外を念頭においたものである。この除外の趣旨は、不確実な所得計算や所得の不当な減少の防止にあるから、この趣旨を超える債務の確定の厳密な要求は支持されえない。例えば、売上げの一定率を次回以降の買い物の際に顧客が任意に充当可能なポイントとして付与する場合、当該ポイント相当額を売上時の年度の損金に算入する（ただし未充当部分は翌年度に戻し入れる）処理は、昭和 40 年度改正前の実務と同じく否定されない（法基通 9-7-1 以下参照）。

　⑶　損失――損金算入時期を決めるルールは何か　　損失は、収益の獲得に役立たず喪失した用役潜在力（費消原価）であるから、企業会計上はこの意味での効用の喪失時に発生する。租税会計上、外部取引を経ない未実現の評価損や資本等取引に当たる支払配当は損金に算入されない。損失に関し「債務の確定」を要求しうるかは学説上争いがあるが、かかる要求は 2 号費用の規定の類推適用を意味し、特に納税者に不利な結果となる場合に説得力を欠く。

　企業会計上の典型的な特別損失項目（会計原則第二・六）のうち、災害損失は、災害の発生時に、喪失した原価部分が 3 号損失を構成する。固定資産売却損は、損益の総額処理の差額として把握される（33 頁参照）から、3 号損失には当たらない。前期損益修正損とは、前期以前の年度における益金または損金の額が過大または過少であることが当年度に判明した場合に、当年度の損失とすることで辻褄を合わせる場合の当該損失を意味する（法基通 2-2-16 参照）。例えば、融資における貸主が、返還を予定せず過年度に収受し益金に算入していた違法金利部分を、不当利得（民 703 条）

として現年度に借主に返還する場合、貸主が破産会社であっても、過年度の収益を減額するのではなく前期損益修正損とするのが企業会計上の処理であるところ、「法人税の課税においては、事業年度ごとに収益等の額を計算することが原則」である（法法21条・74条、税通15条2項3号・16条1項1号・同条2項1号参照）から、事業年度を超えた課税関係の調整を行う特別の規定がないかぎり、前期損益修正によることが公正処理基準に合致する（最判令和2年7月2日民集74巻4号1030頁。150頁参照）。

Ⅳ　益金の額の計算

❶·········**益金算入および益金不算入の意義**── 収益とどのような関係があるのか

　ある年度に、会社の利益の計算上は収益ではないが租税会計上は益金とする調整（**益金算入**）がある一方で、会社の利益の計算上は収益であるが租税会計上は益金としない調整（**益金不算入**）もある（32頁、**図表3**参照）。以下は、かかる調整を導くことの多い主な別段の定めである。

❷·········**受取配当等の益金不算入**── 益金不算入割合はどのように決まるのか

　シャウプ勧告は、法人が「子会社または持株会社を使用することもしくは……他の法人の株式を所有することに対して差別待遇をする理由は存しない」として、法人間配当は単純に課税所得から除外すべきとしていた。この勧告を踏まえ、法人税法は子会社から受ける配当を益金不算入としてきた（益金不算入割合は株式所有割合による）。ただし、近時は**課税ベース拡大**の要請を反映し、益金に算入される配当金の範囲（次頁の**図表4**参照）が広がりつつある。

　関連法人株式等（**図表4**の＊＊参照）に係る受取配当金の場合は、益金不算入額から、当該株式等に係る支払利子部分として当該配当額の4％相

当額（所定の上限がある）が除外される（法法23条1項、法令19条）。一般に、益金不算入となる収益に係る費用の損金算入は二重の控除を意味し、正当化されない。ただ、完全子法人株式等に係る受取配当の益金不算入はグループ法人税制の一環であり、また、所有割合が3分の1以下の会社から受ける配当の場合は、重要性の原則の観点から、つまり重要性の乏しい対象には厳密な会計処理を要求せず簡便な処理で足りるとする見方（会計原則注1参照）に従い、いずれも益金不算入からの除外の対象とされない。

【図表4　受取配当金益金不算入制度】

平成27年改正前（参考）		現行法	
株式所有割合*	益金不算入割合	株式所有割合*	益金不算入割合
25%以上	100%	1/3超**	100%
		1/3以下 5％超	50%
25%未満	50%	5％以下***	20%

＊　　配当金を支払う内国法人の発行済株式の総数に占める株式数の割合。
＊＊　配当の基因となる株式は、「完全子法人株式等」と「関連法人株式等」から成る。
＊＊＊　配当の基因となる株式は、「非支配目的株式等」と称される。

> **Keyword 8　グループ法人税制**
> 　グループ法人の一体的経営の実態に鑑み、課税の中立性や公平性等を確保する観点から、完全支配関係（100％持株関係。法法2条12号の7の6）のある内国法人（普通法人または協同組合等）間で資産の移転等の取引があっても、課税関係を生じさせない制度である。具体的には、グループ内で法人Aが所定の「譲渡損益調整資産」（土地以外の棚卸資産、売買目的有価証券等は含まない）を譲渡し、「譲渡利益額……又は譲渡損失額」が生じれば、同額が損金の額または益金の額に算入されて課税が繰り延べられ、「譲受法人」Bがこれを譲渡、償却、評価換え、貸倒れ、除却等した年度に、Aの益金または損金に算入する（Bの譲渡先はグループ内外を問わない。同61条の13第1項・2項）。他にも、例えばグループ内の寄附は、支

出側で全額損金不算入（同 37 条 2 項）、受領側で全額益金不算入（同 25 条
の 2 第 1 項）とされる。無償・低額譲渡等により実質的な贈与等とされる
場合も同様である（同 3 項・37 条 8 項）。

　法人 A に係る資本の払戻し、解散による残余財産の分配、自己株式の
取得、合併、分割型分割等に伴い、株主である法人 B が金銭その他の資
産の交付を A から受けた場合に、当該金銭その他の資産の価額の合計額
が、A の資本金等の額のうち、交付の基因となった B が有する株式に「対
応する部分」の金額を超えるときは、当該超える部分の金額は、B が受ける
配当と擬制される（法法 24 条）。これを「みなし配当」という（96 頁参照）。
　例えば会社法上の剰余金の配当（453 条）には、利益剰余金のみを原資
とするものと、資本剰余金（と利益剰余金の双方）を原資とするものがあり、
前者は全額が受取配当（法法 23 条 1 項 1 号）とされるが、後者は「プロラ
タ計算」に従い、その一部がみなし配当（同 24 条 1 項 4 号）となる（最判
令和 3 年 3 月 11 日民集 75 巻 3 号 418 頁）。

Keyword 9　プロラタ計算

　法人 A が、資本剰余金を原資とする資本の払戻し（剰余金の配当）を法
人 B（株主）に対して行った場合、「対応する部分」つまり A 株式の元本
部分は次のとおり計算され（法令 23 条 1 項 4 号）、この金額を超える払戻
し部分がみなし配当とされる。

「｛(払戻直前)資本金等の額×減少した資本剰余金の額／〔税務〕簿価純資
　産価額｝×B 所有 A 株式数／払戻 A 株式総数」

　ただし、点線部は 0 が下限、波線部は 1 が上限となる。また点線部が 0
を超え、〔税務〕簿価純資産価額が 0 以下のときは、波線部は 1 とする。な
お、上記式の｛　｝内の金額は払戻等対応資本金額等と称される。

　資本剰余金を原資とする払戻しであっても、法人税法は、上記式を通じ、
資本金等の額と利益積立金の双方（＝〔税務〕簿価純資産価額）から比例的
に（pro rata）払い戻されたとみるため、プロラタ計算と称される。A の側
では、払戻等対応資本金額等に相当する額を資本金等の額から減額し（法

令 8 条 1 項 18 号)、みなし配当部分は利益積立金から減額する(同 9 条 1 項 12 号)。

　最判令和 3 年 3 月 11 日は、資本剰余金と利益剰余金の双方を原資として資本の払戻しがなされ、〔税務〕簿価純資産価額が(払戻直前)資本金等の額より少額である事案において、減少資本剰余金の額を超える「払戻等対応資本金額等」が計算される結果、利益剰余金を原資とする部分も資本部分の払戻しとして扱われる限りにおいて、上記プロラタ計算の定め(法令 23 条 1 項 3 号〔現 4 号〕)は、法人税法の趣旨に適合せず違法と判示した。

❸………資産の評価益の益金不算入── 益金算入を要するのはどのような
　　　　状況か

　商法上の時価以下主義の廃止(昭和 37 年改正)を受け、昭和 40 年度改正以来、法人税法は未実現の資産の評価益を原則として考慮しない(25 条 1 項。評価損も同様である)。ただし、更生計画認可の決定があったことにより会社更生法等の規定に従って行う評価換え(会更 83 条 4 項・5 項)等に加え、再生計画認可の決定その他これに準ずる事実(所定の私的整理)が生じた場合における財産価額の評定に伴う評価益は、当該評価換えの日および当該事実の生じた日の属する年度の益金の額に算入される。例えば、管財人は、更生手続開始後遅滞なく、開始時の時価により更生会社のすべての財産の価額を評定し、貸借対照表と財産目録を裁判所に提出しなければならない(同条 1 ～ 3 項)。更生計画認可の決定に際しても、管財人には取得価額(更生手続開始時の時価を取得価額とみなす)に基づき同様の提出義務がある(同条 4 項・5 項、会更規 1 ～ 3 条)。ここでの評価換えに伴う評価益が益金に算入される(法法 25 条 2 項)。なお、再生手続上の財産評定(民再 124 条)に関しては、民事再生法令に時価を取得価額とみなす規定がないため、関連する益金算入に関する規定ぶり(法法 25 条 3 項)が若干異なっている。

❹………還付金等の益金不算入──どのような項目が対象となるか

　法人税、法人住民税等の所定の租税の額、国税に係る延滞税および各種加算税の額、地方税に係る延滞金および加算金の額のほか、刑事上の制裁である罰金および科料、ならびに所定の行政上の課徴金および延滞金は損金に算入されない（法法 38 条・55 条）。よって、これらの還付を受けても益金に算入されない。法人が源泉徴収を受けた所得税が法人税額を超える場合と欠損金の繰戻しによる場合の還付金も、益金不算入となる（同 26 条）。

Ⅴ　損金の額の計算

❶………損金算入および損金不算入の意義──政策的減免の実態は追跡
　　　　　　　　　　　　　　　　　　　　　　　　　　されるか

　ある年度に、会社の費用・損失ではないが租税会計上は損金とする調整（損金算入）がある一方で、会社の費用・損失を租税会計上は損金としない調整（損金不算入）がある。いずれもその多くが、以下で概観する別段の定めに基づく。

　なお、いわゆる租特透明化法に従い、法人は、確定申告に際し、租税特別措置法上の政策税制の適用を受けた減免に関する所定の明細書を提出しなければならない。

Keyword 10　租特透明化法

　「租税特別措置の適用状況の透明化等に関する法律」の通称である。この法律に基づき、法人は、試験研究費の額に対する税額控除制度（措法 42 条の 4 ）などの租税特別措置法上の税の減免に係る特例（法人税関係特別措置）の適用を受けようとするときは、所定の適用額明細書を確定申告時に添付しなければならない。財務大臣は、これを基に特例ごとの適用者数、適用総額等を記載した適用実態調査の結果に関する報告書を作成し、内閣が

これを国会に提出する義務を負う。政策措置による租税の減免は間接的な補助金として機能し、租税歳出〔支出〕と称される。租特透明化法には、租税歳出に対する立法府の統制を強化する役割がある。

❷………棚卸資産の売上原価──棚卸資産評価とどのような関係があるのか

棚卸しとは、決算のために在庫の種類・数量等を調査しその価額を決めることである。棚卸資産には、棚卸しをすべき商品または製品（副産物および作業くずを含む）、半製品、仕掛品（半成工事を含む）、原材料等が含まれる（法法2条20号、法令10条）。企業会計上、棚卸しを経て、売上原価【＝期首商品棚卸高＋当期商品仕入高−期末商品棚卸高】（商品の場合）が算定される。

棚卸しには、現物の確認により期末在庫を把握する方法（棚卸計算法／実地棚卸）と、受払に係る帳簿記録から継続的に棚卸しを行う方法（継続記録法／帳簿棚卸）がある。重要性の低い資産を除き、減耗や盗難による減少も識別できるよう、企業会計上はこれらを併用すべきとされる。法人税法は、このような実務を念頭に、「棚卸資産につき……損金の額に算入する金額……の算定の基礎となる……『期末棚卸資産』……の価額」は、法人が原価法または低価法のうちから選定した方法により評価した金額であるとする（29条、法令28条）。

Keyword 11　原価法と低価法

原価法とは、個別法（個々の取得価額）、先入先出法（期末在庫は最近取得したものから順次成ると擬制）、総平均法（期首繰越と当期仕入の総額÷これらの総数量）、移動平均法（取得の都度平均単価を計算）、最終仕入原価法（最後の取得価額のみで評価）、および売価還元法（期末在庫売価総額×原価率）のなかから法人が選定した方法により算出した取得価額をもって、期末棚卸資産を評価する方法である。低価法は、原価法による評価額と、年度末における時価のいずれか低い方で評価する方法（翌年度に戻入

れを伴う洗替え低価法) である。低価法における時価は、正味売却価額（＝
売却可能価額ー見積販売直接経費）である（法基通 5-2-11）。個別法の適
用には制限がある（法令 28 条 2 項）。

　法人は、商品等の区分ごとに評価方法の選定を行い、所轄税務署長に届
け出なければならない（法令 29 条 1 項・2 項）。法人が選定しなかった場合
等には、最終仕入原価法が適用される（同 31 条 1 項）。税務署長の承認が
あれば、他の特別な評価方法の選定も可能である（同 28 条の 2）。ある年
度の棚卸資産評価額が低くなれば、売上原価が増し、所得の金額と法人税
額は減少する。よって低価法は、通例納税者に有利に働く。評価方法の変
更には税務署長の承認等を要し、当該方法の採用後相当期間（通達上は 3
年）を経過していなければ申請は却下されうる（法法 30 条、法基通 5-2-
13）。

❸………固定資産の減価償却費──減価償却資産にはどのような項目が含
　　　　まれるか

　固定資産とは、土地（土地の上に存する権利を含む）、減価償却資産、電
話加入権、およびこれらに準ずる資産である（法法 2 条 22 号、法令 12 条）。
減価償却とは、固定資産の価値の減少を所定の計算に従って見積り、その
使用可能期間（耐用年数）にわたり費用として配分する処理をいう。減価
償却資産には、各種の有形減価償却資産に加え、所定の無形固定資産およ
び生物が含まれるが、「事業の用に供していないもの及び時の経過により
その価値の減少しないもの」は除かれる（法法 2 条 23 号、法令 13 条）。減
価償却資産は、「法人の事業に供され、その用途に応じた本来の機能を発
揮することによって収益の獲得に寄与するもの」（最判平成 20 年 9 月 16 日
民集 62 巻 8 号 2089 頁）である。例えば、契約上支配権をことごとく剥奪
されている者が形式的に映画フィルムを所有しても、それは収益の源泉と
は見られず、また事業の用に供しているとは認められないから、減価償却

資産に該当しない（最判平成18年1月24日民集60巻1号252頁）。

　法人税法は、法人が「各事業年度終了の時において有する減価償却資産」に関し、償却費の損金算入限度額の計算（損金経理要件あり）とこれに関係する手続を政令に委任している（31条）。法人税法施行令は、減価償却方法として定額法、定率法等を挙げ、その適用要件を明記するほか（48条以下。**図表5**参照）、当該資産の取得価額（54条）、耐用年数、残存価額等に関する定めを有する。修理支出のうち、使用可能期間を延長させまたは時価を増加させる部分（資本的支出）に対応する金額は、新たな同種減価償却資産の取得として扱う（法令55条・132条）。

　使用可能期間が1年未満または取得価額が10万円未満である減価償却

【図表5　主要な減価償却資産に係る償却方法】

資産の種類	平成19.3.31以前取得	平成19.4.1以後取得*	平成28.4.1以後取得
建物（平成10.3.31以前取得）	旧定額法または旧定率法	—	—
建物（上記以外）	旧定額法	定額法	定額法
建物の附属設備	旧定額法または旧定率法	定額法または定率法	定額法
構築物	旧定額法または旧定率法	定額法または定率法	定額法
機械および装置、船舶、航空機、車両および運搬具、工具、器具および備品	旧定額法または旧定率法	定額法または定率法	定額法または定率法
無形固定資産、生物	旧定額法	定額法	定額法
国外リース資産（平成20.3.31以前契約）	旧国外リース期間定額法	旧国外リース期間定額法	—
リース資産（所有権移転外リース取引の賃借人）	—	リース期間定額法	リース期間定額法

＊平成28.4.1以後取得分を除く。

資産（**短期・少額減価償却資産**）は、重要性の原則の観点（45 頁参照）から、その取得価額の全額を事業の用に供した日の属する年度の損金に算入しうる（法法 65 条、法令 133。損金経理要件あり）。負担する消費税を取得価額に含める税込経理と、これに含めない税抜経理のいずれを選択するか（63 頁参照）が、少額減価償却資産該当性を左右する場合がある（最判平成 9 年 11 月 28 日税資 229 号 916 頁）。取得価額が 20 万円未満の減価償却資産は、一括して 3 年で定額的に損金に算入する選択をなしうる（法令 133条の 2。損金経理要件あり）。

定額法とは、償却費が毎年同一となるように耐用年数に応じた償却率を取得価額に乗じて償却限度額を計算する方法である。**定率法**とは、取得価額から過年度の償却費（損金算入分）累計額を控除した額に、毎年の償却費が所定の割合で逓減するように耐用年数に応じた償却率を乗じて償却限度額を計算する方法である。平成 19 年度改正で、定額法上残存価額の控除なしで取得価額に償却率を乗じることとされ、定率法上の償却率も、より加速的に償却費の損金算入が可能なように改められた。納税者にとって、当初の償却費が高い定率法の方が定額法に比べて一般に有利である。なお、**リース期間定額法**は、所有権移転外リース取引（72 頁参照）に係る借主に適用される（法令 48 条・48 条の 2）。

「減価償却資産の耐用年数等に関する省令」（**耐用年数省令**）が、政令（法令 56 条）の委任を受け、耐用年数、償却率等を定めている。同省令の各別表において所定の区分に従った耐用年数が明記されている。耐用年数は、通常の維持補修を行うとした場合の効用持続年数に一般的な陳腐化を織り込んで算定されている。**効用持続年数**とは、当該資産の本来の用途・用法により予定される効果をあげられる期間を意味し、物理的減価に加え、経済的な効果の持続期間が考慮される。著しい陳腐化には耐用年数の短縮で対応する（法令 57 条）。中古資産の場合は使用可能期間を見積もって耐用年数を決めるが、簡便な算式もある（耐用年数省令 3 条 1 項）。

減価償却資産の単位をめぐる裁判例

　　耐用年数省令の各別表における該当区分等をめぐって争いが生じる。例えば建物の内部造作は、建物の一部であると評価される傾向がある（広島地判平成5年3月23日税資194号867頁参照）。資産の単位は、特別償却（取得価額に一定割合を乗じて追加的償却限度額を計算）や割増償却（普通償却限度額に一定割合を乗じて同様に計算）による特別償却限度額の適用（例、措法42条の6）に加え、少額減価償却資産該当性等に関しても問題になる。前掲最判平成20年9月16日（50頁）は、法人が営業譲渡を受けた際に負担した電気通信施設利用権（法令13条8号ソ）の対価は、その総額が111億円余り（約15万回線分）でも、当該権利は1回線分（7万2800円）で本来の機能を発揮し、収益の獲得に寄与しうるとして、その全額が少額減価償却資産に該当すると判示した。

❹⋯⋯⋯⋯繰延資産の償却費──全額を即時に損金算入することは可能か

　繰延資産は、すでに役務の提供を受け、対価の支払が完了しまたは支払義務が確定し、その効果が将来にわたって発現するものと期待される費用であり、企業会計上はこれをいったん資産計上して費用配分してもよい（会計原則注15）。ASBJ実務対応報告「繰延資産の会計処理に関する当面の取扱い」は、この扱いを踏襲しつつ、繰延資産として株式交付費、社債発行費（新株予約権発行費用を含む）、創立費、開業費および開発費を挙げ、いずれも支出時の費用処理が原則だが、繰延資産として償却を行うことも許容する。会社計算規則は、貸借対照表上の区分として繰延資産に言及する（74条3項5号）が、中身は会計慣行に委ねている。

　法人税法上、繰延資産とは、法人が支出する費用のうち支出の効果が1年以上に及ぶもので政令所定のもの（資産の取得費および前払費用を除く）である（2条24号、法令14条）。まず、上記実務対応報告上の5項目については、未償却額を上限とする任意償却を認めて（法法32条、法令64条1

項1号。損金経理要件あり）、企業会計を受け入れている。

　次に、**法人税法に固有の繰延資産**、すなわち、①公共的施設等の負担金、②資産を賃借するための権利金等、③役務の提供を受けるための権利金等、④広告宣伝用資産を贈与した費用、⑤その他自己が便益を受けるための費用については、支出の効果の及ぶ期間（法基通8-2-3参照）にわたる定額的な償却費が、損金算入限度額とされる（法令14条1項6号・64条1項2号。損金経理要件あり）。

❺………**資産の評価損の損金不算入**──**減損損失は損金に算入できるのか**

　会社法上、時価の著しい下落が生じた資産、予測不能な減損が生じた資産および減損損失を認識すべき資産に関し、時価または相当の減額をした額で資産評価を行うことが強制される（会社計算規5条3項）。これは減損会計と整合する規定である。**減損会計**によれば、所定の減損の兆候のある固定資産（グループ）につき、割引前将来キャッシュ・フロー〔CF〕総額が帳簿価額よりも低い場合には、正味売却価額（＝時価−処分費用見込額）と使用価値（＝将来CFの現在価値）のいずれか高い方（＝回収可能価額）まで帳簿価額を減額して損失とする（企業会計審議会「固定資産の減損に係る会計基準」）。法人税法上、減損損失を含む資産の評価損は原則損金不算入（33条1項）だが、以下の①から④の状況に限り、評価損が損金に算入される（①と②は損金経理要件あり。④は同年度の②に優先する）。

　まず、法人の有する資産に関し、①所定の資産項目ごとの**物損等の事実**（固定資産の場合は、災害による著しい損傷のほか、本来用途以外の用途への変更等を含む）、および、②更生手続上の財産評定に準ずる特別の事実（再生手続開始時の財産評定等が該当する。法基通9-1-3の3）が生じた場合の評価減が、損金に算入される（法法33条2項、法令68条1項。47頁参照）。②では**金銭債権**の評価減でも、平成21年度改正後は排除されない（反対、法基通9-1-3の2。67頁参照）。さらに、③**更生計画認可の決定**に伴う評価換え（法法33条3項）、および、④**再生計画認可の決定**や所定の**私的整理**における財産評定に係る評価損（同条4項、法令68条の2）も、損金に算

入される。裁判所や多数債権者の監視があれば、評価の恣意性の懸念は限定される。

❻………役員給与の損金不算入等

1　役員給与の基本的な取扱い──なぜ損金不算入が原則的な扱いなのか

　会社の取締役、監査役などの役員（法法2条15号、法令7条）が受ける給与（経済的利益を含む。法法34条4項）は、役員報酬、役員賞与および役員退職給与に大別される。平成18年度改正前は、役員賞与を一律に損金不算入とし、実務上1か月以下の頻度で定額的に支給されるか否かで役員報酬と区別していた。この扱いは、役員賞与を利益処分の対象としていた商法と整合的であったが、会社法には利益処分案に関する定めがなく、役員賞与は役員報酬と同様に定款または株主総会の決議に従い支給される（会社361条1項）。ASBJ「役員賞与に関する会計基準」も発生時の費用処理を要求する。役員賞与を一律に損金不算入とする根拠は失われた。

　一方で、閉鎖的な会社が、お手盛りによる給与の支給を通じ法人税負担の軽減を図り、配当を給与に転換する「隠れた利益配当〔処分〕」の懸念は残る。そこで役員給与のうち職務執行の対価として相当な範囲に損金算入可能な額を限定する定めが維持されている。以下の①〜③のいずれかに該当するもの以外の役員給与（業績連動給与以外の退職給与は除く）は損金不算入となる（法法34条1項、法令69条）。平成29年度改正で、株式・新株予約権による報酬や業績に連動した報酬による役員給与との整合性を図る整備がなされた。

　①定期同額給与（1か月以下の一定期間ごとで支給額が同額である給与等）。会計期間開始日から3か月以内の改定、職制上の地位の変更等（臨時改定事由）による改定、経営状況の著しい悪化等（業績悪化改定事由）による改定である場合等、所定の条件を満たせば、給与の額を年度内に改定しても損金不算入とはされない（法令69条1項）。

　②事前確定届出給与（職務につき所定の時期に確定額の金銭や確定した数の株式・新株予約権などを支給する定めに基づいて支給される給与で①または

③に該当しないもの。金銭の場合は基本的に所轄税務署長に届出が必要。株式・新株予約権の場合は市場価格のある株式が交付されるもの）。確定額の届出があれば、「給与の支給額をほしいままに決定し、法人税の課税を回避する弊害がないため」、損金算入を認めている（東京高判平成25年3月14日訟月59巻12号3217頁）。ただし、実際の支給額が届出額と異なれば、原則として全額損金不算入とされる（法基通9-2-14）。定期給与を支給しない役員に対する金銭による給与（同族会社の場合を除く）などは届出を要しない（法法34条1項2号）。届出期限・内容（法令69条3項）等の定めもある。

③業績連動給与（業務執行役員に対するもので、算定方法が利益、株価または売上高の状況を示す指標に基づく客観的なもの。同族会社は原則的に対象外。損金経理要件あり）。算定方法（確定額・確定した数を限度とする）が他の業務執行役員の場合と同様である、報酬委員会の決定による等適正な手続を経ている、内容が有価証券報告書等で開示されている（法法34条1項3号イ）、かつ、業績指標数値確定後1か月（金銭の場合）または2か月（株式・新株予約権の場合）など所定の期限内に支給する（同号ロ、法令69条17項）ことが要件である。

これに対して、業績連動給与に該当しない役員退職給与は原則として損金に算入される（法法34条1項柱書括弧書参照）。また勤務が形式上継続していても、分掌変更等により支給されるもので、役員としての地位または職務の内容が激変し、実質的に退職したのと同様の事情があれば、退職給与として扱われる（法基通9-2-32）。ただし、臨時の賞与との境界をめぐる争いが多い。

使用人兼務役員（社長、専務、同族会社の所定の役員等を除く。法法34条5項）の使用人職務に対する給与は、原則として損金に算入される（法法34条1項柱書括弧書参照）。

事実を隠蔽または仮装して経理した役員給与は損金不算入になる（法法34条3項）。

2 不相当に高額な部分の損金不算入等——どのように判定するのか

　以上の規定で損金不算入とされない役員給与のうち不相当に高額な部分は、損金不算入になる（法法34条2項）。まず、役員給与（役員退職給与を除く）に関し、次の①と②の各金額のうち多い方が不相当に高額な部分とされる。①当該役員の職務の内容、当該法人の収益の状況、当該法人の使用人給与の支給状況、当該法人と同種事業を営み事業規模が類似する他の法人（同業類似法人）の役員給与の支給状況等に照らし、「当該役員の職務に対する対価として相当であると認められる金額を……超える部分の金額」（実質基準。法令70条1号イ）。②定款または株主総会で定められた支給限度額等を超える部分の金額（形式基準。同号ロ）。

　①に関する裁判例が多い。課税庁は、使用人給与と比較するほか、同業類似法人を、地理的な限定を加えて複数抽出し、その役員報酬の平均額や最高額等と比較したうえで処分を行うのが一般的である。同業種の抽出には日本標準産業分類を用い、また当該法人の売上の2倍以下で0.5倍以上の法人（赤字法人は除く）に比較対象を限定する「倍半基準」を用いる実務がある。裁判所は、通例、比較の適否を判断したうえで、問題の役員給与が高額であれば、正当化事由（職務内容、売上げや利益の伸び等）の有無も考慮し、相当とされる上限額を明示する等して課税処分の適法性を判断する。

　役員退職給与〔慰労金〕に関しては、当該役員が「法人の業務に従事した期間、その退職の事情、〔同業類似法人〕の役員に対する退職給与の支給の状況等に照らし」、金額の相当性が判断される（法令70条2号）。この目的上、功績倍率法を用いることが多い。

Keyword 12　功績倍率法

　同業類似法人の功績倍率【＝退職給与額／（最終役員報酬月額×勤続年数）】を当該役員の【最終役員報酬月額×勤続年数】に乗じて、当該役員の適正役員退職給与を算出する方法である。複数ある同業類似法人に係る平均功績倍率や最高功績倍率を用いる方法等がある。①最終報酬月額は一般に在任中の貢献を最もよく反映し、②勤続年数は「業務に従事した期間」

（法令 70 条 2 号）に相当し、③功績倍率はこれら以外の影響因（功績、法人の支払能力等）を総合評価した係数であり、根拠法令の趣旨に適合する方法である。ただし、退職直前に当該役員に無報酬の期間があるような場合は、同業類似法人の支給事例における 1 年当たり役員退職給与の額【＝退職給与額／勤続年数】の平均額に、当該役員の勤続年数を乗じて計算する方法（1 年当たり平均額法）を採るのが相当とされる（東京高判平成 25 年 9 月 5 日税資 263 号順号 12286）。なお、複数の同業類似法人が支給した代表取締役の月額給与（複数いる場合は最高額）の平均に、問題の代表取締役に係る功績倍率と勤続年数を乗じて算出する方法は、裁判所に拒絶された（東京地判平成 28 年 4 月 22 日税資 266 号順号 12849）。

　納税者は、課税処分の基礎とされた同業類似法人の詳細を、国税職員の守秘義務（国公 100 条、税通 127 条等）の壁もあって通例知りえないという問題がある。申告実務上は、国税庁が毎年公表する「民間給与実態統計調査——調査結果報告」等が参考になるかもしれない。

　使用人兼務役員の使用人としての職務に対する賞与で、他の使用人に対する賞与の支給時期と異なる時期に支給したものの額は、不相当高額部分とされる（法令 70 条 3 号）。また、役員と特殊の関係のある使用人に対する給与についても、所定の不相当高額部分が損金不算入になる（法法 36 条）。

3　損金算入時期——使用人賞与や役員退職給与はいつ損金に算入されるべきか

　役員と使用人の給与の損金算入時期も損金の基本規定に従う。使用人の賞与と退職給与に係る法人税法上の引当金は廃止済み（66 頁参照）である。廃止を勧告した税制調査会・法人課税小委員会報告（平成 8 年）は、使用人賞与につき支払時の損金算入を促し、現に引当金の廃止以来、政令上その支払時が原則的な損金算入時期とされてきた（法令 72 条の 3）。この政令は、法人税法 22 条 3 項 1 号・2 号の規定の内容を使用人賞与に関し具体的に明らかにした技術的、細目的規定であって（同 65 条）、租税法律主義に反しない（大阪高判平成 21 年 10 月 16 日訟月 57 巻 2 号 318 頁）。

役員退職給与に関し、通達は、株主総会の決議等によりその額が具体的に確定した年度の損金とすることを原則としつつ、損金経理を条件にその支払時の損金とすることを認める（法基通9-2-28）。支払時の損金扱いは、急な退職に伴い現に支給されたが株主総会等の決議が次年度になる場合や、逆に総会決議で支給額は確定したが短期的な資金繰りを理由に支払時期を延期する場合に、支給時の損金としないことが企業の実情に反するとの理由から認められる（東京地判平成27年2月26日税資265号順号12613）。

> ☞本章冒頭の事例で、Fが受ける退職慰労金は「退職給与」（法法34条1項括弧書）に該当するか。仮に該当しない場合は損金に算入できるか。該当する場合は、どの事業年度にいくらの金額が損金に算入されるべきであろうか。

4　新株予約権等の取扱い──自己株式を対価とする給与は損金になるか

　企業会計上、従業員等（使用人と役員）に対し報酬として付与する新株予約権は、付与日の公正な評価額で純資産の部に計上し、権利行使日まで、従業員等からの役務の取得に応じて費用計上（行使前に失効すれば利益に計上）される。権利行使により新株を発行すれば、新株予約権を払込資本に振り替える。これらの処理は、従業員等以外の者から受ける財や役務の対価として新株予約権を用いる取引にも原則的に応用される。また、一般に財や役務の取得の対価として自己株式を交付する取引では、取得した財や役務を資産または費用として計上し、対応額を払込資本とする。測定上は、財や役務または自己株式の公正な評価額のうちより信頼性が高い方を用いる（ASBJ「ストック・オプション等に関する会計基準」）。

　法人税法は、個人（従業員等に限定されない）から受ける役務の対価として、譲渡制限等の特別の条件の付された新株予約権（特定新株予約権）を交付したとき、当該個人の給与・事業・退職・雑所得に係る(総)収入金額を生ずべき事由（給与等課税事由）が生じた日に、役務提供を受けたものとして扱う（54条の2第1項。会社246条2項参照）。特定新株予約権は、他の法人が発行するものを含むが、上述の役員給与として付与される場合に損金に算入されるためには、行使可能となる日まで当該他の法人との間

に支配関係（50%超の所有関係。法法12条の7の5）の継続が見込まれなくてはならない（同34条1項2号ロ・3号・同条7項）。

費用の額は特定新株予約権の交付時の価額（正常な取引条件によるもの）である（法令111条の3第3項）。よって、譲渡制限等のある一般的な非適格の従業員ストック・オプションならば、その交付時の評価額が権利行使時に損金に算入される一方、適格の場合（給与等課税事由なし。101頁参照）は損金不算入になる（法法54条の2第2項）。譲渡制限等のないものは、損金の基本規定に従うほかない。権利行使されずに失効しても益金に算入しない（同条3項）。

個人から受ける役務の対価として**特定譲渡制限付株式**（他の法人の株式も含む）を交付する場合も、特定新株予約権を交付する場合と整合的な取扱いとなり、給与等課税額が生ずることが確定した日に役務の提供を受けたものとして扱われる（法法54条、法令111条の2）。なお、不相当高額部分の損金不算入規定は、いずれの交付の場合でも適用可能性がある（法法34条2項）。

❼………**寄附金の損金不算入**──なぜ一律の損金算入限度額の計算が求められるのか

法人税法上の寄附金の範囲は広く、民法上の贈与に限定されず、「金銭その他の資産又は経済的な利益の贈与又は無償の供与」を含む（37条7項・8項。36頁参照）。

まず「各事業年度において支出した寄附金の額……の合計額」うち、法人の種類に応じた所定の限度額（次頁の**図表6**参照）を超える部分が損金不算入とされる（法法37条1項、法令73条1項）。

支出した寄附金のうち、費用の性質を有する部分と利益処分のそれとを客観的に判断することが至難であることから、行政的便益と公平維持の観点から一種のフィクションとして、統一的な損金算入限度額が設けられている（前掲大阪高判昭和53年3月30日〔35頁〕）。現行法は寄附金支出が利益処分によるものか否かで区別しない。

【図表6 一般の寄附金に係る損金算入限度額】

法人の種類	損金算入限度額計算
①普通法人、協同組合等、人格のない社団等	{(資本金の額＋資本準備金の額)×0.25%＋所得の金額×2.5%}×1/4 (下線部は出資金の額となる場合もある)
②①のうち資本〔出資〕のないもの、非営利型法人等	所得の金額×1.25%
③公益社団法人または公益財団法人	所得の金額×50%
④学校法人（専修学校は含むが各種学校は除く）、社会福祉法人、更生保護法人、社会医療法人	所得の金額×50% (少なくとも200万円)
⑤他の公益法人等（②の非営利型法人等を除く）	所得の金額×20%

次の金額は「寄附金の額……の合計額」に含まれず、損金算入が可能となる（法法37条3項・4項・9項）。①国または地方公共団体に対する寄附金、②公益社団〔財〕法人その他公益を目的とする事業を行う法人または団体に対する寄附金で、広く一般に公募され、かつ「公益の増進に寄与するための支出で緊急を要するものに充てられることが確実」なものとして、財務大臣が指定したもの（**指定寄附金**）、③公共法人、公益法人等その他特別の法律により設立された法人のうち「公益の増進に著しく寄与するものとして政令〔法令77条〕で定めるものに対する当該法人の主たる目的である業務に関連する寄附金」の額（**特定公益増進法人**に対する寄附金。ただし所定〔法令77条の2〕の金額が上限）。③は、特定公益信託の信託財産とするために支出した金銭の額（法法37条6項）と、認定特定非営利活動法人に対する所定の寄附金（措法66条の11の2第2項）を含む。

寄附金と「広告宣伝及び見本品の費用その他これらに類する費用並びに交際費、接待費及び福利厚生費」（法法37条7項括弧書）等との区別がしばしば問題となる。

❽………**交際費等の損金不算入**──飲食費はいくらまで損金に算入できる
のか

　交際費等とは「交際費、接待費、機密費その他の費用で、法人が、その
得意先、仕入先その他事業に関係のある者等に対する接待、供応、慰安、
贈答その他これらに類する行為……のために支出するもの」である（措法
61条の4第4項）。交際費は、収益の獲得に直接・間接に寄与するもので
あり、企業会計上は一般に費用に該当する。だが、昭和29年以来、交際
費等の損金算入は特例で制限されてきた。その趣旨は、法人の冗費・濫費
を抑制し、自己資本の充実を図ること等である。加えて、損金算入を規制
しないことによる公正な取引の阻害や、交際費等の受益者が課税されない
ことの不公平感の防止等も目的に挙げうる。もっとも、近時は、消費拡大
による経済の活性化等の観点から、損金算入制限が緩和されつつある。

　まず、支出する交際費等の額は損金不算入とされるが、資本金の額が
100億円以下の法人の場合は、このうち接待飲食費の額の50%以下の金
額は損金に算入しうる（措法61条の4第1項）。1人当たり5000円以下の
飲食費は交際費等から除外されるほか、会議に関連する弁当代等（同条4
項）や一般に福利厚生費となる従業員慰安旅行の費用等も、社会通念上
「通常要する費用」の範囲にあれば、交際費等から除外される。この範囲
にあるか否かは、損金不算入制度の趣旨目的に鑑み、法人の規模や事業状
況等を踏まえ、「当該行事の目的、参加者の構成（……従業員の全員参加を
予定したものか否か）、開催頻度、規模及び内容、効果、参加者一人当たり
の費用額等を総合して判断するのが相当」（福岡地判平成29年4月25日税
資267号順号13015）とされる。次に、資本金の額が1億円以下の法人であ
れば、交際費等の額のうち800万円（定額控除限度額）超の部分が損金不
算入となる（同条2項）。このような法人は、定額控除限度額の制度と、
接待飲食費の額の50%超を損金不算入とする準則のいずれか有利な方を
選択してよい（接待飲食費が1600万円未満なら定額控除が有利となる）。

　交際費等は、販売促進費、寄附金、広告宣伝費、情報提供料、給与等と
の境界が問題となりがちである（東京高判昭和52年11月30日行集28巻11

号 1257 頁、東京高判平成 5 年 6 月 28 日行集 44 巻 6・7 号 506 頁等参照）。交際費該当性の判断基準は必ずしも確立していないが、①支出の相手方が事業に関係のある者等（従業員を含む）であること、②支出の目的が事業関係者等との間の親睦の度を密にして取引関係の円滑な進行を図ることであること、③行為の形態が接待、供応、慰安、贈答その他これらに類する行為であることが必要とされる（東京高判平成 15 年 9 月 9 日判時 1834 号 28 頁）。

❾⋯⋯⋯使途不明金・使途秘匿金の損金不算入──なぜ損金不算入になるのか

法人が交際費、機密費、接待費等の名義をもって支出した金銭でその費途が明らかでないもの（使途不明金）は損金不算入とされる（法基通 9-7-20）。役員等に対する機密費等で法人の業務のために使用したことが明らかでないものは、役員給与（同 9-2-9(9)）として損金不算入になる（55 頁参照）。使途が不明で、かつ客観的証拠資料によって容易に立証しうる立場にあるはずの納税者が客観的資料を提出しなければ、当該費用は業務との関連性がないことが事実上推認されるからである（東京高判平成 7 年 9 月 28 日税資 213 号 772 頁）。

さらに、法人が「使途秘匿金の支出」をした場合、当該支出額に 40％を乗じた金額が当該法人の法人税額に加算される（措法 62 条 1 項）。使途秘匿金の支出とは、金銭の支出（贈与等の目的のためにする資産の引渡しを含む）のうち、「相当の理由がなく、その相手方の氏名又は名称及び住所又は所在地並びにその事由⋯⋯を当該法人の帳簿書類に記載していないもの」（対価性が明らかなものを除く）を意味する（同条 2 項）。

❿⋯⋯⋯租税公課等の損金不算入──例えば消費税額は損金に算入されるのか

租税公課は企業会計上の費用であり、原則として損金に算入される。固定資産税、自動車税、事業税、登録免許税、印紙税等は、損金に算入してよい。消費税等（消費税と地方消費税）に関しては、①税抜経理（消費税等

の額を除いた金額で損益、資産取得価額等を計上し、仮受消費税と仮払消費税を相殺して納付税額を把握する）と、②税込経理（損益等をすべて税込みで計上し、消費税額等を租税公課として損金に算入する）のいずれもが公正処理基準に合致する。①でも、非課税売上げに対応する控除対象外消費税額等（171頁参照）は損金に算入しうる（損金経理要件あり。法令139条の4）。なお、免税事業者（180頁参照）に①の処理は妥当しない。

　損金不算入とされる租税公課には、法人税その他前述した項目（法法38条・55条、48頁参照）のほか、相続税・贈与税（相法9条の4・66条・66条の2。232頁参照）、第二次納税義務に基づく納税額、外国子会社から受ける配当に係る外国源泉税等の額、税額控除または還付の対象となる所得税、外国税額控除制度の規定の適用を受ける控除対象外国法人税の額（74頁参照）がある（法法38～41条）。

TOPICS7

税効果会計の動向

　企業会計上、会社の利益に対する税金（法人税・地方法人税・住民税・事業税〔所得割〕）も費用である。よって期末に当該税金を費用として計上し、未払税金が負債（納付で消滅）となる。だがこれでは十分でない。租税会計と企業会計との違いを考慮していないからである。例えば、税率を30％とすると、ある収益100につき、租税会計上第1年度に益金に算入されて現に30の納税義務が生じるが、企業会計上は第2年度に収益が認識される場合、第2年度に税金費用30が計上されるべきである（費用収益の対応）。つまり第1年度の税金30は前払されるものである。同様の前払税金(繰延税金資産)は、企業会計上の費用認識が先行する場合にも生じる。逆に、企業会計上の収益認識または租税会計上の損金算入が先行する場合は、税金の後払（繰延税金負債）が生じる。同様のことが、持合株式の企業会計上の時価評価（評価益は資本直入）等でも起こる（資産増価に応じ繰延税金負債）。このように税金費用を企業会計上の

税引前利益に対応させて計上する一連の処理を税効果会計という（企業会計審議会「税効果会計に関する会計基準」）。繰延税金資産は、将来の所得が減る（将来減算一時差異）場合に認識され、同負債は、将来の所得が増える（将来加算一時差異）場合に認識される。受取配当金益金不算入のような「永久差異」に税効果会計は適用されない。繰延税金資産は、将来に欠損金が続き税額減少に繋がらない（同資産の回収が見込まれない）場合は計上すべきではない。かかる回収可能性について、企業を5分類して判断する指針がある（ASBJ「繰延税金資産の回収可能性に関する適用指針」）。なお、繰延税金資産・負債は、その回収または支払が見込まれる期の税率による（資産負債法）。ASBJ「税効果会計に適用する税率に関する適用指針」も参照。

⓫………圧縮記帳による圧縮損等の損金算入──何のための措置か

圧縮記帳とは、固定資産の取得等に充てる受贈財産等に係る益金の額と同額以下の金額(A)を損金に算入して当該益金に課税を及ぼさない代わりに、固定資産の帳簿価額を損金経理により(A)の額だけ減額する措置である。これによって以後の減価償却等による損金算入額も減少し、全体の税額は圧縮記帳がない場合と同じになるが、固定資産の取得等を阻む課税を控え、課税繰延べの便益を与える効果がある。決算において積立金方式により（保険差益の場合は特別勘定を設ける方法により）経理した場合も同様である。法人税法上、国庫補助金等（42条）、工事負担金（45条）、出資を有しない協同組合等の賦課金（46条）を充て、または保険差益（47条）や交換差益（50条）を伴って取得等した固定資産につき、圧縮記帳が認められる。

⓬………引当金・準備金の損金算入──法人税法上の引当金はどのような
　　　　　　　ものか

　引当金とは、将来の特定の費用または損失であり、その発生が当期以前
の事象に基因し、発生の可能性が高く、金額を合理的に見積もることがで
きるものをいう（会計原則注18）。法人税法上このような費用・損失は、
債務の確定していない費用または未実現の損失であって、原則として損金
に算入できない。別段の定めに基づく各種引当金は、平成10年度以降の
改正で、課税ベース拡大の要請の下で、債務確定主義の徹底等の観点から
改廃がなされ、平成30年度改正で、新会計基準の制定（引当金ではなく変
動対価と見る）を契機として返品調整引当金も廃止された（経過措置あり）。
今なお残るのは、適用対象の限定された貸倒引当金のみである。

　貸倒引当金繰入額の損金算入は、金銭債権（債券を除く）の貸倒損失の
見込額を前もって損金とする制度である。法人税法は、①**個別評価金銭債**
権と②**一括評価金銭債権**（①以外の金銭債権）に係る各貸倒引当金勘定の
繰入額に関し、損金算入限度額を定めている（52条。損金経理要件あり）。
ただし、対象法人を、資本金の額が1億円以下の普通法人、公益法人等ま
たは協同組合等、人格のない社団等（以下、中小法人等）、銀行、保険会社
その他これらに準ずる法人、リース取引その他金融取引を行う法人に限定
している（同条1項）。

　①では、ⓐ更生計画の認可決定等で事業年度末日の翌日から5年以内に
弁済されることになっている金額以外の部分の全額、ⓑ債務者の債務超過
の状態が相当期間継続する等して債権の一部に取立等の見込みがないと認
められる場合の当該一部の金額、および、ⓒ更生手続開始申立等に係る債
権金額の50%まで、損金に算入しうる（法令96条1項）。②では、過去3
年の貸倒実績率を一括評価金銭債権の帳簿価額に乗じて損金算入限度額を
算定する（同条6項。中小法人等に関し措法57条の9も参照）。いずれの損
金算入額も翌年度に益金に算入して**洗替え**を行う（法法52条10項）。洗替
えにより（切放しではなく）、翌年度以降における評価の回復部分が所得計
算に反映される効果が生じる。

貸倒損失の損金算入時期と部分貸倒れ

　金銭債権の回収不能による損失を貸倒損失という。課税実務は、債務者に係る倒産処理手続等に基づく債務の全部または一部回収不能による免除（法律上の貸倒れ）には損金算入を肯定する一方（法基通9-6-1）、帳簿上の償却による貸倒れ（事実上の貸倒れ）の場合は、担保物の換価と債権の全額の回収不能を要求し（同9-6-2）、学説の批判はあるが一部回収不能（部分貸倒れ）は専ら貸倒引当金の問題としてきた。法人税法33条2項の定め（54頁参照）が、平成21年度改正前は、例外的に損金とする評価減等の対象から金銭債権を除外していた（同改正でこの除外は消えた）ことも、この扱いの根拠とされた。3号損失として損金に算入するには、判例上、金銭債権の全額が回収不能であることが客観的に明らかであることを要し、そのことは、債務者の資産状況等に加え、債権回収を強行することによる他の債権者とのあつれき等による経済的損失等の「債権者側の事情、経済的環境等を踏まえ、社会通念に従って」判断される（最判平成16年12月24日民集58巻9号2637頁）。回収不能でない債務の免除の多くは寄附金となる（77〜78頁も参照）。

　資本金1億円超の会社のほとんどは、今や貸倒引当金に係る別段の定めの適用がない。企業会計上、従来から、破産更生債権等（債務者が経営破綻）の貸借対照表価額に関し、貸倒見積高（＝債権額−担保回収見込額）を当該債権から直接減額する処理も例外的ながら認められる（企業会計審議会・ASBJ「金融商品に関する会計基準」28項、注10）。債務者が継続企業の前提を失っている場合等は「資産の評価換え」（法法33条1項）とは区別し、基本規定の下で部分貸倒れによる損失の損金算入を許す解釈の必要性が高まっている。

　他方、一般に準備金は、引当金以外で、将来の支出に備えて積み立てた利益の内部留保を指す。租税特別措置法上、海外投資等損失準備金（55条）をはじめ、原子力発電施設解体準備金（57条の4）、保険会社等の異

常危険準備金（57条の5）など各種の準備金繰入額の損金算入が許容される。

⓭………**不正行為等に係る費用等の損金不算入**──賄賂は損金に算入できるか

　判例（31頁参照）では、脱税協力金は、公正処理基準を根拠に損金不算入とされたが、不法原因給付であり支出後は取り戻せない（民708条）ことから、これを費用・損失としない会計基準等は見当たらない。実務上、かつて賄賂（刑198条）は交際費等とされたが、「腐敗の防止に関する国際連合条約」の批准に伴う国内法制の担保措置として、これを損金不算入とした（法法55条5項）。税負担減少目的の隠蔽仮装行為に要する費用に加え、附帯税等（5頁・48頁参照）も損金不算入とされる（同条1～4項）。

Ⅵ　損益両建計算

❶………**有価証券等の譲渡と時価主義**──時価主義の適用対象はどのような項目か

　公債、社債、株券または新株予約権証券、投資信託の受益証券等の有価証券（法法2条21号。自己株式を除く）の**譲渡利益額**（益金）または**譲渡損失額**（損金）の計算に際しては、銘柄ごとに区分して移動平均法または総平均法により原価を計算する（同61条の2第1項・24項、法令119条の2）。種類株式に関しては、例えば取得請求権付株式における請求権を行使し、取得の対価として株式のみの交付を受ける場合は、課税が繰り延べられる（法法61条の2第14項）。

　企業会計の動向も踏まえ、法人の活動成果を的確に所得に反映する観点から、以下で述べるように、平成12年度改正で、売買目的有価証券やデリバティブ取引には年度末に時価評価を行うこととされ、加えてヘッジ会計が租税会計に取り込まれた。

①「売買目的有価証券」（短期的な価格の変動を利用して利益を得る目的で取得した有価証券）は年度末の時価と帳簿価額との差額が益金または損金に算入（翌年度に洗替え）されるが、②「売買目的外有価証券」は簿価が維持される（法法 61 条の 3）。②のうち償還期限のあるものは、各年度末に利子相当額を益金または損金に算入し（法令 139 条の 2）、帳簿価額に加減する（同 119 条の 14）。

　先物、オプション等のデリバティブ取引も、未決済のものは年度末に決済したものとみなして益金または損金の額に算入する（翌年度に洗替え。法法 61 条の 5）。資産（ヘッジ対象）の時価の変動等に伴う損失を打ち消すべくデリバティブ取引（ヘッジ手段）がなされた場合は、ヘッジの有効性判定等を経て、繰延ヘッジ（同 61 条の 6）または時価ヘッジ（同 61 条の 7）を適用し、ヘッジ対象とヘッジ手段の各損益が同じ年度の益金または損金に算入される。

　さらに、ASBJ の新たな基準や取扱いの公表を受け、市場における短期的な利益を得る目的で取得した金、銀、白金等と、活発な市場の存在する暗号資産（併せて、「短期売買商品等」という）ついて、年度末の評価益または評価損が益金または損金に算入されることになっている（翌年度に洗替え。法法 61 条 3 項、法令 118 条の 9 第 1 項）。

TOPICS 9

組織再編税制の概要

　株式の譲渡は、一般に合併や分割等の組織再編成の一部を成す。合併と分割に際し、被合併法人等 A は、合併法人等 B が交付する株式等の資産を対価とする資産・負債の時価譲渡として所得を計算する（法法 62 条）。B が交付した資産の価額が A から受け入れた時価純資産価額を超える部分は、資産調整勘定として B は 5 年で定額的に減額（損金算入）し、逆に前者が後者に満たない部分は差額負債調整勘定として同様に減額（益金算入）する（同 62 条の 8）。他方、

資産の移転前後で経済実態に実質的な変更がなく、移転資産に対する支配が継続していれば（所定の要件の充足を要する）、適格合併（同2条12号の8）等としてAの譲渡損益を認識せず課税を繰り延べ（同62条の2）、Bに資産調整勘定等も生じない。以上の扱いは、現物出資（同22条2項・62条の4）と株式交換・株式移転（資産調整勘定等を除く。同61条の2第8項〜10項・62条の9、法令119条1項8〜11号）の場合にも、概ね当てはまる。なお、現物分配（金銭以外の資産を交付する配当、残余財産の分配等。法人税法2条12号の5の2）についても、目的資産の時価譲渡と受取配当として扱う場合（非適格）と簿価引継ぎ（適格）の場合がある（同23条1項・24条1項・62条の5）。

　組織再編成では、損失の人為的利用への規制を要する。例えば適格合併は、①支配関係のある当事者間の合併と、②共同事業を行うための合併に大別される。適格合併ならBはAの繰越欠損金の引継ぎも可能だが（法法57条2項）、①では、過去5年継続する支配関係がなかった場合と所定のみなし共同事業要件を満たさない場合が関わるAの欠損金の引継ぎまたはBの欠損金の利用制限があり（同条3項・4項）、合併後短期的にBが実現する引継ぎ資産等の譲渡等の損失の損金算入にも制限がある（同62条の7）。B等の行為・計算に係る包括的な租税回避防止規定もある（同132条の2。最判平成28年2月29日民集70巻2号242頁、最判平成28年2月29日民集70巻2号470頁参照）。

　非適格の合併等で資産（B株等）を受領する、Aの株主Cに関し、当該資産のうちAの資本金等の額に対応する部分を超える部分は、Cが受ける配当とみなされる（法法24条1項、46頁参照）。

　平成29年度改正により、一の分割法人Aの既存事業を、新設の分割承継法人Bに移転して独立して行う場合（スピンオフ）も、適格分割型分割とされ（法法2条12号の11ニ）、課税繰延べの扱いを受ける（同62条の2第2項）。

❷……… **工事の請負**——工事進行基準の適用は選択か強制か

　企業会計上、長期請負工事に関し、工事進行基準と工事完成基準の選択
適用が認められてきた（会計原則注7）。工事進行基準の下では、工事の進
捗に応じて、引渡し前の各年度に請負対価に係る収益とこれに対応する原
価の計上がなされる。ASBJ「工事契約に関する会計基準」は、取引単位
で、進捗部分に関し成果の確実性（見積りの信頼性を含む）が認められれ
ば工事進行基準を適用し、他の場合は工事完成基準を適用すべきとする。

　法人税法では、製造を含む「長期大規模工事」に対し工事進行基準が強
制適用される一方、他の工事については、確定した決算で同基準を適用し
たときに、租税会計上も同基準による（64条1項・2項、法令129条）。長
期大規模工事の要件は、①着手日から引渡し期日まで1年以上、②請負対
価が10億円以上、かつ、③請負対価の額の1/2以上が引渡し期日から1
年を経過する日後に支払われるものでない、である。工事進行基準の下で、
ⓐ収益の額は、請負対価の額に「工事に係る進行割合」を乗じて計算し
（過年度認識分は除く）、ⓑ費用の額は、工事原価の額に当該割合を乗じて
計算される。

❸……… **リース取引**

1　概要——なぜ売買として扱われるのか

　法人は、資産を取得して耐用年数にわたり減価償却費を損金に算入する
ことに代えて、より短期の賃貸借契約の借主となり貸主に購入代価相当額
を賃料として支払う（契約終了後も支配を維持する）ことで、早期の損金算
入が可能となる。課税要件事実として機械等の貸与を所有権留保付売買だ
と認定する最判昭和43年8月27日税資53号313頁もあるが、昭和53年
の通達「リース取引に係る法人税及び所得税の取扱いについて」が、売買
と賃貸借の画一的区分を設けて企業会計に先行した（後に命令化）。現行法
（法法64条の2）は、ASBJ「リース取引に関する会計基準」および同
「リース取引に関する会計基準の適用指針」を踏まえ、取引の経済的実態
を重視した取扱いを要求する。

2 リース取引の意義と取扱い──当事者はどのように益金と損金に算入すればよいか

　法人税法上、賃貸借は「リース取引」とそれ以外に区分される。リース取引は、貸主から借主への目的資産（リース資産）の売買として扱われ、それ以外は賃貸借の扱いとなる。リース取引（所有権の移転しない土地の賃貸借等を除く）とは、大要以下の2要件を満たす賃貸借である（法法64条の2第3項）。①契約解除不能である、②賃借人が賃借資産に係る経済的利益を実質的に享受し、その使用に係る費用を実質的に負担（賃借料合計が資産の取得に要する価額の90%超。法令131条の2第2項）する。

　リース取引の貸主側では、①リース譲渡に係る収益（対価総額）と原価の額を益金と損金に含める方法（通常の販売基準）、②一般の延払基準（法法63条1項、法令124条1項1号）、③リース譲渡に係る延払基準（同条1項2号）、または、④リース譲渡に係る収益と費用の計上方法の特例（法法63条2項、法令124条3項・4項）のいずれかに従う。②では、リース譲渡の対価の額と原価の額に賦払金割合（＝当該年度に支払期が到来する賦払金合計額／リース譲渡の対価）を乗じて当該年度の収益の額と費用の額とする。③と④では、譲渡対価総額のうち利息相当額（④では譲渡益相当額の20％）を区分してそれぞれ所定の方法で益金に算入し、残りの部分（元本相当額）はリース期間で定額的に収益（益金）とする一方、譲渡原価はリース期間で定額的に損金に算入する。

　リース取引の借主側は、売買でリース資産を取得したものとして扱う。その取得価額はリース料総額だが、利息相当額を控除してもよい（その場合、利息部分は利息法または定額法によりリース期間にわたり損金に算入する。法基通7-6の2-9）。資産の種類に応じた償却費計算を行うが、「所有権移転外リース取引」の場合は、取得価額をリース期間にわたり定額的に償却する方法（リース期間定額法。法令48条の2第1項6号・5項4号）による。所有権移転外リース取引とは、リース取引のうち以下のいずれにも該当しないものである（同項5号。法基通7-6の2-1以下も参照）。①目的資産が借主に無償または名目的な対価で譲渡される、②著しく有利な価額で目的

資産を買い取る権利が借主に与えられている、③目的資産の使用可能期間中借主によってのみ使用されると見込まれる（または目的資産の識別が困難である）、④リース期間が耐用年数に比して相当短い（借主の法人税の負担を著しく軽減するものに限る）。なお、売買または融資（次の**3**参照）とされた場合の支払賃料（損金経理分）は、償却費に係る損金経理額に含まれる（法令131条の2第3項）。

3　リースバック──融資として扱われるのはどのような場合か

　売主Aが買主Bに資産cの所有権を移転しその対価pをBから収受するが、Bが直ちにcをAに賃貸し（リース取引に限る）、AがBに賃料rを支払うならば、条件次第では、Aがcを担保にBから融資pを受け、その元利をrとして分割返済しているのと同様の実態となる。法人税法は、かかる状況で「一連の取引が実質的に金銭の貸借であると認められるとき」は、①売買を無視し、②BからAへの金銭の貸付けとして取り扱う（64条の2第2項）。よって課税上Aがcの所有者とされ、rの総額が元本と利子に区分される。

❹………不法行為損失等に係る処理──なぜ直ちに税額に影響しないのか

　人が故意または過失により他人の権利を侵害すれば損害賠償責任を負う（民709条）。例えば、会社Aが、代表取締役Bによる横領等の被害者となり金銭の喪失という損害(100)を被れば、Aは少なくとも当該金銭と同額(100)の損害賠償債権を取得する。これをそのまま所得計算に反映させると、被害発生時には、Aの側で損金100と益金100が同時に算入されて税負担に影響はなく、当該債権に係る貸倒損失や貸倒引当金として損金に算入されて初めて税負担に影響が生じる（同時両建処理。最判昭和43年10月17日訟月14巻12号1437頁）。状況次第では、むしろBに対する役員賞与に当たる（東京地判平成19年12月20日税資257号順号10853）場合もある。ただしBの無資産・無資力故に損害賠償債権をAが回収可能でないならば、当該債権の確定（収益の実現）を欠き、損失が先に損金に算入

されうる（異時両建処理。最判昭和60年3月14日税資144号546頁）。被害の発覚が後の年度になる場合、益金と損金の双方の算入時期が問題となる（損失は架空経費等に姿を変えて損金算入済みの場合もある）。発覚前は、権利の行使可能性（実現可能性）に疑問も生じる。裁判例は、益金に関し、通常人を基準として権利行使が期待できない客観的状況にあれば未だ益金に算入しえないとしたが、損害を容易に発覚しえた場合はこのような状況にないという（東京高判平成21年2月18日訟月56巻5号1644頁）。なお「他の者」（つまり社外の者）から支払を受ける損害賠償金の場合、その受領日の年度の益金に算入する処理も認められる（法基通2-1-43）。

　同様の問題は、不当利得についても生じる。例えば、電力会社Cの設置したメーターの不具合が原因で会社Dが過去数年に過大な電気代を支払ったならば、過大部分（損金算入済み）についてDはCに不当利得として返還を請求しうる。ただ判例は、同時両建処理を要求せず、過払発覚後に返戻額の合意があった年度に、その額をDの益金に算入する取扱いを肯定した（最判平成4年10月29日判時1489号90頁）。

Ⅶ　法人税額の計算──納付税額は最終的にどのように決まるのか

　ある年度に法人税を課されるべき所得の金額（課税標準）が決まれば、所定の税率を乗じて税額を計算する（法法66条、措法42条の3の2・68条。14頁参照）。納付する税額からは、利子等に係る所得税額（源泉徴収税）、中間納付額を控除する（法法68条・77条）。加えて、法人が「外国法人税……を納付することとなる場合」には、「控除対象外国法人税の額」が「控除限度額」【＝法人税の額×調整国外所得金額／すべての所得金額】（法令142条）の範囲内で、法人税額から控除されうる（法法69条）。当年度の控除限度額を超える外国法人税の額は、住民税から控除しうるほか、過去3年と将来3年の控除余裕枠を使った控除が可能である（同条2項・3項）。

VIII　同族会社税制

❶‥‥‥‥同族会社の行為計算否認規定──どのような要件の下に発動されるのか

　同族会社とは、3人以下の株主（とその親族等特殊の関係のある個人・法人）が会社の発行済株式総数の50%超の数の株式を有する場合または所定の事項に係る議決権の50%超を有する場合における当該会社である（法法2条10号）。全単体法人数274万3716のうち、同族会社が264万2660（96.3%）、特定同族会社（後述❷参照）が3852（0.1%）である（国税庁長官官房企画課「令和元年度分　会社標本調査」168頁）。

　税務署長は、同族会社の「行為又は計算で、これを容認した場合には<u>法人税の負担を不当に減少させる結果となると認められるもの</u>があるときは、その行為又は計算にかかわらず、税務署長の認めるところにより」、課税標準または法人税の額を計算して課税処分を行うことができる（法法132条）。本規定の原型（大正12年改正後の所得税法73条の3）は、同族会社とその株主等との間における「行為」を対象とし、所得税逋脱の目的があると政府が認める場合に当該行為にかかわらず所得金額を計算しうる定めであった。その後修正を重ね、法人税法の独立（昭和15年）後、昭和25年の同法改正で、逋脱の目的に替えて上記下線部が中核的な適用要件とされた。この適用要件の解釈としては、非同族会社では通常なしえない行為計算であるかによるとの見方（名古屋高判昭和35年12月23日税資33号1487頁）もあるが、むしろ「もっぱら経済的、実質的見地において当該行為計算が純粋経済人の行為として不合理、不自然なものと認められるか否かを基準として判定すべき」（**経済的合理性基準**。札幌高判昭和51年1月13日訟月22巻3号756頁）とされ、本規定はこの「原審〔札幌高判〕が判示するような客観的、合理的基準に従つて同族会社の行為計算を否認すべき権限を税務署長に与えている」（最判昭和53年4月21日訟月24巻8号1694頁）。経済的合理性を欠く場合には、独立当事者間の通常の取引と異なっている

場合が含まれるという裁判例（東京高判平成27年3月25日判時2267号24頁）もある。

　加えて、税務署長は、同族会社の行為・計算を否認して、個人株主またはその特殊関係者の所得税に係る課税処分を行いうる（所法157条）。同族会社では「これを支配する株主……の所得税の負担を不当に減少させるような行為又は計算が行われやすいことにかんがみ、税負担の公平を維持するため、株主……の所得税の負担を不当に減少させる結果となると認められる行為又は計算が行われた場合に、これを正常な行為又は計算に引き直して」課税する権限を税務署長に認めている（最判平成16年7月20日訟月51巻8号2126頁）。

　法人税法132条の適用により「行為計算そのものに実体的変動を生ぜしめるものではない」（最判昭和48年12月14日訟月20巻6号146頁）。よって同条に基づく課税処分の基礎とされた引き直し後の行為・計算に連動して、元の行為等に関係する全当事者の税額が修正されないとしても、同族会社に対する課税処分は違法とされない。だが、例えば所得税法157条には「租税負担を回避しようとした者に通常以上の税を負担させるといったような制裁的な目的はない」（福岡地判平成4年5月14日税資189号513頁）。そうであれば、同条に従い株主等に課税処分を行う一方、これに対応する調整をしないことによる課税の重複には問題が残る（例えば、株主Aが自ら役員も務める同族会社BにAの不動産を無償で賃貸し、Bが第三者に通常賃料で転貸する事実において、Aに対し同条が適用される状況を想像されたい。東京高判平成10年6月23日税資232号755頁参照）。同様の重複は法人税法132条の適用によっても生じる。課税庁による対応的調整の根拠規定（同条3項、所法157条3項等）は導入済みだが、文意が不明瞭で納税者に法的安定性を与えない。また、法人一般に適用のある他の規定（例、法法34条・36条。55〜58頁参照）によっても一定の対処が可能な状況（例、就学中の子に対する給与）でも、同族会社の行為計算否認規定の適用は否定されない（東京高判平成10年4月28日税資231号866頁）。

　☞本章冒頭の事例で、P社のCに対する役員報酬の損金算入を否定しそうな

法人税法上の根拠規定を複数挙げ、そのうちどれが適用されるべきである
のかについて、適用の優先順位の有無とあり方を含めて考えてみよう。

デット・エクイティ・スワップ（DES）
の課税上の取扱い

　DESとは債務の株式化である。債務者の再建、不良債権処理の手
段等として用いられる。これを課税上適正に処理するには、法人税
法の総合的な理解を要する。

　通常のDESとして、例えば、債権者である親会社Pが、債務超
過が続く子会社S（債務者）に対し、当該債権（額面額1000、時価
100）を現物出資してS株（時価100）の発行を受けるとする。この
場合、会社法上は債権額面がS株の発行価額とされる（東京地裁商
事部見解）としても、法人税法上は時価100でSは当該債権を受け
入れ（法令8条1項1号。ただし適格現物出資の場合は簿価引継ぎ）、
混同による債務消滅益900をSにもたらす（33頁参照）。PのS株
取得価額は100になり（法令119条1項2号）、DESが合理的な再
建計画等に則ったものであるかぎり、差額900は寄附金ではなく債
権譲渡損として扱われる（財務省「平成21年度 税制改正の解説」
211頁、法基通2-3-14参照）。

　通常のDESと同様の効果は、PがSに1000を出資し、直ちに同
額をSがPへの債務の弁済に充てること（擬似DES。弁済直後の
出資でも同じ）でも得られる。もっとも、合理的な再建計画等によ
らず、Pが1000の出資後S株（取得価額1000、仮に時価100）を
第三者に売却して譲渡損900を計上しても、当該債権の貸倒れが認
められない以上、当該900（または事案によってはS株額面金額超
過部分。旧商202条2項）はSに対する寄附金とされる（名古屋高
金沢支判平成14年5月15日税資252号順号9121）。類似の事案で、
法人税法132条を適用したうえで同様の帰結を導く課税処分も肯定
された（東京高判平成13年7月5日税資251号順号8942）。なお、
額面株式制度はすでに廃止されている。

債務免除益は基本的に益金に算入される（法法22条2項）が、倒産処理手続の開始決定があった場合の免除益（DESによるものも解釈上含みうる）は、繰越期限切れの欠損金額の利用が可能になる（同59条1項・2項）。

❷………特定同族会社の留保金課税──その趣旨と仕組みはどのようなものか

1人の株主（とその親族等特殊の関係のある個人・法人）が会社の発行済株式総数の50％を超える数の株式を有する場合または役員の選解任その他所定の事項に係る議決権の50％超を有する場合における当該会社を「被支配会社」という。被支配会社の判定株主から被支配会社でない法人を除いても被支配会社となるものを「特定同族会社」という（よって、例えば上場会社の100％子会社は特定同族会社に該当しない）。資本金の額が1億円以下の被支配会社は基本的に特定同族会社から除かれるが、そのうち大法人（資本金の額が5億円以上である法人等）の100％子会社である場合等所定の条件に該当するものは、特定同族会社に当たる（法法67条1項・2項）。

☛本章冒頭の事例におけるP社とS社は特定同族会社に該当するであろうか。関係法令（法法67条1項・2項、法令139条の7）に当たって確認してみよう。

特定同族会社には留保金課税が加わる。これは、会社の留保金額から留保控除額を差し引いた額に、3段階の超過累進税率（143頁参照）で課されるものである（法法67条1項。次頁の**図表7**参照）。留保金額は、当該年度の所得等の金額（所得の金額に配当原資となりうる所定の項目の額を加えたもの）のうち留保した金額から、法人税・地方法人税・住民税（法人税割）相当額を控除した金額である（同条3項）。留保控除額は次の①～③のうち最大の額である。①当該年度の所得等の金額の40％相当額、②2000万円、③【資本金の額×25％－年度末利益積立金額（当該年度繰入前）】。①

は会社の維持発展のための平均的・合理的留保部分の除外、②は個人企業の場合との税負担の均衡に配慮した課税最低限の設定、③はかつての商法上の利益準備金の積立強制部分の除外（ただし会社445条4項、会社計算規22条2項1号参照）が根拠とされる。

【図表7　留保金課税の税率】

［留保金額—留保控除額］の刻み	税率
年3000万円以下	10%
年3000万円超、1億円以下	15%
年1億円超	20%

　本制度は「不当留保所得を是正することと併せて、同族会社と個人企業との税負担の公平をも図っている」（大阪地判昭和54年3月30日訟月25巻7号2010頁）。その適用対象会社と課税標準は平成18年度と同19年度の改正で限定されたが、自己資本充実の観点から本制度の廃止を求める声がなお経済界にはある。

第2章

所得税

◆所得税の世界へようこそ！◆

　「所得税の世界」では、どのようなことが問題になるのか、どのようなことを学ぶのか。以下の設例は「所得税の世界」のごく一部ではあるが、設例を読んでから後の解説を読み、解説を読み終えたら、もう一度設例を読み、設問に答えてもらいたい。

　AはK市で町屋を改造して和洋風レストラン「MIYABI」を営んでおり、令和3年には6000万円の売上げがあった。その町屋はAの妻Bが親から相続したものである。AはBと賃貸借契約を締結しK市の家賃相場に見合った1月50万円で賃借しており、毎月MIYABIの売上げからキチンと家賃をBに支払っている。その町屋は同年夏の台風で屋根が壊れたので、BはQ工務店に修繕を依頼し修繕費として200万円を支払った。MIYABIでは、Aの息子Cが和風料理を担当し、Cの調理学校時代からの友人Pが洋風料理を担当している。Aは同年には2人に対してそれぞれ600万円ずつ給料を支払った。なお、Aはこのレストラン事業につき所轄税務署長から青色申告の承認を受けている。

　Aは、平成21年に、MIYABIの常連客でもある取引先の青果店の経営者Rから2000万円の銀行融資の連帯保証を懇願され、取引継続の必要性を考慮して、連帯保証人を引き受けた。その後Rの返済が滞り同23年にはRが行方不明となったため、Aはやむなく連帯保証人として融資残額1500万円を銀行に支払った。その際、Aは、手持ち資金が乏しかったので、

保証債務を履行するために、所有地を 1500 万円で売却し、その売却代金を銀行への支払に充てた。その後も、A は八方手を尽くして R の行方を探し続けたが、令和 3 年になっても R の行方は杳として知れず、結局、同年末に甚だ不本意ながらも R に対する求償を断念した。

MIYABI の経営は平成 28 年頃から安定してきたので、A は儲けを趣味の競馬にも注ぎ込むようになり、令和元年頃からは、趣味が高じて独自に開発したソフトを使ってコンピュータによる馬券の自動購入を始めた。これによって、その後は毎年、競馬でも黒字になり、約 3 年間の馬券購入代金は総額 20 億円、当たり馬券の払戻金は総額 23 億円に上り、同 3 年だけでも馬券購入代金は総額 8 億円、当たり馬券の払戻金は総額 10 億円に上った。

以上の事案において、MIYABI 関係者 A・B・C・P の令和 3 年分の所得税の課税はどうなるか。

I　所得税の概要

❶………納税義務者——所得税は誰に課されるのか

所得税は個人に対して課される。所得税の納税義務者たる個人は、国内における住所または 1 年以上の居所の有無を基準にして、居住者（所法 2 条 1 項 3 号）と非居住者（同項 5 号）に大別される。

居住者と非居住者とは、国内との結び付きの強さに応じて、すなわち、国内における公的サービスからの受益の程度に応じて、課税所得の範囲を異にする。居住者の課税所得は広く「全ての所得」（同 7 条 1 項 1 号）である。ここで「全ての所得」とは、すべての種類の所得、および国内・国外を問わず全世界で獲得した所得（全世界所得）、をいう。これに対して、非居住者の課税所得は国内源泉所得（同 7 条 1 項 3 号・161 条）に限定されている。

非永住者「今昔物語」
——むかし GHQ、いま外資

　　所得税法は居住者を非永住者（2条1項4号）と非永住者以外の居住者（いわゆる永住者）とに区別し、前者の課税所得の範囲を後者のそれより狭く限定している（7条1項2号）。非永住者制度は昭和32年に創設された日本独特の制度であり、そのルーツは、円以外の通貨での在日外国人の所得に対する非課税措置に関する GHQ との覚書にさかのぼる。その後、紆余曲折を経て現行制度に至っている。

　　非永住者制度は、今日では、経済のグローバル化に伴い、外資系企業の駐在員等に対する課税において、重要性を増しつつある。

　所得税は、個人を単位として、その所得に対して課される。税額算定の基礎となる人的単位あるいは担税力の測定単位を課税単位という。つまり、所得税法は課税単位について個人単位主義を採用している。外国には、夫婦（夫婦単位主義）または家族（家族単位主義）を課税単位とする所得税制もある。その場合には、課税単位と納税単位（納税義務の賦課単位）とが異なる。夫婦単位主義では配偶者のいずれか一方が、家族単位主義では家族構成員のうちの1人が、納税単位とされる。

　課税単位が問題にされるのは、累進税率（143頁参照）を採用する所得税制においてである。2分2乗方式（夫婦単位主義の一形態）やn分n乗方式（家族単位主義の一形態）は、夫婦または家族の合算所得をいったん2またはn（家族構成に応じた除数）で分割し、これに累進税率を適用して得た税額に、2またはnを乗じて、夫婦または家族の税額を算出する方式であるから、個人単位主義に比べて、適用される税率が低くなり、その結果、所得税負担が軽減されることになる。例えば、片稼ぎ夫婦で夫の所得が1000万円である場合、仮に1000万円に適用される税率を30％、500万円に適用される税率を10％とすると、この夫婦の所得税額は、個人単位主義によれば300万円、2分2乗方式によれば100万円（500 × 10％ × 2）

となる。

所得税と少子化対策

　先進国の中で少子化対策に成功した国としてフランスがしばしば取り上げられる。同国の社会制度は「産めば産むほど有利なシステム」になっているといわれ、その一つとして所得税のn分n乗方式が挙げられることがある。日本でも、最近の税制改革論議において少子化対策の一環としてn分n乗方式が俎上に載せられることもある。もっとも、少子化対策としてのn分n乗方式の有効性については、他の社会制度も含めた「少子化対策パッケージ」のなかでの包括的かつ相関的な検討が必要である。

　個人単位主義の下でも、いわゆる「要領のよい納税者」（シャウプ勧告）は、夫婦や家族の間で恣意的に所得分割を行い高い累進税率の適用を回避することによって、所得税負担の軽減を図ろうとする。所得税法は、恣意的な所得分割による租税回避（138頁、**Keyword 10** 参照）に対処するために、家族事業について一種の家族単位主義を定め、その事業に関連した家族構成員間での対価の支払の事実を課税上否認し、その事業からの所得を原則としてすべて事業主の所得として課税することとしている（56条。同条の適用範囲については最判平成16年11月2日訟月51巻10号2615頁参照。例外については57条参照）。

　所得税法56条は、同法のなかでも読みにくい規定の一つであるので、条文を読む練習をも兼ねて、条文に施した下線の数字と次頁の**図表1**を対応させながら、冒頭の設例のうちMIYABIに関する部分（ただしAは白色申告者とする）をこの規定に当てはめてみよう。

【図表1　所得税法 56 条の読み方】

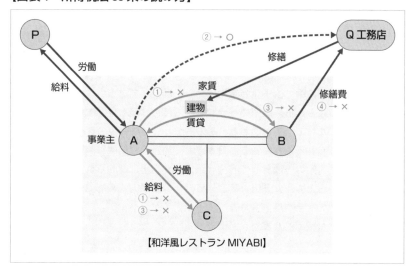

【和洋風レストラン MIYABI】

（事業から対価を受ける親族がある場合の必要経費の特例）
第56条　居住者と生計を一にする配偶者その他の親族がその居住者の営む不動産所得、事業所得又は山林所得を生ずべき事業に従事したことその他の事由により当該事業から対価の支払を受ける場合には、その対価に相当する金額は、その居住者の当該事業に係る不動産所得の金額、事業所得の金額又は山林所得の金額の計算上、必要経費に算入しないものとし（→①）、かつ、その親族のその対価に係る各種所得の金額の計算上必要経費に算入されるべき金額は、その居住者の当該事業に係る不動産所得の金額、事業所得の金額又は山林所得の金額の計算上、必要経費に算入する（→②）。この場合において、その親族が支払を受けた対価の額（→③）及びその親族のその対価に係る各種所得の金額の計算上必要経費に算入されるべき金額（→④）は、当該各種所得の金額の計算上ないものとみなす。

☛冒頭の設例どおり A が青色申告者であるとして、所得税法 56 条および 57 条の適用を検討してみよう。

　ところで、実際の経済社会では、個人は単独で経済活動をするだけでなく、他の個人や法人と共同で資金等を出し合って経済活動をする場合がある。この場合における「人的組織体（投資体・事業体)」の法形式としては、任意組合（民 667 条以下）、匿名組合（商 535 条以下）、各種の有限責任組合（投資事業有限責任組合契約に関する法律、有限責任事業組合契約に関する法律）や協同組合等（法法 2 条 7 号）、合名会社、合資会社、合同会社（以上について会社 575 条以下）、株式会社（同 25 条以下）などがある。

　上記の人的組織体のうち組織体それ自体に法人格が付与される場合（法人）以外には、当該組織体を通じて営まれる経済活動の成果（損益）は、個々の構成員にそれぞれの資金等の拠出割合に応じて配分され、当該構成員が個人（法人）である場合には所得税（法人税）の対象とされる。この場合に行われる、組織体それ自体ではなくその構成員に対する課税は、組織体を通り抜けて（pass-through）行われるという意味で、パス・スルー課税あるいは構成員課税と呼ばれる。

❷………課税物件──所得税は何に対して課されるのか

　所得税は個人の所得に対して課される。課税物件としての所得（課税所

得）の意義については、本章の最後（Ⅸ）で、法人税の課税所得と併せて、所得概念論として解説することとして、ここでは、日常用語でしばしば「所得」と同じ意味で用いられる「収入」という概念について述べておく。

　所得も収入も、その実質的内容が経済的価値である点で、共通している。収入とは、文字どおり、外部（他者）から自己に収まり入ってくる経済的価値をいう。これに対して、所得は、収入と異なり、①「外部」から得る経済的価値だけでなく、②「内部」から得る経済的価値をも含む概念である。例えば、自己の所有する財産（内部）の値上がり益が、②の代表例である。所得税法は、所得を「収入金額」（36条）の形態で規定することによって、原則として①のみを所得税の対象として定めている（120頁参照）。

　なお、一定の収入については、法律が所得税を課さない旨を明文で定めている。これを非課税所得という。非課税所得は所得税法で定められている（9条1項・10条・11条）ほか、他の法律でも定められている。例えば、宝くじの当せん金は、当せん金付証票法13条で非課税とされている。

❸………帰属──「人」と「所得」との結び付きはどのように判定するのか

　所得税は個人「の」所得に対する租税であるから、納税義務者としての個人と、課税物件としての所得とは、結び付いていなければならない。両者の「結び付き」（帰属あるいは人的帰属）の有無の判定が問題になるのは、実際には、所得の形式的帰属者（形式所得者）と実質的帰属者（実質所得者）とが異なる場合である。例えば、会社の資金が代表取締役名義で預金された場合、その利子は預金名義人としての代表取締役（形式所得者）に帰属するのか、あるいは資金提供者としての会社（実質所得者）に帰属するのかが問題になる。

　所得税法（および法人税法）は、実質所得者課税の原則（所法12条、法法11条）を定め、所得はこれを「享受する者」に帰属する旨の判定ルールを明確にしている。所得の享受者は所得を「自由に処分する」（貯蓄や消費に使用する）ことができるのであるから、その処分の法的根拠となる権利の帰属者が、実質所得者である。事業から生ずる所得については、事

業主が実質所得者であり、事業主の判定は、事業の経営に対する支配的影響力を基準として行われる（東京高判平成3年6月6日訟月38巻5号878頁参照）。

人違い課税事件——事実は小説より奇なり

　　皆さんは、他人が自分の全くあずかり知らぬところで自分を所有者として登記した土地を、後に、自分に無断で登録した実印を使って売買契約書、登記申請書等を偽造し、第三者に売却した場合、その土地の売却による所得が自分に帰属するとして、課税処分を受けたとしたら、どう思われるであろうか。にわかに信じがたいこのような事件が実際に起こった。この事件について、最判昭和48年4月26日民集27巻3号629頁は、当該課税処分の内容上の過誤（人違い）を「課税要件の根幹」についての過誤（重大な過誤）とみて、原則として、当該課税処分を「当然無効ならしめるもの」と判断した。この事件は、形式所得者と実質所得者との乖離が著しいごく例外的な場合であり頻繁に起きるような事件でないとはいえ、これを念頭において実質所得者課税の原則を理解しようとすれば、難解といわれるこの原則でも、その意味するところの理解が容易になるであろう。

❹………他の税金との関係——他の税金との「二重課税」は問題なのか

　現行所得税法の基礎にある所得概念（145頁以下参照）については、「所得＝蓄積＋消費」という定式（所得定式）が成り立つ。この定式の左辺は所得の取得の場面を表現し、右辺は所得の使途の場面を表現している。すなわち、個人が取得した所得は、蓄積（財産の保有）または消費のいずれかの使途に充てるしかないのである。

　所得税は、個人が取得した所得（取得型所得概念）に対して課される。個人は、取得した所得からそれに対する所得税額を控除した後に残る所得

（所得税課税済所得）を用いて財産を取得しあるいは消費をする。その取得した財産には固定資産税、自動車税、軽自動車税などの財産税が課され、その消費には消費税、酒税、たばこ税、揮発油税などの、消費に対する税という意味での「消費税」（154頁参照）が課される。このように、日本の租税体系は、①所得の取得段階での所得税の課税と、②所得の使途に応じた財産税および「消費税」の課税、とのいわば「二層構造」から構成されており、所得税をその「基層」とするものである。この「二層構造」は、理論的には、所得税と財産税、または所得税と「消費税」、との「二重課税」に帰結するが、実際の税制においては、この意味での「二重課税」は問題とされていない。

　もっとも、所得の取得段階における、所得税と他の租税との「二重課税」は、現行所得税法上問題とされ、それの排除措置が講じられている。すなわち、ⓐ相続等による相続財産の取得および贈与による贈与財産の取得に対する所得税と、相続税あるいは贈与税との二重課税の排除措置としての、相続財産および贈与財産についての**非課税所得規定**（所法9条1項17号。最判平成22年7月6日民集64巻5号1277頁参照）、ⓑ受取配当に対する法人税（法人段階での課税）と所得税（個人株主段階での課税）との二重課税の排除措置としての**配当控除**（同92条。20頁参照）、ⓒ外国で取得した所得に対する所得税と、これと同種の外国税との二重課税、すなわち**国際的二重課税**の排除措置としての**外国税額控除**（同95条）がそれである。

　なお、納税者が過去に取得し蓄積した所得（所得税課税済所得）を使って取得した財産の使用収益または処分によって新たに得た所得に対して、もう一度所得税が課されると、所得税の「二重課税」（二回課税）が生じる。所得税法は、当該納税者がその場合に新たに得た所得に対して、所得税を課税するにあたって、その所得を生み出す元手となった財産の取得のために当該納税者が使った所得（所得税課税済所得）を、「原価」とみて（広義の）必要経費（124頁参照）として控除することによって、その「二重課税」を排除することにしている。

❺………所得税額計算の基本的仕組み──所得税はどのようにして計算
　　　するのか

　所得税の税額計算の基本的仕組みを図示したうえで概説すると、以下の
ようになる。

【図表 2　所得税額計算の基本的仕組み】

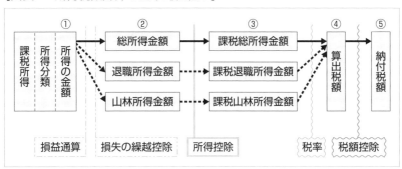

　第 1 に、課税所得（所法 7 条 1 項 1 号）のうち非課税所得（同 9 条 1 項
等）を除く所得を 10 種類（利子所得、配当所得、不動産所得、事業所得、
給与所得、退職所得、山林所得、譲渡所得、一時所得、雑所得）に区分し、
各種所得ごとに①所得の金額を計算する（同 21 条 1 項 1 号）。この計算手
続において、利子所得（同 23 条）以外の 9 種類の所得については、収入
金額（同 36 条）から、収入を得るために必要な支出の額（広義の必要経
費）が控除される。この計算手続は、所得税は収入から経費を控除した純
所得（net income）に対して課される租税であるという考え方（純所得課
税の原則）に基づくものである。

　第 2 に、①を基礎にして、②総所得金額、退職所得金額および山林所得
金額を計算する（所法 21 条 1 項 2 号）。この計算手続において、①がマイ
ナス（赤字）の場合は損益通算（同 69 条）や損失の繰越控除（同 70 条・71
条）を行ったうえで、各種所得のうち退職所得および山林所得以外の 8 種
類の所得について、ⓐそれらを合計して課税標準（税率適用の基礎となる

金額。同 22 条の見出しにいう「課税標準」とは用語法が異なることに注意せよ）を計算しこれに税率を適用する方式（総合課税）と、ⓑ退職所得および山林所得については、他の種類の所得と合計しないで課税標準を計算しこれに税率を適用する方式（分離課税）との、いわば「ダブル・トラック」に分岐していく。

第 3 に、②から基礎控除（所法 86 条）、配偶者控除（同 83 条）、扶養控除（同 84 条）その他の所得控除をして、③課税総所得金額、課税退職所得金額および課税山林所得金額を計算する（同 21 条 1 項 3 号・89 条 2 項）。③が所得税の課税標準である。

第 4 に、③を基礎にして、それらにそれぞれ税率（所法 89 条 1 項）を適用して計算した金額の合計額を、④所得税の額（算出税額）とする（同 21 条 1 項 4 号）。

第 5 に、④に相当する金額から配当控除（所法 92 条）および外国税額控除（同 95 条）という税額控除をした残額をもって、⑤所得税の額（納付税額）とする（同 21 条 1 項 5 号）。

以上で概説した計算の基本的仕組みに即して、しかも総合課税を中心に、以下では、順次、所得税法の定めを解説していくことにする。

なお、所得税額計算の仕組みは、租税特別措置法による分離課税の追加などの租税特別措置によって、かなり修正されている。「特別法は一般法に優先する」から、実務においては租税特別措置は重要であるが、以下では、所得税法の基本的な内容を理解することに重点をおくこととし、租税特別措置に関する解説は必要最小限にとどめることにする。

TOPICS4

マイナンバーと納税者番号

分離課税は、租税特別措置法上、利子所得、配当所得、土地建物・株式譲渡益等のいわゆる資産（性）所得について、多く定められている。資産所得は、税務行政によるその把握の困難性の故に、源泉

徴収とセットで比較的低い税率による分離課税の対象とされている
ものが多い（源泉分離課税）。しかし、資産所得が高額所得者層に偏
在していることからすれば、比較的低い税率による分離課税は、累
進税率による総合課税（総合累進課税）に比べて高額所得者を優遇
し総合累進課税による所得税の所得再分配機能を弱める、いわゆる
「不公平税制」の要因となる。

　そこで、以前から、資産所得を総合累進課税の対象に加えるため、
納税者番号による資産所得の把握および総合（名寄せ）の必要性が
主張されてきた。平成 25 年に導入されたいわゆる「マイナンバー」
（社会保障・税番号）が資産所得の総合累進課税のために使われる
かどうかは、現在のところまだ決まってはいないとはいえ、そのた
めの前提条件は整備された。

❻………**所得税の申告納付**——所得税はいつ、どのようにして納めるのか

　所得税は申告納税方式（税通 16 条 1 項 1 号）による国税の一つであり、
納税者は各年（暦年）分の所得税についての課税標準・納付すべき税額等
を記載した納税申告書を法定申告期限（その年の翌年 3 月 15 日）までに所
轄税務署長に提出し（所法 120 条 1 項。確定申告）、当該申告書に記載した
所得税額を法定納期限（その年の翌年 3 月 15 日）までに国に納付しなけれ
ばならない（同 128 条）。

　所得税法は、上述の申告納税制度（4 頁参照）に加えて、これを補完す
る予定的申告納付・徴収納付制度として予定納税制度（104 条以下）と源
泉徴収制度（181 条以下）を定めている。これらのうち、源泉徴収制度は、
所得税の課税所得のうち広範な所得項目、具体的には利子・配当・給与・
退職所得のほか事業所得および雑所得のうち一定の所得項目について、そ
れらの支払の際に支払者が源泉徴収義務者として支払額の一定割合に相当
する金額を所得税として徴収し国に納付する制度である。これが広範に採
用されていることが、日本の所得税制の大きな特徴の一つとなっている。

給与所得に対する源泉徴収については、その年分の源泉徴収額の総額とその年分の給与所得に対する所得税額との差額につき、その年最後の給与等の支払の際に、過不足を調整する年末調整（所法190条以下）の手続と相俟って、多くの場合、確定申告を要せず、年末調整でもってその年分の所得税に関する課税関係が終了する。また、租税特別措置法では、利子所得およびこれに類する一定の利得ならびに配当所得の一部について、源泉分離課税が採用され、源泉徴収で課税関係が終了することとされている。

　源泉徴収制度においては、所得税の本来の納税義務者（例えば給与所得者）が、租税行政庁に対し申告納付を行うのではなく、その者に所得を支払う者が、源泉徴収義務者として、支払額から所得税を徴収し、いわば「本人に代わって」納付することとされている。源泉徴収（特に給与所得に対する源泉徴収）の法律関係について、判例（最判昭和45年12月24日民集24巻13号2243頁、最判平成4年2月18日民集46巻2号77頁）および課税実務は、①国（を代表する租税行政庁）と源泉徴収義務者との法律関係と、②源泉徴収義務者と本来の納税義務者との法律関係とに二分し、①を公法上の法律関係として、②を私法上の法律関係として、別個独立に性格づけたうえで、ⓐ未徴収納付・過少徴収納付の場合とⓑ過大徴収納付の場合とについて、㋐国（租税行政庁）・㋑源泉徴収義務者・㋒本来の納税義務者の3者間の負担調整を行うこととしている。

　上記の3者間の負担調整の概略を述べると、ⓐ未徴収納付・過少徴収納付の場合には、㋐租税行政庁は納税の告知（税通36条1項2号）で租税の徴収の手続を開始し、㋑源泉徴収義務者がこれに応じて納付をすると（以上が①）、今度は、㋑源泉徴収義務者がその納付額に相当する金額を㋒本来の納税義務者に対して求償する（以上が②。特に給与所得者について労働基準法上の賃金全額払いの原則との関係で所法222条参照）。これに対して、ⓑ過大徴収納付の場合には、㋒本来の納税義務者は、㋑源泉徴収義務者に対し本来の支払債務の一部不履行を理由にして、過大徴収納付額に相当する金額の支払を請求し、㋑源泉徴収義務者がこれに応じて支払をすると（以上が②）、今度は、㋑源泉徴収義務者がその支払額に相当する金額の

還付を⑦租税行政庁に請求し、還付がされる（税通56条。以上が①）。

Ⅱ　各種所得の意義と金額の計算

❶‥‥‥‥所得区分の趣旨と意義——所得はなぜ10種類に区分されるのか

　「所得税法は、23条ないし35条において、所得をその源泉ないし性質によって10種類に分類し、それぞれについて所得金額の計算方法を定めているところ、これらの計算方法は、個人の収入のうちその者の担税力を増加させる利得に当たる部分を所得とする趣旨に出たものと解される」（最判平成24年1月13日民集66巻1号1頁）。ここでいう「所得の源泉」とは、資産の保有・事業・労働等の、所得を生み出す経済活動をいうが、この判示は、所得の種類によって、①所得額が同じであっても担税力（146頁、**Keyword 12**参照）の大きさに差異があることや、②所得の取得・発生の態様に応じて所得を得るために必要な経費（広義の必要経費。124頁参照）の内容・範囲が異なることが、所得税法が所得を10種類に分類（21条1項1号では「区分」）する趣旨である、という意味に解される。

　上記の二つの趣旨のうち、①の趣旨の背景には、10種類の所得のうち利子・配当・不動産・山林・譲渡所得等の**資産所得**の性質をもつ所得は、**所得源泉の安定性**の故に担税力が強く、給与・退職所得等の**勤労所得**の性質をもつ所得は、所得源泉の不安定性の故に担税力が弱い、という考え方がある。ここでいう所得源泉の安定性は、所得発生が所得稼得者の年齢・就労・健康等の人的事情によって左右されないことを意味する。**資産所得重課＝勤労所得軽課**という現行所得税法の基本構想は、上記の考え方を基礎とするものである。しかし、この基本構想は、実際には、租税特別措置法によって、むしろ資産所得軽課＝勤労所得（相対的）重課という「逆転した」形に修正されている（90頁、**TOPICS 4**参照）。

　②の趣旨は、所得税法が所得を得るために必要な支出（広義の必要経費。124頁参照）の控除の有無・範囲・態様等を、所得の種類に応じて別異に、

定めている点において、具体化されている。所得税法は利子所得以外の9種類の所得について、負債利子（配当所得）、必要経費（不動産・事業・山林・雑所得）、給与所得控除額・特定支出（給与所得）、退職所得控除額（退職所得）、取得費・譲渡費用（譲渡所得）、収入を得るために支出した金額（一時所得）、公的年金等控除額（雑所得）の控除を定めている。これらの控除については、経費控除の性質をもつ範囲が異なり、しかも経費控除の態様として**実額控除**（実際にかかった額による控除）もあれば**概算控除**（見積額による控除）もある。

　「所得の金額」の計算は、所得税の税額計算手続の「出発点」にある（89頁参照）。そこに用意された10種類の所得区分といういわば「入口」のうち、どの「入口」からその計算手続に入るかは、上で述べた経費控除の差異のほか、その後の計算手続に様々な差異をもたらし、その結果、所得税負担の差異を帰結する。この意味で、所得区分は重要な問題である。所得税関係の争訟事件において所得区分が争点になることが多いのは、以上の理由によるものである。ほかに、源泉徴収制度（所法181条以下）や予定納税制度（同104条以下）も、所得区分を前提として定められている。

❷………利子所得

1　意義──「利子」と名の付く利得は、すべて利子所得なのか

　利子所得とは、①預貯金（所法2条1項10号）の利子、②公社債（同項9号）の利子、③合同運用信託（同項11号）の収益の分配、④公社債投資信託（同項15号）の収益の分配、および⑤公募公社債等運用投資信託（同項15号の3）の収益の分配、による所得をいう（同23条1項）。これらは限定列挙であり、その基本となるのは①である。これは、金融機関が不特定多数の者から消費寄託契約（民666条）に基づき預託を受けた金銭に対する利子である（東京高判平成18年8月17日訟月54巻2号523頁参照）。所得税法は②〜⑤について、①と同様に定期・定率で不特定多数の者に支払われる点に着目し、それらを利子所得に区分している。

　貸付金の利子は、名称は「利子」であっても、金銭消費貸借契約（民

587条、商513条1項）に基づき支払われる利得であるから、利子所得ではなく、貸付金の態様に応じて事業所得（金融業）または雑所得（個人的貸付け）とされる。

2　金額——利子所得について経費控除が認められないのはなぜなのか

　利子所得の金額は、その年中の利子等の収入金額（収入金額の意義については119頁以下参照）である（所法23条2項）。利子所得に係る収入金額について経費控除が認められないのは、利子所得には通常ほとんど経費を要さず、また、要したとしてもそれほど大きなものではないからである。

TOPICS 5

もし銀行が破綻したら預金はどうなるのか

　預貯金は、利回りの点では比較的低率だが定率で安定した投資（ローリスク・ローリターン）の代表とされる。そうであるが故に、預貯金は、株式投資と異なり、借金をして行うと、通常は利ざやが得られず「逆ざや」になる一方で、回収不能（貸倒れ）によって損失を被ることも通常は考えられない。このことも、所得税法が利子所得について経費控除を認めない理由の一つである。

　もっとも、1990年代のバブル経済崩壊後の金融危機の際には、金融機関の破綻による預金等の回収不能が現実問題となったために、預金保険機構による預金等の保護措置が講じられた。現行制度の下では、預金等は原則として元本1000万円までと破綻日までの利息等が保護されることになっている。詳しくは預金保険機構ウェブサイト参照。

❸‥‥‥‥‥配当所得

1　意義

　(1)　配当所得の内容——配当所得の「中身」は何なのか　　配当所得とは、①法人から受ける剰余金の配当、②利益の配当、③剰余金の分配、④投資信

託および投資法人の金銭の分配、⑤基金利息、ならびに⑥投資信託（所法2条1項12号の2）および特定受益証券発行信託（同項15号の5）の収益の分配、による所得をいう（同24条1項）。これらも利子所得と同じく限定列挙であり、その基本となるのは①～③である。①～③に共通の性質は、法人の利益の分配として、支払法人の側では利益積立金額（法法2条18号。19頁参照）の減少として、処理される点にある。つまり、①～③は、法人の種類によって名称が異なるだけで、「中身」は同じ性質の利得である。代表的な法人形態である株式会社の場合、利益の分配は①であり、そこでいう「剰余金の配当」は会社法453条からの借用概念である。

> **Keyword 2　借用概念と違法配当**
>
> 　借用概念とは、他の法領域、とりわけ私法の領域から租税法が借用する概念をいう。これに対して、租税法が独自に用いている概念を固有概念という。両者の区別の実益は、両概念の間で解釈の仕方に違いを認める場合に存する。通説・判例は、租税法律主義の下で法的安定性を重視する見地から、借用概念について租税法独自の意味での解釈を認めず、私法におけると同じ意味で解釈すべきであるという立場（統一説）に立っている。
>
> 　借用概念は、概念を借用するものであって、概念に付随する法的評価を借用するものではないことに注意すべきである。例えば、いわゆる蛸配当や株主平等原則違反の配当のような違法配当も、これに対する規制を私法が配当概念をもって記述している以上、配当所得に該当する（最判昭和35年10月7日民集14巻12号2420頁参照）。

(2)　**みなし配当所得**——どのような利得が、なぜ、剰余金の配当等とみなされるのか　　前記の①～③は、ⓐ会社法等の所定の手続によって法人が行う利益の分配を受けた株主等の所得である。これに対して、ⓑその所定の手続を経ずに法人の利益が株主等に移転する場合がある。ⓐとⓑとで、法的手続は異なるものの、株主等が受ける利得が経済的には法人の利益であるという点では同じであることを考慮して、所得税法はⓑの場合について、法人の合併、分割型分割、資本の払戻し等の事由に限定して、株主等がそれら

の事由に基づき交付を受けた金銭の額および金銭以外の資産の時価相当額（36条2項参照）のうち、その交付の基因となった株式等に対応する部分（すなわち出資の払戻し部分）の金額を超える部分（実質的には利益の分配）の金額を、剰余金の配当等とみなすこととしている（25条1項）。これをみなし配当所得という。

2　金額——負債利子とは何なのか

　配当所得の金額は、原則として、その年中の配当等の収入金額である（所法24条2項本文）。ただし、株式その他配当所得を生ずべき元本を取得するために要した負債の利子があるときは（預貯金との違いについて、95頁、TOPICS 5参照）、その年中に支払う負債利子のうち、その年の元本保有期間に対応する部分を控除した金額である（同24条2項但書）。

❹………不動産所得

1　意義——不動産貸付業（事業）から生ずる所得も不動産所得なのか

　不動産所得とは、不動産等（船舶・航空機を含む）の貸付けによる所得をいう（所法26条1項）。貸付けには、地上権（民265条）・永小作権（同270条）・地役権（同280条）の設定のほか、他人に不動産等を使用させるあらゆる行為（例えば、店舗のいわゆるケース貸しや広告のための家屋の壁面貸し）が含まれる（所法26条1項括弧書）。ただし、借地権（借地借家2条1号）等の設定のうち、更地価額の2分の1を超える金額の権利金の授受を伴う場合（所令79条）における借地権等の設定は、「資産の譲渡」に含められ（所法33条1項括弧書）、当該権利金は譲渡所得とされる（同26条1項括弧書参照。最判昭和45年10月23日民集24巻11号1617頁も参照）。

　不動産等の貸付けを事業として行う場合でも、その貸付けによる所得は事業所得ではなく不動産所得とされる（所令63条柱書括弧書参照）。ただし、例えば食事付賃貸マンションのように、不動産等の貸付けに加えて一定の役務（サービス）の提供が事業としてされる場合に得られる所得は、資産勤労結合所得（98頁参照）であり、事業所得に該当する（所法26条1項括

弧書参照）。

2　金額——不動産の貸付業（事業）と個人的貸付け（業務）とは同様に扱われるのか

　不動産所得の金額は、その年中の不動産所得の総収入金額から必要経費（必要経費の意義については 124 頁以下参照）を控除した金額である（所法26条2項）。不動産所得が生ずる場合には、①不動産等の貸付けが事業として行われる場合だけでなく、②事業と称するに至らない程度の業務として行われる場合（個人的貸付けの場合）も含まれる。②の場合には、①の場合と比べて、必要経費（稼得支出）と家事費（消費支出。126 頁参照）との区別が明確でないことから、控除できる必要経費の範囲が限定されている（同45条1項2号括弧書・51条2項・同条4項・52条1項・57条1項・3項等参照）。

⑤………事業所得

1　意義——そもそも事業とは何なのか

　事業所得とは、農業、漁業、製造業、卸売業、小売業、サービス業その他の事業から生ずる所得をいう（所法27条1項）。これは、事業の例示による事業所得の定義である。事業それ自体の意義については、「自己の計算と危険において独立して営まれ、営利性、有償性を有し、かつ反覆継続して遂行する意志と社会的地位とが客観的に認められる業務」と解されている（最判昭和56年4月24日民集35巻3号672頁）。

　事業所得は、一般に、資産勤労結合所得として性格づけられる。もっとも、具体的な事業における「資産」の要素と「勤労」の要素との比重には様々な場合があり、特に人的役務提供事業（所令282条参照）、例えば俳優、音楽家、職業運動家、弁護士、公認会計士、建築士等が行う事業、から生ずる所得については、資産勤労結合所得としての性格づけだけでは、給与所得との区分は困難である。給与所得との区分については、事業に関する前記の定義のうち、特に「自己の計算と危険において独立して」営まれるか否かが重要である（99 頁参照）。

2 金額——事業所得の金額はどのようにして計算するのか

事業所得の金額は、その年中の事業所得の総収入金額から必要経費を控除した金額である（所法 27 条 2 項）。事業所得の金額の計算、特に必要経費の控除に関する計算は、企業活動の成果計算という点で、法人税における各事業年度の所得の金額の計算、特に損金の額の控除（損金算入）に関する計算と共通する部分が多い（損金について詳しくは 32 頁以下参照）。

❻⋯⋯⋯給与所得

1 意義

(1) **給与所得の内容——事業所得との区分はどのような基準でするのか** 給与所得とは、俸給、給料、賃金、歳費および賞与ならびにこれらの性質を有する給与による所得をいう（所法 28 条 1 項）。この定義も事業所得の定義（98 頁参照）と同様、前半は例示による定義である。後半の「これらの性質を有する給与」の意義については、「雇傭契約又はこれに類する原因に基づき使用者の指揮命令に服して提供した労務の対価として使用者から受ける給付」と解されている（前掲最判昭和 56 年 4 月 24 日）。

この定義については、一見すると、①「雇傭契約又はこれに類する原因に基づき使用者の指揮命令に服して提供した労務」であるか否かが、決定的な意味をもつようにもみえる。しかし、事業所得との区分の観点からは、その部分は、②「自己の計算と危険において独立して」提供された労務でない労務（労働法上の「従属労働」より広義の概念）という意味に解すべきである。すなわち、①は②の代表的な場合を示したものと解すべきである。このように解すると、国会議員の歳費、裁判官の給与、会社の代表取締役の役員報酬・賞与など、一見すると、①による給与とは思われない所得も、給与所得に該当することが理解できる（東京高判平成 25 年 10 月 23 日税資 263 号順号 12319 参照）。

前記①にいう雇傭契約に類する原因については、会社役員の場合の委任（民 643 条）・準委任（同 656 条）や公務員関係が、その代表例である。民法上の組合の組合員が組合の管理者の指揮命令に服して労務を提供する関

係（最判平成 13 年 7 月 13 日訟月 48 巻 7 号 1831 頁）、外国の親会社とその支配下にある 100％子会社の代表取締役との関係（最判平成 17 年 1 月 25 日民集 59 巻 1 号 64 頁）も、これに含まれると解される。

(2) **給与所得の形態——給料を現金以外の形でもらっても給与所得になるのか**

給与所得の意義に関連して、金銭以外の形態による所得（現物所得）も、給与所得に含まれることに留意する必要がある。収入金額の形態は金銭以外の物または権利その他経済的利益でもよい（所法 36 条 1 項括弧書。120 頁参照）。したがって、現物所得は給与所得特有の概念内容ではない。とはいえ、現物所得は給与所得の領域に多くみられ、現物給与あるいはフリンジ・ベネフィット（fringe benefits）に対する課税は、所得税の重要問題の一つとされている。

現物給与には、受給者が必ずしも享受を望まないもの（享受によって満足が得られないもの）、処分性・換金性の制約されたもの、労務対価性が希薄なもの、評価が困難なものなどがあることから、非課税所得とされているもの（所法 9 条 1 項 6 号、所令 21 条）のほか、実務上「課税しなくて差し支えない」とされているものも多い（所基通 36-21〜36-30 等参照。大阪高判昭和 63 年 3 月 31 日訟月 34 巻 10 号 2096 頁も参照）。

TOPICS6

インセンティブ（incentive）と給与所得課税

　企業では、役員や使用人の働く意欲を刺激し事業活動の活発化・業績の向上を図るために、特別な貢献をした者に報償を与える制度を設けることがある。この報償をインセンティブ（報酬）という。その代表例がストック・オプション（stock option）である。これは、オプション付与会社の株式を、将来の一定期間内に、あらかじめ定められた価額（権利行使価額）で取得することができる権利であり、会社との間の契約に基づいて役員や使用人に付与される権利である。

わが国では平成9年の商法改正で制度化され、その後、新株予約権の有利発行の制度に取り込まれ、会社法に引き継がれている（238条1項2号・3号・同条3項）。

税制では、ストック・オプション制度の定着・発展を支援するため、権利行使価額の総額が年間1200万円以下であることなど一定の要件を満たすストック・オプション（適格ストック・オプション）については、権利行使時（株式取得時）には権利行使益（取得株式の時価から、権利行使価額＝払込金額を控除した残額）に課税せず、その課税を取得株式の譲渡時まで繰り延べ（すなわち、繰延期間の金利相当分の利益を与え）、その譲渡時に取得株式のその後の値上がり益とともに権利行使益も、譲渡所得として課税することとしている（措法29条の2）。

適格ストック・オプション以外のストック・オプション（非適格ストック・オプション）については、権利行使益が給与所得として課税される（前掲最判平成17年1月25日）。権利行使益も、株式取得による経済的利益（所法36条1項括弧書参照）を内容とする現物給与である。にもかかわらず、租税特別措置法は適格ストック・オプションについては、これを給与所得ではなく譲渡所得とすることによって、累進税率ではなく比較的低い比例税率による分離課税の対象とし、所得税の課税上有利な取扱いを定めている。

2 金額——サラリーマンにも必要経費が認められるのか

給与所得の金額は、その年中の給与等の収入金額から、①給与所得控除額（所法28条3項）を控除した「残額」（同条2項）、または②特定支出（同57条の2第2項）の額の合計額が給与所得控除額の2分の1に相当する金額を超えるときは、給与所得控除後の残額からその超過額を控除した「金額」（同条1項）、のいずれかである。

給与所得控除は、ⓐ給与所得の必要経費を実額（実際にかかった額）ではなく概算額（見積額）で控除する措置（概算控除）という性格と、ⓑ他の所得と比べ担税力が弱いこと、捕捉率が高いこと、および源泉徴収によって早期に徴収されることを考慮した、他の所得との負担調整のための特別控除という性格、を併有するものである。これに対して、特定支出控除は、給与所得の必要経費のうち一定範囲のものを特定支出として実額で控除する措置（限定的な実額控除）である。

特定支出控除の適用判定基準が給与所得控除額の2分の1とされていること（所法57条の2第1項）から、給与所得控除に関する上記ⓐとⓑとの割合は、現行法上は、2分の1とされていると解される。特定支出は、㋐通勤費、㋑職務遂行旅費、㋒転任転居費、㋓研修費、㋔資格取得費、㋕単身赴任者帰宅旅費、および㋖図書費・衣服費・交際費等の勤務必要経費（最高65万円）である（同条第2項）。

❼ ………退職所得

1　意義──給与所得との違いは何なのか

退職所得とは、退職手当、一時恩給（恩給法67条）その他の退職により一時に受ける給与、およびこれらの性質を有する給与による所得をいう（所法30条1項）。退職により支給される一時金で、使用者以外の者から支給される一時金のうち、退職手当等と課税上同様の取扱いをするのが妥当であると考えられるものは、退職手当等とみなされる（同31条）。これをみなし退職所得という。なお、いわゆる死亡退職金はみなし相続財産として相続税の対象となる（236頁参照）。

退職所得は、基本的には、給与所得と同じ性質の所得である。しかし、所得税法は、退職所得が、過去の長期間の勤務に対する報償および勤続期間中の労務の対価の一部後払の性質をも有すること、すなわち、長期発生所得であることのほか、受給者の退職後の生活を保障する機能をもつことなどをも考慮して、退職手当等を給与所得とは区分し退職所得として、退職所得控除（所法30条2項）、二分の一控除（同項）および分離課税（同21条1項2〜4号・22条3項）によって、所得税の負担を軽減している（最判昭和58年9月9日民集37巻7号962頁参照）。

退職所得のうち「これらの性質を有する給与」は、退職すなわち勤務関係の終了という事実に匹敵するような勤務関係の内容・条件等の変更があった場合に支給される給与である。具体的には、①新たな退職給与規程の制定または従来の退職給与規程の改正により、従来の勤続期間の打切計算によって退職手当等として支給される給与（いわゆる打切支給の退職金）、②使用人から役員に就任した者に対し、その使用人としての勤続期間分の退職手当等として支払われる給与（大阪高判平成20年9月10日税資258号順号11020参照）、③役員の分掌変更・改選によりその職務の内容またはその地位が激変した者に対し、その変更等の前における役員としての勤続期間分の退職手当等として支給される給与、などがある。

2　金額——二分の一控除は例外なく適用されるのか

退職所得の金額は、原則として、その年中の退職手当等の収入金額から、退職所得控除額（所法30条3項・5項）を控除した残額の2分の1に相当する金額である（同条2項）。

公務員の「天下り」・「渡り」は租税回避か

公務員の「天下り」や「渡り」に対しては、以前から厳しい批判が加えられてきた。その一つとして、天下り先や渡り先の法人では、

通常は短期間のみ在職することが当初から予定されているため、勤続期間中の給与の相当な部分を、退職時までその受取りを繰り延べることによって、退職所得に含めたうえで、二分の一控除の適用により、給与所得として課税を受ける場合に比べて所得税負担を軽減する、というような租税回避（138頁、Keyword 10 参照）の問題が指摘されてきた。同様の問題は、外国の親会社の役員等が国内の子会社の役員に就任する場合などについても、みられた。

　平成24年度税制改正では、それらの問題に対処するため、勤続年数が5年以下である役員等が支払を受ける退職手当等（特定役員退職手当等）には、二分の一控除を適用しないこととされた（所法30条2項括弧書・5項）。

　なお、令和3年度税制改正によって、より一般的に雇用の流動性等に配慮して、短期退職手当等については一定額を超える部分は二分の一控除の適用対象外とされた（所法30条2項括弧書・4項）。

❽⋯⋯⋯⋯山林所得

1　意義──山林を取得直後に転売して得た所得も、山林所得となるのか

　山林所得とは、山林の伐採（立木を伐採し譲渡する場合）または譲渡（立木のまま譲渡する場合）による所得をいう（所法32条1項）。ただし、山林の伐採または譲渡が山林の取得以後5年以内にされた場合には、山林の伐採または譲渡による所得は、山林所得ではなく（同32条2項）、山林の所有・経営の態様（事業か業務か）により、事業所得（同27条1項括弧書参照）または雑所得として課税される。

　所得税法は、山林の所有・経営により長期間にわたり蓄積され山林の所有者に帰属する山林の増加益を所得として、山林が所有者の支配を離れて他に移転するのを機会に、これを清算して課税することとしている（最判昭和50年7月17日訟月21巻9号1966頁）。しかも山林所得を分離課税（所法21条1項2〜4号・22条3項）および5分5乗方式（同89条1項）の対象とすることによって、長期発生所得である山林所得に対する一時（伐

採・譲渡時）の累進課税を平準化し緩和することにしている。

2　金額──山林所得の必要経費は、事業所得等の必要経費とどのように異なるのか

　山林所得の金額は、その年中の山林所得の総収入金額から必要経費（所法37条2項）を控除し、その残額から山林所得の特別控除額（同32条4項）を控除した金額である（同条3項）。

　山林所得の必要経費は、山林の取得後5年以内の伐採または譲渡による所得が事業所得または雑所得に該当する場合も含め、「その山林の」①植林または取得から伐採または譲渡の直前までに要した費用（植林費・取得費、管理費、育成費等）、および②伐採または譲渡に要した費用を、原則として、「その山林の」伐採または譲渡による総収入金額との個別対応（直接対応・客体対応）により、控除する（所法37条2項）。この点において、「所得を生ずべき業務について生じた費用」を総収入金額との一般対応（間接対応・期間対応）により控除することも認められる事業所得等の必要経費（同条1項。124頁参照）とは異なる。ただし、①の費用は、長期間にわたる費用の累積額であるから、その間の貨幣価値の変動を考慮して、昭和27年12月31日以前から引き続き所有していた山林については、取得費等の特例（同61条1項）が定められており、また、その累積額の把握の困難さを考慮して、概算経費控除の選択が認められている（措法30条）。

　山林所得が生ずる場合にも、不動産所得と同様、①山林の伐採・譲渡が事業として行われる場合だけでなく、②事業と称するに至らない程度の業務として行われる場合も含まれる。②の場合は①の場合に比べて必要経費控除が制限されている（98頁参照）。

　山林所得の特別控除額（最高50万円）の控除（所法32条4項）は、いわゆる少額不追求のための措置である

❾⋯⋯⋯譲渡所得

1　意義

　(1)　**定義──譲渡所得課税はどのような趣旨に基づくのか**　　譲渡所得とは、

資産の譲渡による所得をいう（所法33条1項）。譲渡所得に対する課税の趣旨については、一般に、①「資産の値上りによりその資産の所有者に帰属する増加益を所得として」、②「その資産が所有者の支配を離れて他に移転するのを機会に、これを清算して」課税する趣旨のもの（最判昭和43年10月31日訟月14巻12号1442頁）と解されている。この引用判決文のうち①は譲渡所得の本質的（理論的）意義を、②は実定法的意義を述べている。

(2) 本質的（理論的）意義──「譲渡所得はキャピタル・ゲインである」とは、どのような意味なのか　　譲渡所得は、本質的（理論的）には、前掲判例の表現を借りれば、「資産の値上りによりその資産の所有者に帰属する増加益」である。所有資産の値上がり利益は、事業所得や給与所得のような通常の所得とは異なり、所有者の何らかの稼得行為によって生み出される所得ではなく、例えば需要の増大や周辺のインフラ整備などのような、資産を取り巻く外的条件の変化に基因する、資産それ自体の価値増加によって生み出される所得である。譲渡所得が「資産の所得」（キャピタル・ゲイン capital gains）といわれるのは、この意味においてである。

　譲渡所得の本質的（理論的）意義から、二重利得法と呼ばれる考え方が導き出される。それは、資産の譲渡によって生じた所得のなかに、所有者自身の稼得意思に基づく付加価値行為（例えば宅地造成）によって価値が増加した部分が含まれている場合には、①外的条件の変化による増加益（キャピタル・ゲイン）と②付加価値行為による増加益（利潤）とを区分して、①を譲渡所得として、②を（付加価値行為の態様により）事業所得または雑所得として、それぞれに課税すべきであるという考え方である。二重利得法を採用したものと解される裁判例もある（松山地判平成3年4月18日訟月37巻12号2205頁。なお、所基通33-5も参照）。

> **Keyword 4　金銭は「資産」か**
> 　譲渡所得の基因となる「資産」（所法33条1項）は、経済的価値を有し、かつ、移転可能性あるいは譲渡性のある物、権利その他の経済的地位・利

益を広く含む包括的な概念である。ただし、金銭（古銭等を除く、貨幣としての金銭）はこれに含まれないと解される。確かに、金銭も、所得税法上しばしば「金銭その他の資産」（25条1項柱書・58条1項柱書等）という表現で、資産の一種として定められている。しかし、金銭は市場における価値尺度であり、例えば身長計が伸び縮みすれば身長計として役に立たなくなるように、価値尺度そのものの価値が変化すれば金銭は価値尺度としての意味をもたなくなるので、金銭には価値増加を観念できない。価値増加を観念できない金銭は、価値増加を本質とする譲渡所得の基因となる「資産」には、もちろん、含まれないと解されるのである。なお、この場合に用いられる法解釈の方法を「勿論（もちろん）解釈」という。

(3) **実定法的意義──「譲渡」を要件とすることはどのような意味をもつのか**

所得税法33条1項は、譲渡所得を「資産の所得」ではなく「資産の譲渡による所得」と定め、「譲渡」という所有者の行為を要件として、譲渡所得の意義を定めている。資産の増加益（キャピタル・ゲイン）は、資産が譲渡されるまでは、資産のなかに含まれた状態にある（いわゆる含み益）。これが、資産の譲渡により資産のなかから取り出され、譲受人の支払う対価（反対給付）等の経済的価値に形を変えて、譲渡人（元の所有者）に帰属する。このように他の者から経済的価値が流入することを、「実現（realization）」という。譲渡は、資産の増加益を実現させる行為であり、増加益を手に入れるための一種の所得稼得行為である。資産が譲渡されるまでの増加益（含み益）を、未実現のキャピタル・ゲインといい、譲渡によって他の者から流入した、増加益に相当する経済的価値を、実現したキャピタル・ゲインという。

　所得税法は、譲渡所得を「資産の譲渡による所得」（33条1項）と定めることによって、実現したキャピタル・ゲインに課税することとし、譲渡所得を他の種類の所得と同じく、他の者から受ける経済的価値を意味する収入金額（120頁参照）の形態で捉えることとしている（同条3項）。所得税法のこの立場を実現主義という（133頁、**Keyword 8**参照）。

実現主義からすると、譲渡は、資産の増加益を実現させ、収入金額をもたらす行為である。判例は、離婚に伴う財産分与について、譲渡所得課税の趣旨（106頁参照）に照らし「譲渡所得の発生には、必ずしも当該資産の譲渡が有償であることを要しない」として、「資産の譲渡」を「有償無償を問わず資産を移転させるいっさいの行為」と解したうえで、分与者について「分与義務の消滅という経済的利益」という収入金額（所法36条1項括弧書参照）の「享受」（同条2項）を認めた（最判昭和50年5月27日民集29巻5号641頁）。

　収入金額をもたらす行為という意味での「資産の譲渡」には、売買だけでなく、交換、競売、公売、収用、代物弁済、現物出資、物納（相法41条）なども含まれる（借地権の設定については所法33条1項括弧書参照。97頁も参照）。

　ただし、次の①〜③の「資産の譲渡」による所得は、譲渡所得ではない（所法33条2項）。①棚卸資産等（同2条1項16号、所令81条）の譲渡による所得（所法33条2項1号）は、事業所得に該当し、②営利を目的として継続的に行われる資産の譲渡による所得（同号）は、その譲渡の態様が事業であるかまたは規模・継続性等に照らしてそれに至らない程度の業務にとどまるかによって、事業所得（同27条1項括弧書参照）または雑所得に該当し、③山林の伐採または譲渡による所得（同33条2項2号）は、山林所得に該当する。①および②が譲渡所得から除外されているのは、所得税法が譲渡所得を一時所得（116頁参照）と並んで一時的な所得とみていることの現れである（②の要件と同34条1項の要件とを比較せよ）。

(4)　**実現主義の例外（その1）——キャピタル・ゲインが実現しても課税されない場合があるのか**　資産の譲渡があってキャピタル・ゲインが実現しても、固定資産（所法2条1項18号）のうち一定のもの（同58条1項各号）の交換が、次の要件をすべて満たす場合には、「当該譲渡資産……の譲渡がなかつたものとみなす」（同項柱書）こととされている。これを固定資産の交換特例という。その適用要件は、①1年以上所有していた同種の資産同士の交換であること、②相手方が交換目的で取得したと認められる資産と

の交換でないこと、③交換によって取得した資産（取得資産）を、その交換によって譲渡した資産（譲渡資産）の譲渡直前の用途と同一の用途に供したこと（以上、同項柱書）、および④交換の時における取得資産の価額と譲渡資産の価額との差額が、これらの価額のうちいずれか多い方の価額の20％以内である交換（準等価交換）であること（同条2項）、である。

　上記①～④の要件をすべて満たす交換においては、所有資産に関する権利関係（法律関係）は変動しているものの、交換の前後において、経済的な観点からは、譲渡資産の所有が継続しているとみることができる。所得税法は、交換の前後における経済的実質の同一性を重視して、譲渡資産の譲渡がなかったものとみなすのである。

　その一方で、所得税法は、交換により資産を取得した者が当該取得資産を、当該譲渡資産の取得時から、当該譲渡資産の取得費に相当する金額により取得し、引き続き所有していたものとみなす（所令168条1項柱書）ことによって、当該取得資産が後に譲渡されるまで、当該譲渡資産の含み益（未実現のキャピタル・ゲイン）の実現およびこれに対する課税を繰り延べることにしている。すなわち、譲渡所得課税の繰延べのために、取得資産が譲渡資産の取得費を引き継ぐという課税技術（取得費の引継ぎ）を採用している。

【図表3　固定資産の交換特例における取得費の引継ぎ】

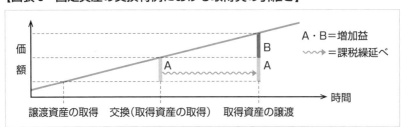

(5)　**実現主義の例外（その2）——キャピタル・ゲインが実現しなくても課税される場合があるのか**　　資産が贈与等の一定の事由（所法59条1項1号・2

号）により他に移転された場合、キャピタル・ゲインが実現しなくても、「その時における価額に相当する金額により、これらの資産の譲渡があつたものとみなす」（同項柱書）こととされている。これをみなし譲渡課税という。

みなし譲渡課税は、シャウプ勧告（昭和24年）が、未実現のキャピタル・ゲインも包括的所得概念（145頁参照）によれば所得を構成するという考え方に基づいて、提案したものであり、昭和25年に導入された。同勧告は、実現主義は資産の贈与等の場合には未実現のキャピタル・ゲインに対する課税を無期限に繰り延べる可能性があることなどをも考慮して（最判令和2年3月24日訟月66巻12号1925頁参照）、実現主義に対する例外として、贈与または相続・遺贈による無償譲渡に低額譲渡を加えた包括的な形で、みなし譲渡課税を導入することを提案した。

しかし、みなし譲渡課税は、包括的所得概念の観点からみて正当であっても、「所得＝収入」という常識的な考え方、被相続人・相続人などのような親族の間で所得税と相続税・贈与税とを同時に課すことに対する批判などから、国民の理解を得難く、その範囲の縮小を余儀なくされた。その結果、現行法上は、みなし譲渡課税の事由は、①法人に対する贈与等および②限定承認による相続等に限定されている（所法59条1項1号・2号）。

所得税法は、①の事由については、個人の資産が法人に贈与等により移転する場合、みなし譲渡課税をしなければ、個人の所有期間中に発生したキャピタル・ゲインに対する所得税の課税の機会が失われることを考慮して、みなし譲渡課税を存続させたものである。②の事由については、被相続人の所有期間中に発生したキャピタル・ゲインに対する所得税は本来は被相続人の負担すべき債務であるにもかかわらず、取得費の引継ぎにより相続人が結果的にその債務を負担することになると、民法の限定承認制度（922条以下）の趣旨が没却されることを考慮して、みなし譲渡課税を存続させたものである。②の場合において、被相続人の所得税納付義務は相続人に承継される（税通5条1項前段。確定申告については所法125条参照）。もっとも、相続人が限定承認をしたときは、限定承認制度の趣旨を尊重し

て、その相続人は相続財産（積極財産）の限度においてのみ当該所得税を納付する責任を負うものとされている（税通 5 条 1 項後段）。

　なお、みなし譲渡課税に関連して、以下の二つの点に留意すべきである。第 1 に、みなし譲渡課税から除外された事由による資産の譲渡については、受贈者・相続人が、贈与者・被相続人による取得の時から当該資産を引き続き所有していたものとみなされる（所法 60 条 1 項。Keyword 5 参照）。これによって、受贈者・相続人が当該資産について贈与者・被相続人の取得費を引き継ぎ、後に当該資産を譲渡するまで、贈与者・被相続人の所有期間中に発生していた含み益（未実現のキャピタル・ゲイン）の実現およびこれに対する課税が、繰り延べられる。所得税法 60 条 1 項は、このように、未実現のキャピタル・ゲインの取扱いに関して、同 59 条 1 項といわば「表裏補完」の関係にある。

Keyword 5　「引き続きこれを所有していたものとみなす」（所法 60 条 1 項柱書）の意味

　例えば、父親が以前取得したゴルフ会員権を息子に贈与し、その後息子が当該ゴルフ会員権を他に譲渡した事例に即して、この文言の意味を考えてみよう。

　この文言は、「贈与の前後を通じて息子が引き続き当該ゴルフ会員権を所有していたものとみなす」ことを意味する。この意味からすれば、一見すると、父親による取得と息子による譲渡との中間にある「贈与の事実」は、存在しなかったことになりそうである。

　しかし、判例では、譲渡所得課税の趣旨（106 頁参照）および所得税法 60 条 1 項の「本旨」（増加益に対する課税の繰延べ）に照らし、「中間の贈与の事実」の存在を前提にして、父親が当該ゴルフ会員権の取得の際に支払った名義書換料だけでなく、息子が贈与により取得した際に支払った名義書換料も、当該ゴルフ会員権の取得に付随する費用として、息子の譲渡所得の金額の計算上、取得費に含まれるとされた（最判平成 17 年 2 月 1 日訟月 52 巻 3 号 1034 頁）。

　なお、この最高裁判決は、最高裁による下級審判決の「補正」の 1 例で

ある。この最高裁判決で述べられている「原審」の判断と、原審・東京高判平成13年6月27日判タ1127号128頁の判断とを、「引き続き所有していたもの」とみなされる「主体」に着目して、比較してみよう。

第2に、みなし譲渡課税の適用範囲に関して、所得税法33条1項との関係が問題になる。財産分与のように無償譲渡であっても収入金額を発生させる資産の移転も、同項にいう「譲渡」に該当すること（107～108頁参照）からすると、同59条1項の適用範囲は、収入金額の発生を伴わない場合に限定される。このことは、同59条1項と前述のようないわば「表裏補完」の関係にある同60条1項についてもいえることである。したがって、同項1号にいう「贈与」には、贈与者に経済的な利益（収入金額）を生じさせる負担付贈与は含まれない（最判昭和63年7月19日判時1290号56頁）。また、低額譲渡（所法59条1項2号、所令169条）については、対価の額と時価との差額に相当する部分が、収入金額の発生を伴わない場合に当たる。

【図表4　資産の譲渡に関する所得税法33条1項と同59条1項との適用関係】

	収入金額あり	収入金額なし
有償譲渡	33条1項	
無償譲渡	33条1項	59条1項

TOPICS 8

BEPSとみなし譲渡課税

　近年、BEPS（ベップス）がOECDやG20の場で活発に議論され（2015年10月5日にOECDによりいわゆるBEPS最終報告書が公表された）、これに対する対抗措置が多くの国で講じられてきている

（ポストBEPS）。BEPS は Base Erosion and Profit Shifting の略語であり「税源浸食と利益移転」と邦訳される。

　日本では、平成27年度税制改正により導入された国外転出時等におけるみなし譲渡課税（所法60条の2・60条の3）もBEPS対抗措置の一つである。これは、例えば、巨額の含み益を有する株式を保有したまま国外転出をし、キャピタル・ゲイン非課税国で当該株式を売却することによって、どこの国の課税も受けないまま、キャピタル・ゲインを実現させるような、国際的租税回避に対抗するための措置であり、いわゆる出国税の一種である。

2　金額

(1)　計算手続——特別控除額はなぜ短期譲渡所得の方から先に控除するのか

譲渡所得の金額は、資産の所有期間により譲渡所得を①短期譲渡所得（所法33条3項1号）と②長期譲渡所得（同項2号）とに区分したうえで、それぞれについて総収入金額から、当該所得の基因となった資産の取得費および譲渡費用の額の合計額を控除し、それぞれの残額の合計額（譲渡益）から譲渡所得の特別控除額（同条4項）を控除した金額である（同条3項）。

【図表5　譲渡所得の金額の計算手続】

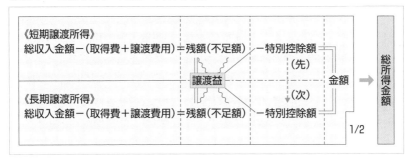

　この計算手続については、次の二つの点に注意すべきである。第1に、

①と②それぞれについて総収入金額から取得費・譲渡費用の合計額を控除した金額のうち、どちらか一方がマイナスになった場合には、①と②の計算結果を通算した結果がプラスになったときはその残額を譲渡益とする（所法33条3項括弧書）。これに対して、①と②の計算結果を通算した結果もマイナスになったときや、①と②ともにマイナスであったときは、その金額を譲渡損として損益通算（同69条1項）の対象とする。

第2に、特別控除額は①の短期譲渡所得についての譲渡益から先に控除する（所法33条5項）。これは、②の長期譲渡所得の金額については、その2分の1しか総所得金額に算入されないこととされている（同22条2項2号）ため、特別控除額による負担軽減効果も2分の1になり納税者に不利な結果になることを防ぐことを目的とする措置である。

(2) 取得費の意義──**取得費は資産の取得代金だけのことなのか**　取得費は、原則として、①資産の取得に要した金額と、②設備費および改良費の額、との合計額である（所法38条1項）。①には、資産の取得代金の額のほか、登録免許税、仲介手数料など当該資産を取得するために付随的に要した費用（付随費用）の額も含まれるのに対して、当該資産の維持管理に要する費用など居住者の日常的な生活費ないし家事費（126頁参照）に属するものは含まれない（最判平成4年7月14日民集46巻5号492頁）。もっとも、個人が借入金によって居住用不動産を取得する場合、当該不動産をその居住の用に供するに至るまでにはある程度の期間を要するのが通常であり、したがって、その期間中当該不動産を使用することなく利子の支払を余儀なくされるものであることを勘案すれば、当該借入金の利子のうち当該不動産の使用開始時までの期間に対応する利子は、当該不動産をその本来の用途に供するうえで必要な準備費用として、付随費用に含まれる（同最判）。

②設備費および改良費は、資産取得後における当該資産の質的・量的改善に要した費用として、資本的支出（所令181条。51頁参照）と基本的には同じ意味を有する。

　現行所得税法は、資産の取得に要した費用について、ⓐ「取得費」とⓑ「取得価額」とを、ⓐを譲渡所得の金額の計算要素とし、ⓑを事業所得等の金額の計算要素（棚卸資産につき所令103条、有価証券につき同109条、減価償却資産につき同126条）として、「一応」使い分けている。所得税法の昭和40年全文改正前は、譲渡所得の金額の計算についても「取得価額」という語が用いられており、同改正によって「取得費」という語が用いられることになった。ただし、この用語表現の変更は内容的な変更ではないと解説されていた。しかも、現行法上もⓐとⓑとの共用領域が存在する（所法38条2項1号・48条3項、所令109〜117条、所法57条の4第4項・60条1項等）。以上の法状況の下で、判例は、取得費に付随費用を含めることによって、「取得費の取得価額化」ともいうべき取得費に関する解釈論を展開してきた。

　取得費については、以上の原則的意義に対して、様々な別段の定めがおかれている。以下では、それらのうち、㋐減価資産に関する別段の定め、㋑固定資産の交換特例に関する別段の定め、および㋒みなし譲渡課税の対象外の贈与等に関する別段の定めについて、解説しておく。

　㋐家屋その他使用または期間の経過により減価する資産（減価資産）については、所有期間中の減価償却費（所法49条1項）の累積額またはこれに準ずる減価相当額を控除した金額が、取得費とされる（同38条2項）。これを調整取得費といい、減価額の控除を取得費調整という。

　㋑交換特例の適用を受けた固定資産については、取得資産は譲渡資産の取得費を引き継ぐこととされている（所令168条1項柱書。109頁参照）。

　㋒みなし譲渡課税の対象外の贈与等により移転した資産については、贈与者等の取得費を受贈者等が引き継ぐこととされている（所法60条1項。111頁参照）。㋑の場合は、異なる資産（譲渡資産と取得資産）間での引継ぎという意味で取得費の物的引継ぎということができるのに対して、㋒の場合は、異なる個人（例えば、贈与者と受贈者）間での引継ぎという意味で取得費の人的引継ぎということができる。

(3) **譲渡費用の意義**——譲渡価額を増加させるための費用も譲渡費用に含まれるのか

譲渡費用とは、「資産の譲渡に要した費用」（所法33条3項）という文言からすると、登記費用、仲介手数料、運搬費などの、資産の譲渡を実現するために直接必要な費用をいうことになろう（最判昭和36年10月13日民集15巻9号2332頁参照）。ただ、最近では、資産の譲渡のために直接要した費用だけでなく、資産の譲渡価額を増加させるための費用も、譲渡費用に含まれると解されている（最判平成18年4月20日訟月53巻9号2692頁参照）。

❿⋯⋯⋯⋯一時所得

1 意義——一時所得とは一言でいえばどのような所得なのか

一時所得とは、①利子所得から譲渡所得までの8種類の所得以外の所得のうち、②営利を目的とする継続的行為から生じた所得以外の一時の所得で、③労務その他の役務または資産の譲渡の対価としての性質を有しないものをいう（所法34条1項）。②の要件は、昭和22年の第二次改正で従来の非課税所得の文言をそのまま用いて定められたものであり、一時的な所得という以外に特に積極的な意味をもつものではない。③の要件に関して、対価性を有する所得は、確定的な対価を得ようとする稼得意思・行為に基因するものであり、偶発的所得とはいえないから、一時所得から除外されている。要するに、一時所得とは、一時的かつ偶発的な所得をいうのである。

一時所得には、例えば、懸賞の当選金品、馬券・車券の払戻金、賭博による利得、解雇予告手当、法人からの贈与、遺失物拾得の報労金、時効により取得した土地（静岡地判平成8年7月18日行集47巻7・8号632頁）が該当する。

2 金額——一時所得の収入を得るために支出した金額の範囲は、なぜ狭く限定されているのか

一時所得の金額は、その年中の一時所得の総収入金額から、その収入を

得るために支出した金額の合計額を控除し、その残額から一時所得の特別控除額（所法34条3項）を控除した金額である（同条2項）。その収入を得るために支出した金額は、その収入を生じた行為をするため、またはその収入を生じた原因の発生に伴い、「直接」要した金額に限られる（同項括弧書）。「直接」要した金額への限定は、偶発的利得については、それを得るために支出をしても、収入の発生が偶然の要素に左右されるので、収入の発生につながらなかった支出は、所得の処分（消費）の性質をもつ、という考え方によるものである。例えば、馬券の払戻金が一時所得に該当する場合、外れ馬券の購入代金は、当たり馬券の払戻金収入から控除することができない（118頁、TOPICS 9参照）。

⓫………雑所得

1 意義——雑所得という所得類型の存在意義は何なのか

　雑所得とは、利子所得から一時所得までの9種類の所得のいずれにも該当しない所得をいう（所法35条1項）。

　雑所得は、①公的年金等の雑所得と②その他の雑所得とに大別される。①は、昭和62年の年金税制改正前は、みなし給与所得（同改正による削除前の29条）とされていた。しかし、同改正によって、勤務関係の終了後にまで給与所得控除（102頁参照）の適用を認めるのは適当でないとされ、雑所得とされた。

　②が本来的な意味での雑所得であり、これにはまさに雑多な所得が含まれる。その意味で、雑所得という所得類型はいわゆる**バスケット・カテゴリー**（包括類型）である。所得税法がこれを定めていることも、同法が**包括的所得概念**（145頁参照）をベースにして所得を規定していると解される理由の一つである。

　②には、比較的共通の要素で括ることができる類型として、事業と称するに至らない程度の営利活動（業務）から生じる所得で他の9種類の所得に該当しないものが、該当する。そのほか、相続した生命保険契約等に基づく年金（所令185条・186条）、割引債の償還差益（措法41条の12）、還

付加算金（税通 58 条 1 項）、身元保証金、各種株主優待券、匿名組合契約に基づいて受ける利益の分配（最判平成 27 年 6 月 12 日民集 69 巻 4 号 1121頁）、温泉利用権の設定による利得、特許権・著作権等の使用料、競走馬の賞金（所令 200 条 2 項参照）などが雑所得に該当する。

2　金額——公的年金等控除はどのような性格をもつのか

　雑所得の金額は、①その年中の公的年金等の収入金額から公的年金等控除額（所法 35 条 4 項）を控除した残額と、②その他の雑所得の総収入金額から必要経費を控除した金額、との合計額である（同条 2 項）。公的年金等の多くが過去の勤務関係に基因するものであり、その意味では、公的年金等控除には、給与所得控除（102 頁参照）と共通の性格をもつ面がある。ただ、金額の点では、公的年金等控除額は、公的年金等の額が比較的高額の場合は、給与所得控除額よりも少なめに設定されている。

TOPICS9

馬券の払戻金の所得区分

　　馬券の払戻金は、通常は、一時所得に該当する。ただし、馬券購入の態様、利益発生の状況等の事情によっては、雑所得に該当する場合もある。

　　ある会社員が馬券の自動購入ソフトを使用して独自の条件設定と計算式に基づきインターネットを介して、平成 19 年から 3 年間に合計約 28 億 7000 万円分の馬券を購入し、合計約 30 億 1000 万円の払戻金を得ていた。その会社員は、所得税額合計約 5 億 7000 万円の単純無申告犯（所法 241 条）で起訴された。所得税額がそのように多額に上ったのは、本件払戻金が一時所得に当たるとして、外れ馬券の購入代金が「その収入を得るために支出した金額」（同 34 条2 項）に算入されなかったためである。

　　最判平成 27 年 3 月 10 日刑集 69 巻 2 号 434 頁は、「所得税法上、営利を目的とする継続的行為から生じた所得は、一時所得ではなく

雑所得に区分されるところ、営利を目的とする継続的行為から生じた所得であるか否かは、文理に照らし、行為の期間、回数、頻度その他の態様、利益発生の規模、期間その他の状況等の事情を総合考慮して判断するのが相当である」と判示したうえで、本件払戻金が雑所得に当たるとして、外れ馬券の購入代金をも必要経費に算入して各年分の所得税額を算出した結果、無申告額を約5000万円として懲役2月・執行猶予2年の刑を確定した。

この判決を受けて、所得税基本通達34-1(2)が改正され、これに括弧書と（注）が追加された。

その後、馬券の払戻金の所得区分に関する行政事件（課税処分取消訴訟）において、最判平成29年12月15日民集71巻10号2235頁も同様の判断を示した。これを受けて、所得税基本通達34-1(2)が再び改正された。判例に対する通達の対応のあり方を考えるうえでも興味深いケースである。

なお、通達改正が更正の請求の理由の一つであること（税通23条2項3号・同令6条1項5号）に注意すべきである。

☛冒頭の設例について、TOPICS 9で取り上げた最高裁判決を参照しながら、検討してみよう。

Ⅲ　収入金額の意義と計算

❶………原則的意義──収入金額と実現した所得とは同じ意味なのか

10種類すべての種類の所得について、所得税の課税標準の計算手続の「入口」には、収入金額が位置している（89頁、**図表2**参照）。そのため、所得税の課税については、その出発点として、収入金額の意義と計算を理解しておかなければならない。

所得税法36条1項は収入金額または総収入金額を「その年において収入すべき金額」と定めている。収入金額は、「収入」という文言からして、

他の者から受ける経済的価値を意味する。他の者からの経済的価値の流入を意味する「実現」（107頁参照）という語を用いるならば、収入金額は実現した所得ということができる。つまり、所得税法は、課税所得を収入金額の形態で定めることによって、別段の定めがないかぎり、実現した所得のみを課税の対象とすること（実現主義）を明らかにしたのである（133頁、**Keyword 8** 参照）。

収入金額には、①「金銭」による収入だけでなく、②「金銭以外の物又は権利その他経済的な利益」による収入も、含まれる（所法36条1項括弧書）。①は金銭所得、②は現物所得と呼ばれる。現物所得の代表例は現物給与である（100頁参照）。現物所得の額は、物または権利については「取得」時の価額（時価）、経済的な利益（例えば、債務免除益について最判平成27年10月8日訟月62巻7号1276頁参照）については「享受」時の価額（時価）である（同36条2項）。

収入金額は、対価性を有しない一時所得（116頁参照）についても定められていることからすると、対価（反対給付）と同義ではない（112頁、**図表4** 参照）。例えば、債務免除益、窃盗・横領により得た金品などのほか、財産分与による「分与義務の消滅による経済的利益」（最判昭和50年5月27日民集29巻5号641頁）も、収入金額に含まれる。

❷………別段の定め

1　総説──収入金額に関する別段の定めには、どのようなタイプのものがあるのか

収入金額に関する別段の定めには、①他の者から経済的価値の流入がないにもかかわらず収入金額があるとするタイプの規定（収入金額算入規定）と、②他の者から経済的価値の流入があるにもかかわらず収入金額がないとするタイプの規定（収入金額不算入規定）がある。

2　収入金額算入規定

(1)　棚卸資産等の自家消費──自家消費した商品の時価相当額が収入金額に算入されるのはなぜなのか　棚卸資産（所法2条1項16号）や山林を家事のた

めに消費した場合、その資産の時価（通常の販売価額）に相当する金額が、事業所得の金額、山林所得の金額または雑所得の金額の計算上、総収入金額に算入される（同39条）。これは、資産を販売しその代金でこれと同種の資産を購入して自家消費した場合との課税上の公平を図るための措置と解されている（大阪地判昭和63年11月30日税資166号538頁参照）。

(2)　棚卸資産等の贈与等——贈与が消費と同様の扱いを受けるのはなぜなのか
棚卸資産の贈与等の場合についても、自家消費の場合と基本的に同様の措置が講じられている（所法40条）。そのような措置が講じられているのは、贈与が、所有者の自由意思による資産の処分である点で、消費と同じ性質をもつ行為であるからである。

(3)　農産物の収穫高主義——農産物の収穫価額が収入金額に算入されるのはなぜなのか　　米、麦等の農産物（所令88条）については、収穫時の時価相当額（収穫価額）が、事業所得の金額の計算上、総収入金額に算入される（所法41条1項）。これを収穫高主義あるいは収穫基準という。これは、農業の場合、記帳慣行がなく、収穫した農産物のうちの自家消費分の把握および評価が困難であることから、耕作地の面積、肥沃度等を基礎にして所得を推計して課税せざるをえないので、収穫価額をもって収入金額とすることとした、未実現所得課税措置の一種である。

　なお、収穫した農産物を後に販売した場合には、販売分の収穫価額が取得価額とされ（所法41条2項）、販売による総収入金額から必要経費として控除される。

3　収入金額不算入規定

(1)　国庫補助金等——収入金額に算入されなかった国庫補助金は、永遠に課税されないのか　　居住者が交付を受けた国庫補助金等は、一定の要件の下で、総収入金額に算入されない（所法42条・43条）。これは、国庫補助金等を交付の年分の総収入金額に算入して直ちに課税をすると、その国庫補助金等をもって取得・改良することを予定していた資産の取得・改良資金が、その税額分だけ減少し、その結果、国庫補助金等の交付目的が損なわれる

ことになるので、そのような事態の発生を防止するために定められた特例措置である。

　この特例措置は、交付を受けた国庫補助金等に対して永遠に課税しないものとする措置（非課税措置）ではない。総収入金額に算入されなかった国庫補助金等については、これによって取得・改良された固定資産の取得価額を、その不算入額だけ減額する（所法42条5項、所令90条、所法43条6項、所令91条2項）ことによって、この特例措置の適用がなかった場合と比べて、その後における当該固定資産の減価償却費の減少または譲渡益の増加を通じて、当該国庫補助金等に対する課税を「回復」することが「予定」されている（実際に課税が回復されるか否かは、当該居住者のそのときどきの所得等の状況による）。その意味で、この別段の定めは課税繰延措置の一種である。

　(2)　**免責許可決定等による債務免除益——資力のない者が債務免除を受けても課税されるのか**　居住者が免責許可の決定（破252条1項）等により債務免除を受けた場合などには、その者が資力を喪失して債務を弁済することが著しく困難であることを考慮して、その債務免除により受ける経済的利益の額のうち一定の金額（所法44条の2第2項）は、総収入金額に算入しないこととされている（同条1項）。この場合における債務免除益は、収入金額に算入しても実際には課税されることのない、形式的なもの（いわゆる「焼け石に水」）にすぎないと考えられる。

Ⅳ　必要経費の意義と計算

❶⋯⋯⋯総説

1　経済理論的意味での必要経費——必要経費はなぜ控除しなければならないか

　資本主義経済において、個人や法人は、資本を市場に投下しこれを元手にして経済活動を行うことによって収益を獲得し、その収益から投下資本を費用として控除することによって投下資本を回収したうえで、そこで得

た利益（＝収益−費用）を投下資本の回収部分とともに再び市場に投下する。以上のサイクルを繰り返すことによって、投下資本を原資として維持しつつ拡大再生産を図ろうとするのが、資本主義経済の構造的特質である。

　所得税制は、資本主義経済の上記の構造的特質を前提にして、収入という意味での所得（総所得 gross income）から、これを得るために必要な支出を控除した純所得（net income）に課税する制度として、設計される。所得税制の基礎にあるこの考え方を純所得課税の原則あるいは純額主義という。

　一般に、所得を得るために必要な支出を必要経費（経済理論的意味での必要経費）という。これを収入から控除せず、収入全体に所得税を課税することにすれば、収入に占める純所得の割合や適用税率のいかんによっては、収入のうち投下資本の回収部分にまで課税することになるおそれがある。その結果、所得税によって資本主義経済の構造が維持・保障されなくなるおそれがある。経済理論的には、この点に、必要経費控除の理由がある。

TOPICS 10

所得税と資本主義

　カール・マルクス（Karl Marx）は「所得税は様々な社会階級の様々な所得源泉を前提とし、したがって資本主義社会を前提とする」（『ゴータ綱領批判』［1875 年］【IV】A）と述べている。この言葉は、所得税が産業革命の母国イギリスで 1799 年に歴史上初めて採用されたことによっても、裏づけられるといってよかろう。その後、産業革命の進行により資本主義が発展してくると、所得税は各国で採用されるようになった。日本が所得税を採用したのは世界のなかでも比較的早く、1887（明治 20）年、明治憲法公布の 2 年前のことである。

2　所得税法上の広義の必要経費——「必要経費」(37条) と他の控除項目とは違うのか

　所得税法は、利子所得以外の9種類の所得については、所得の金額の計算上、収入金額から一定の項目を控除する旨を定めている。不動産所得、事業所得、雑所得および山林所得に関する必要経費 (37条) のほか、配当所得に関する負債利子 (24条2項但書)、給与所得控除額および特定支出 (28条2項・57条の2)、退職所得控除額 (30条2項)、譲渡所得に関する取得費および譲渡費用 (33条3項) ならびに一時所得に関する「その収入を得るために支出した金額」(34条2項) も、所得を得るために必要な支出 (経済理論的意味での必要経費) としての性格を、少なくとも部分的には有している。これらの控除項目は、同37条が定める必要経費 (所得税法上の狭義の必要経費) に対して、所得税法上の広義の必要経費ということができる。

　所得税法上の広義の必要経費の控除は、経済理論的には、前述したとおり、資本主義経済の要請であり、また、租税理論的には、「収入を得た個人の担税力に応じた課税を図る趣旨のもの」(最判平成24年1月13日民集66巻1号1頁) すなわち担税力に応じた課税の原則 (担税力原則) の要請である。

　以下では、所得税法上の狭義の必要経費 (特に所法37条1項) について解説する。

❷………原則的意義——狭義の必要経費の要件にはどのようなものがあるか

　所得税法37条1項の定める必要経費は、「その年分の」①不動産所得、事業所得または雑所得の総収入金額についての売上原価その他当該総収入金額を得るために直接要した費用の額と、②販売費・一般管理費その他これらの所得を生ずべき業務について生じた費用の額である。すなわち、同項は、経済理論的意味での必要経費 (所得を得るために必要な支出) を実定法化するにあたって、費用概念 (33頁参照) を前提とし、一方で、所得稼得のための直接的必要性を要件として、特定の収入金額との対応関係が明

確な必要経費（①）、他方で、所得稼得業務関連性を要件として、特定の収入金額との対応関係は明確でないが業務と関連する必要経費（②）、を定めている。①を個別対応（直接対応・客体対応）の必要経費といい、②を一般対応（間接対応・期間対応）の必要経費という。両者の区別は、費用収益対応の原則（25〜26頁・134頁参照）における、費用と収益との対応のさせ方に基づく区別である。

②の一般対応の必要経費の要件は、所得稼得業務関連性に加えて、「その年において債務の確定しないものを除く」（所法37条1項括弧書）といういわゆる債務確定主義あるいは債務確定基準によって、加重されている。所得税法は、特定の収入金額との対応関係が明確でない必要経費（②）については、所得稼得業務関連性だけでは必要経費の範囲が、とりわけ費用の見越計上あるいは見積計上によって、拡大するおそれがあることを考慮して、債務確定主義を要件とすることによって、そのような事態の発生を防止しようとしたのである（債務の確定の意義については、42頁・135頁参照）。

❸………別段の定め

1　総説──「別段の定め」の基礎にはどのような考え方があるのか

必要経費（狭義）に関する別段の定めには、売上原価（所法47条）、減価償却費（同49条）、繰延資産の償却費（同50条）、貸倒引当金（同52条）、返品調整引当金（同53条）など法人税法上の損金に関する別段の定め（48頁以下参照）と基本的に重なるものが多い。以下では、所得税特有の事情に基づく別段の定めのうち、すでに解説した、事業から対価を受ける親族がある場合の必要経費の特例（所法56条・57条。83頁参照）以外の、家事費および家事関連費（同45条1項1号）、損害賠償金（同項7号）ならびに資産損失（同51条）に関する別段の定め、について解説する。

必要経費に関する別段の定めの基礎には、昭和38年12月の税制調査会答申（次頁のTOPICS 11参照）で述べられている「広狭二様の考え方」、すなわち、純資産増加説的な考え方と家事費排除の原則がある。

政府税制調査会「所得税法及び法人税法
の整備に関する答申」(昭和38年12月)
42〜43頁(一部抜粋)

「現行の所得税法における課税所得の計算は、いわゆる費用収益
対応の考え方によることを原則とし……ている。〔中略〕
　費用収益対応の考え方のもとに経費を控除するに当たつて、所得
の基因となる事業等に関係はあるが所得の形成に直接寄与していな
い経費又は損失の取扱いをいかにすべきかという問題については、
純資産増加説的な考え方に立つて、できるだけ広くこの種の経費又
は損失を所得計算上考慮すべしとする考え方と、家事費を除外する
所得計算の建前から所得計算の純化を図るためには家事費との区分
の困難な経費等はできるだけこれを排除すべしとする考え方との広
狭二様の考え方がある。
　所得税の建前としては、事業上の経費と家事上の経費とを峻別す
る後者の考え方も当然無視することができないが、事業経費又は事
業損失の計算については、できる限り前者の考え方を取り入れる方
向で整備を図ることが望ましいと考える。」

2 家事費および家事関連費——個人の消費支出は必要経費に当たるのか

　所得税と法人税とは「所得に課される租税」という意味で所得課税と総
称される。しかし、両税の間には、課税所得の計算に関して決定的な違い
がある。それは、個人が所得稼得活動の主体であると同時に所得消費活動
の主体でもあるのに対して、法人には個人と同じ意味での消費、すなわち、
消費による心理的満足を観念することができない点にある。

　所得税法は、個人の支出を、①所得稼得活動上の支出と、②所得消費活
動上の支出とに区分し、①を必要経費として収入金額から控除することと
し(37条1項)、②を家事上の経費(家事費)として必要経費に算入せず
(45条1項1号)収入金額から控除しないこととしている。必要経費と家
事費とは概念上明確に区分されるので、家事費の必要経費不算入の規定は

【図表6 所得税法における個人の支出の区分】

個人の支出	所得稼得活動上の支出	所得消費活動上の支出
所得税法上の取扱い	必要経費 家事関連費	家事費

確認規定である。

　所得税法は、家事費に関連する経費（家事関連費）をも必要経費に算入しないこととしている（45条1項1号）。家事関連費とは、必要経費の要素と家事費の要素とが混在している支出（いわゆる混合的支出）をいう。例えば、店舗付住宅の家賃がこれに当たる。所得税法は家事関連費について、基本的には、白色申告と青色申告との区別（85頁、**Keyword 1** 参照）に即して、両方の要素の区分処理を定めたうえで、その規定振りの点では、「必要経費とされない家事関連費」に該当する経費を限定列挙するのではなく、「必要経費とされない家事関連費」に該当しない経費を限定列挙することとしている（所令96条）。すなわち、家事関連費のうち必要経費の要素を限定的にしか課税所得計算に取り込まず、家事費の要素を広く課税所得計算から排除する規定振りを採用している。これは家事費排除の原則の現れである。

3　損害賠償金──どのような損害賠償金が必要経費に算入されないのか

　納税者が故意または重過失によって他人の権利を侵害したことにより支払う損害賠償金（所令98条2項）は、必要経費の要件（所得稼得業務関連性）を満たすものであっても、必要経費に算入されない（所法45条1項8号）。所得税法は上記の損害賠償金を、家事費に該当する損害賠償金（所令98条2項参照）に準じて、故意または重過失の故に所得稼得業務関連性が切断され納税者自身の責めに帰せられる個人的費用（いわば無駄遣い的

消費支出）とみていると解される。すなわち、損害賠償金の必要経費不算入は、家事費排除の原則の一環として性格づけられる。

> **Keyword 7　損害賠償金と罰科金等**
>
> 　罰科金等は、これについて必要経費算入を認めると制裁効果が減殺されるので、必要経費に算入しないこととされている（所法45条1項7号）。日本では懲罰的損害賠償は制度としては認められていない。とはいえ、損害賠償に制裁効果が認められる場合がある。このことのほか、損害賠償金の必要経費不算入規定（同項8号）が、罰科金等の必要経費不算入規定（同項7号）と、これと同様の理由（制裁効果の減殺防止）に基づく課徴金等の必要経費不算入規定（同項9〜14号）との間に位置することからも、損害賠償金の必要経費不算入の理由を制裁効果の減殺防止に見出す見解もある。
>
> 　しかし、所得税法施行令98条2項は家事費に該当する損害賠償金についても定めていること、制裁効果の減殺防止の理由により罰科金等および課徴金等の損金不算入を定める法人税法55条4項の規定には損害賠償金が規定されておらず、損金に算入されるのは、法人には消費を観念することができないからであると解されること、などからすると、所得税法は損害賠償金をいわば無駄遣い的消費支出とみて家事費の一種として必要経費に算入しないこととしたものと解される。

4　資産損失

(1)　**総説──個人の資産は所得税法上どのように分類されるのか**　　所得税法は、資産に生じた損失（実体的損失）について、同じ所得課税でも法人税法（33頁参照）に比べてかなり複雑な取扱いを定めている。すなわち、まず、個人の資産を①所得稼得活動上の資産と②所得消費活動上の資産とに大別し、次に、①については所得稼得への貢献度（所得基因性）の観点から資産を分類し、それぞれについて必要経費算入の範囲を別異に定め（51条）、②のうち生活（消費生活）に通常必要な資産（生活用資産）については、家事上の損失あるいは家事費的性格の強い損失として、雑損控除（72条）の

対象とする建前を採用している。

なお、生活に通常必要でない資産（所令178条1項）の損失のうち、災害（所法2条1項27号、所令9条）、盗難または横領という、雑損控除の場合と同じ事由によって生じた損失は、損失の発生年およびその翌年の2年間にわたって「譲渡所得の金額の計算上控除すべき金額」とみなされる（所法62条1項）。これは、生活に通常必要でない資産の譲渡による損失の取扱い（同33条3項・69条2項）とのバランスを考慮した措置である。

(2) **事業用固定資産——任意の取りこわしによる損失も、必要経費に算入されるのか** 事業用の固定資産等（所法2条1項18号、所令5条・140条）について取りこわし、除却、滅失その他の事由により生じた損失は、それらの事由が納税者の任意によるものか、またはやむをえないものかを問わず、また、損壊による価値の減少（評価損）も含め、原価ベース（同142条1号・3号）で計算された金額が、広く、損失発生の年分の必要経費に算入される（所法51条1項）。これは、「純資産増加説的な考え方」（126頁、TOPICS 11

【図表7 所得税法における個人の資産の分類と損失の取扱い】

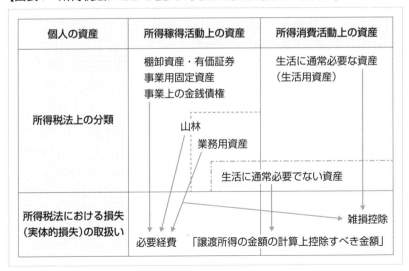

参照）に基づき、純資産の減少に相当する正味損失額、すなわち、保険金、損害賠償金等により補てんされる部分の金額を除いた損失額（同51条1項括弧書）を課税所得から除外するための措置である。

　なお、事業用固定資産の譲渡による所得は、譲渡所得に該当する（108頁参照）。したがって、事業用固定資産の譲渡による損失は、譲渡所得の金額（所法33条3項）の計算上生ずる損失（譲渡損）として取り扱われ（114頁参照）、資産損失（資産に生ずる実体的損失）から除外される（同51条1項括弧書）。

　(3)　**事業上の金銭債権——貸倒損失と同様の取扱いを受ける損失にはどのような損失があるのか**　　事業上の金銭債権については、元本債権と対価等請求権とを区別することなく、貸倒れによる損失（貸倒損失）が、必要経費に算入される（所法51条2項）。これも「純資産増加説的な考え方」（126頁、TOPICS 11参照）に基づく措置である。貸倒れの事実認定について、法人税におけると同様の取扱いがされている（所基通51-11〜51-13。67頁参照）。

　貸倒損失と同様の取扱いを受ける損失（所法51条2項）としては、①販売した商品の返戻または値引きによる収入金額の減少、②保証債務の履行に伴う求償権の行使不能、および③無効な行為による経済的成果の行為の無効に基因した喪失または取り消し得べき行為の取消し、の各事由による損失（所令141条）が定められている。

　(4)　**山林——必要経費に算入される損失の発生事由はなぜ限定されているのか**
山林について生じた損失（所法51条3項）は、一方で、原価ベース（所令142条2号）で計算された金額が必要経費に算入される点で、事業用固定資産および業務用資産の損失と同じ取扱いを受け、他方で、発生事由が災害、盗難または横領に限定されている点で、生活に通常必要でない資産の損失および雑損失（139頁参照）と同じ取扱いを受ける。後者の点における発生事由の限定は、山林の所有・経営が事業と称するに至らない程度の業務として行われる場合（105頁参照）には、山林の損失が家事費的性格をもつことを考慮した措置である。

　(5)　**業務用資産——損失の控除限度額はなぜ定められているのか**　　　①不動産

所得または雑所得を生ずべき業務の用に供される固定資産等の損失につい
ては、原価ベース（所令142条1号・3号）で計算された金額が、また、②
これらの所得の基因となる業務上の金銭債権（元本債権）の回収不能損に
ついては、その回収不能額が、それぞれ、損失の発生の年分の不動産所得
の金額または雑所得の金額を限度として、必要経費に算入される（所法51
条4項。なお、対価等請求権の回収不能損については同64条1項、133頁参照）。
この限度額の定めは、業務用資産の損失の家事費的性格を考慮した措置で
ある。

**(6)　補論：棚卸資産・有価証券──損失に関する別段の定めが「ない」のはなぜ
なのか**　　棚卸資産（所法2条1項16号、所令3条）および有価証券（所法
2条1項17号、所令4条）も、所得稼得活動上の資産であり、しかも所得
基因性の強い資産である。にもかかわらず、所得税法はこれらの資産の損
失に関する「専用の」別段の定めをおいていない。それは、棚卸資産およ
び有価証券の損失が、売上原価（所法47条）および譲渡原価（同48条）
の計算の過程で、いわば「自動的に」必要経費に算入されるからである。

　例えば、棚卸資産が販売されないまま、災害・盗難・横領・破損・焼損
など資産を滅失させる何らかの事情により、滅失した場合、売上原価に関
する棚卸計算法（49頁参照）が払出記録を前提としない計算方法であるこ
とから、滅失も販売と同じく（滅失＝「ゼロ円販売」）期末の在庫（期末棚
卸資産）の数量および価額を減少させるため、棚卸計算法の適用を通じて
「自動的に」、売上原価が増加することになる。その増加分は、滅失損が
売上原価の中に混入したものである。

Ⅴ　収入金額および必要経費の年度帰属

❶⋯⋯⋯収入金額の年度帰属

1　判定ルール──実現主義とは何なのか

　所得税は期間税であるから、所得税の課税にあたっては、個人の収入お

よび支出を、どの「年分」の各種所得の金額の計算上、収入金額および必要経費に算入すべきかを判定しなければならない。これを収入金額および必要経費の年度帰属の判定という。

まず、収入金額の年度帰属あるいは計上時期の判定に関する判例には、大別して二つのタイプのものがある。一つは、「収入の原因たる権利が確定的に発生した場合には、その時点で所得の実現があつたものとして、右権利発生の時期の属する年度の課税所得を計算するという建前（いわゆる権利確定主義）」（最判昭和49年3月8日民集28巻2号186頁）を採用する判例である。権利確定主義は多数の判決で採用されている。

もう一つは、収入の原因たる権利（収入すべき権利）がそもそも問題になりえない場合や未だ確定的には発生していない場合について、管理支配基準と総称される判定基準を採用する判例である。例えば、利息制限法違反の制限超過利息について「収入実現の蓋然性があるものということ」ができるか否かによって年度帰属を判定する判決（最判昭和46年11月9日民集25巻8号1120頁）、係争中の賃料増額請求権につき仮執行宣言付判決に基づき収受した金員について「所得の実現があつたとみることができる状態が生じた」として、その収受した年度に収入金額が帰属するものと判定した判決（最判昭和53年2月24日民集32巻1号43頁）、農地の譲渡につき知事の許可があった年度以前に収受し確定申告をした譲渡代金について「譲渡所得の実現があつたもの」として、その収受した年度に収入金額が帰属するものと判定した判決（最判昭和60年4月18日訟月31巻12号3147頁）がある。

権利確定主義および管理支配基準は、前記の引用判示部分からも明らかなように、「所得の実現」の判定基準である。つまり、判例は、「その年において収入すべき金額」（所法36条1項）という要件の解釈によって、「所得の実現」があった年度に収入金額が帰属すると判定すべきであるというルール（収入金額の年度帰属判定ルールとしての実現主義）を定立し、具体的事案におけるそのルールの適用において、権利の確定や収入の現実の管理支配という事実を基準にして判断することとしている。これを事実判断

の構造からみると、「所得の実現」という要件事実を、権利の確定や収入の現実の管理支配という間接事実から、推認する事実判断の構造を、判例は採用したものとみることができる。

> **Keyword 8　二つの「実現主義」**
>
> 　所得税法 36 条 1 項は、一方で、収入金額の概念内容として、①実現した所得のみを課税の対象とするという意味での実現主義を定め（120 頁参照）、他方で、収入金額の年度帰属判定規範として、②所得の実現があった年度に収入金額が帰属するという意味での実現主義を定めていると解される。所得の実現とは、他の者からの経済的価値の流入をいう。①の実現主義は、流入した「もの」（経済的価値）に着目する考え方、②の実現主義は、流入した「とき」（帰属年度）に着目する考え方といってもよかろう。

2　判定の事後処理──確定した金銭債権が回収不能になった場合にはどう処理するのか

　権利確定主義の前記の意味からすると、収入金額に対する所得税の課税は、「実質的には、いわば未必所得に対する租税の前納的性格」（最判昭和 49 年 3 月 8 日民集 28 巻 2 号 186 頁）をもつことになる。「権利確定主義なるものは、その権利について後に現実の支払があることを前提として、所得の帰属年度を決定するための基準であるにすぎない」（同最判）。

　所得税法は、収入金額に対するそのようないわば「未必の課税」を前提にして、譲渡所得の基因となる資産の譲渡代金債権、給与債権、非事業上の貸付金の利息債権・利息損害金債権、非事業上の家賃債権等の対価等請求権の形態での収入金額につき、その全部または一部が回収不能となった場合、「所得なきところに課税した」という結果を回避するため、その収入金額が課税された年度にさかのぼって、その回収不能による損失に対応する部分の収入金額はなかったものとみなす旨を定めている（64 条 1 項。なお、事業上の金銭債権の回収不能損および非事業上の金銭債権の元本債権の回収不能損については、130〜131 頁参照）。

所得税法は、保証債務を履行するため資産の譲渡があり、その履行に伴う求償権の全部または一部が行使不能になった場合について、前記の対価等請求権の回収不能の場合と経済的に同様の結果とみて、この場合と同様の取扱いを定めている（64条2項。なお、事業上の保証債務の履行に伴う求償権の行使不能損については、131頁参照）。

☛　冒頭の設例におけるRに対するAの求償「断念」について、所得税法51条2項または同64条2項のいずれの規定が適用されるか検討したうえで、所得税の課税上の取扱いを考えてみよう。

> **Keyword 9　過年度修正と現年度修正**
> 　所得税法64条の規定に基づく課税関係の遡及修正は、更正の請求の手続（同152条）によるものとされ、過年度修正と呼ばれる。これに対し、損失の発生年において貸倒損失として必要経費に算入する方法による課税関係の修正（同51条2項・4項）は、現年度修正と呼ばれる。

❷………**必要経費の年度帰属**──費用収益対応の原則と債務確定主義とは、どのような関係にあるのか

　収入金額の年度帰属が決まると、当該収入金額から、これに対応する必要経費が控除されることになる。この場合における必要経費の年度帰属判定規範は費用収益対応の原則と呼ばれる。所得税法はこの原則を、必要経費に関する①所得稼得のための直接的必要性および②所得稼得業務関連性を要件として、実定法化している（37条1項。124～125頁参照）。

　①を要件とする必要経費（個別対応の必要経費）は、①の要件によって特定の収入金額との対応関係を明らかにすることができるものである。したがって、これが帰属する年度は、当該収入金額が帰属する年度と一致するので、必要経費それ自体の年度帰属の判定は必要ない。

　これに対して、②を要件とする必要経費（一般対応の必要経費）は、特定の収入金額との対応関係が明らかでないものであるから、②の要件のみでは、その必要経費を構成する費用が発生した年度に帰属すると判定され

ることになる。この判定結果は、費用の計上時期に関する会計上の原則である発生主義による判定結果と一致する。発生主義によれば、費用は発生した年度に計上される。発生主義による費用の計上には、見越計上あるいは見積計上のおそれがあるので、所得税法は、見越計上された費用の必要経費算入による、必要経費の年度帰属の恣意的操作を排除し、もって課税の公平を図るために、一般対応の必要経費について債務確定主義を定めている（37条1項括弧書）。ここで債務の確定とは、ⓐ債務の成立、ⓑ具体的給付原因事実の発生（例えば契約の目的物の引渡し）およびⓒ金額の合理的算定可能性、の三つの要件がすべて充足された状態をいう（所基通37−2参照）。

❸⋯⋯⋯⋯収入金額および必要経費の年度帰属の特例──どのような特例があるのか

　所得税法は、収入金額および必要経費の年度帰属について、①部分的に延期する特例として、リース譲渡に関する延払基準（65条1項）、②部分的に前倒しする特例として、工事の請負に関する工事進行基準（66条1項・2項）、③小規模事業者の会計処理事務負担等に配慮した特例として、現金主義（67条1項）を定めている。なお、必要経費に関する債務確定主義の特例として、引当金（52条・54条）も定めている。

TOPICS 12

シェアリングエコノミーと現金主義

　近時、シェアリングエコノミー等の新分野の経済活動は、企業における働き方改革とも相俟って、サラリーマンが兼業または副業としてこれを行うことが多くなってきた。ただ、給与所得者は事業所得者等と異なり記帳・所得金額の計算等の経験が乏しいことから、令和2年度税制改正により、雑所得を生ずべき小規模な業務を行う者（所令196条の2）についても現金主義の特例が認められることに

なった（所法 67 条 2 項）。

VI 損益通算および損失の繰越控除

❶‥‥‥‥‥損益通算

1 意義──損益通算はなぜ必要なのか

　所得税法は、所得を 10 種類に区分し、所得の金額の計算について所得の種類に応じた異なる取扱いを定めている（89 頁参照）。しかし、このことは、所得税法が、個人の担税力を所得の種類に応じて別々に把握し個人に対し所得の種類ごとに異なる課税を行うタイプの所得税（分類所得税）、を採用していることを意味しない。

　所得税法は、個人の担税力を各種の所得の合算により把握し、個人に対し所得合算課税（総合課税）を行うタイプの所得税（総合所得税）の建前を採用している。この建前の下、所得税法は、各種所得の金額の計算手続が終了した段階で、総合課税の手続に移行することとしている（21 条 1 項 2 号）。その移行にあたっては、各種所得の金額の計算上ある種類の所得についてマイナスの金額（損失）が生じた場合について採用された、総合課税のための計算手続が、損益通算（69 条）である。

　損益通算は、このように、所得税法上の所得区分の「壁」を乗り越え、ある種類の所得について生じた計算上の損失を、個人の担税力の総合的把握に基づく総合課税に反映させるために、必要とされる。所得税法は、分離課税の対象とする退職所得および山林所得をも損益通算の対象に取り込むこと（21 条 1 項 2 号・22 条 2 項・3 項）によって、総合所得税の建前を何とか堅持している。

2 内容と手続——どの所得について生じた損失を、どの所得から控除するのか

　所得税法は、①不動産所得の金額、②事業所得の金額、③山林所得の金額または④譲渡所得の金額の計算上生じた損失の金額を、法定の順序（所令198条）により、他の各種所得の金額から控除することとしている（所法69条1項）。

　所得税法が損益通算の順序を法定しているのは、損益通算後の計算手続が所得の種類によって異なる場合（例えば22条2項1号・2号参照）があるからである。その場合に、ある種類の所得について生じた損失を、他のどの種類の所得の金額から控除するかを、納税者の選択に委ねると、納税者間に所得税負担の不公平が生ずるおそれがある。

3 制限——損益通算の制限にはどのようなものがあるのか

　生活に通常必要でない資産（所令178条1項）に係る所得の金額の計算上損失が生じた場合（所法33条3項参照）、その計算上の損失は、その家事費的性格を考慮して、原則として損益通算の対象とされない（同69条2項。例外については所令200条参照）。

　損益通算は、各種所得の金額の計算上控除される費用・損失を、人為的にあるいは殊更に創出し、これによって他の種類の所得の金額を打ち消す（shelter）ための投資、すなわち、タックス・シェルター（tax shelter）の誘因となるので、タックス・シェルターという一種の租税回避を否認するために、人為的に創出された費用・損失は生じなかったものとみなされる場合がある（措法41条の4・41条の4の2・41条の4の3）。

　租税特別措置法上の分離課税には、所得税法上の退職所得および山林所得に対する分離課税（不完全分離課税）とは異なり、損益通算も認めないもの（完全分離課税）が多い（措法31条3項2号・32条4項・37条の10第6項4号・41条の14第2項3号等。例外として同37条の12の2参照）。

　租税回避とは、課税要件の充足を避け納税義務の成立を阻止することによる、租税負担の適法だが不当な軽減または排除をいう。これには、①私法上の選択可能性の濫用によるタイプのものと②税法上の課税減免規定の濫用によるタイプのものがある。

　①私法上の選択可能性の濫用による租税回避とは、立法者が課税要件を私法上の法律関係に準拠して定める場合に取引通念の考慮に基づき想定した取引形式（立法者の想定内という意味で「通常の」取引形式）を、納税者が選択せずに、これとは異なる取引形式（立法者の想定外という意味で「異常な」取引形式）を選択することによって、通常の取引形式を選択した場合と基本的に同一の経済的成果を達成しながら、通常の取引形式に対応する課税要件の充足を避け納税義務の成立を阻止することによる、租税負担の軽減または排除をいう（東京高判平成 11 年 6 月 21 日訟月 47 巻 1 号 184 頁参照）。

　②税法上の課税減免規定の濫用による租税回避とは、課税減免規定の趣旨・目的に反して、その規定の適用を受けまたは免れることによる、租税負担の軽減または排除をいう（最判平成 28 年 2 月 29 日民集 70 巻 2 号 242 頁参照）。タックス・シェルターはこのタイプの租税回避に属する。

　いずれも、明文の否認規定がないかぎり、すなわち、①については、異常な取引形式を通常の取引形式に引き直す（擬制する）規定、②については、課税減免規定の趣旨・目的に反する適用または適用免脱を排除する規定がないかぎり、租税回避は税法上「適法」と評価される。その反面、①については通常の取引形式を選択した者との関係で「不公平」という意味で、②については課税減免規定の「趣旨・目的違反」（観点を変えると、趣旨・目的どおりその規定の適用を受けなかった者または受けた者との関係で「不公平」）という意味で、租税回避は税法上「不当」と評価される。

❷………損失の繰越控除

1　純損失の繰越控除──純損失とは何なのか

　損益通算の対象となる損失の金額のうち、損益通算をしてもなお控除しきれない部分の金額を、純損失の金額という（所法 2 条 1 項 25 号）。

青色申告（85頁、**Keyword 1** 参照）の年分の純損失の金額については、その年において確定損失申告（所法 123 条 1 項 1 号）をした場合、その年の翌年以降連続して確定申告（青色申告または白色申告）をしているかぎり、3 年間の繰越控除が認められる（同 70 条 1 項・4 項）。ただし、繰越控除の前年以前にすでに控除された純損失の金額、および純損失の繰戻還付（同142 条 2 項）の計算の基礎となった純損失の金額については、繰越控除は認められない（同 70 条 1 項括弧書）。これは、純損失の金額の重複控除を排除するための措置である。青色申告者には繰越控除と繰戻還付との選択が認められている。

白色申告の年分の純損失の金額については、その年において確定損失申告をした場合、その年以降連続して確定申告をしているかぎり、変動所得（所法 2 条 1 項 23 号）の金額の計算上生じた損失の金額および被災事業用資産の損失の金額（同 70 条 3 項）に達するまでの金額の範囲でのみ、3 年間の繰越控除が認められるにとどまる（同条 2 項・4 項）。

青色申告の場合と白色申告の場合を合わせて、純損失の繰越控除という（所法 70 条 5 項）。

2　雑損失の繰越控除──雑損失とは何なのか

生活用資産および業務用資産の損失（実体的損失）は、家事費的性格が強いが故に、その必要経費算入が排除・制限されている（業務用資産の損失について所法 51 条 4 項参照）。これに対して、それらの資産の損失は所得控除において課税上考慮されている。所得税法は、その損失が災害、盗難または横領というやむをえない事由による損失である場合、生計を一にする親族の生活用資産および業務用資産の損失も含め、災害等の事由による時価ベース（所令 206 条 3 項）での正味損失額の合計額が、一定の金額（総所得金額等の 10％相当額等）を超えるときは、その超過額を雑損失の金額（所法 2 条 1 項 26 号）といい、これを個人の担税力のやむをえない減少とみて、雑損控除という所得控除（同 72 条 3 項）の対象としている（同条 1項）。

所得税法は、雑損控除を前提として、これをしてもなお控除しきれない
で残る雑損失の金額については、その年において確定損失申告（123条1
項2号）をした場合、その年の翌年以降連続して確定申告をしているかぎ
り、3年間の繰越控除を認めている（71条1項・2項）。これを雑損失の繰
越控除という（同条3項）。

3　損失の繰越控除──損失の繰越控除はなぜ必要なのか

　純損失の繰越控除と雑損失の繰越控除を合わせて、損失の繰越控除とい
う。これが認められるのは、暦年課税の原則に基づく期間計算の「壁」を
乗り越えるためである。

　個人は、現実には、暦年ごとに収支や財産損害を清算し損失を切り捨て
て、生活することはできない。にもかかわらず、期間税である所得税に関
する暦年課税の原則の下では、個人の経済生活が課税上暦年という「壁」
で形式的・画一的に分断され、暦年ごとに所得税の課税標準および税額を
計算する建前（期間計算主義）が採用される。その結果、現実の経済生活
における個人の担税力の減少の考慮も、暦年ごとに分断され、暦年内で考
慮しきれない担税力の減少が、切り捨てられることになる。そこで、所得
税法は、期間計算主義の例外として損失の繰越控除を定めることによって、
担税力に応じた公平な課税を、暦年横断的に、実現しようとしたのである。

Ⅶ　所得控除

❶………意義──必要経費控除とはどう違うのか

　所得税法は、各種所得の金額を基礎として、場合によっては損益通算お
よび損失の繰越控除を経て、総所得金額、退職所得金額または山林所得金
額を算出するものとし（21条1項2号）、さらに、これらの金額から、順次、
基礎控除その他の控除をして課税総所得金額、課税退職所得金額または課
税山林所得金額を計算するものとしている（同項3号）。それらの控除は

所得控除と総称される（所法第2編第2章第4節の名称・87条の条文見出し）。

　所得控除は、租税理論的には、各種所得の金額の計算について定められている必要経費等の控除とは異なり、所得稼得活動上の支出・損失を控除するものではなく、原則として所得消費活動上の支出（家事費）・損失（家事費的性格をもつ損失）のうち、基本的には、やむをえない支出・損失を、担税力の減殺要因として、控除するものである。

【図表8　所得税法における個人の支出・損失と所得控除】

個人の支出・損失	所得稼得活動上の支出・損失	所得消費活動上の支出・損失
所得控除の対象	業務用資産のやむをえない損失（雑損控除のみ）	やむをえない支出・損失

❷………種類──所得控除はどのように整理することができるのか

　所得控除の第1の類型は、納税者本人およびその扶養親族が「健康で文化的な最低限度の生活」（憲25条1項）を営むうえで必要な支出（最低生活費）に充てられる所得は、担税力をもたないという考え方（最低生活費非課税の原則）に基づき、最低生活費を課税標準の計算上控除するものである。この考え方に基づく所得控除は、納税者の人的事情を考慮するための所得控除であり、人的控除と総称される。

　人的控除は、①納税者の比較的一般的な人的事情を考慮するための所得控除（基礎的人的控除）と、②納税者の比較的特別な事情を考慮するための所得控除（特別人的控除）とに大別される。①には基礎控除（所法86条）、配偶者控除（同83条）および扶養控除（同84条）がある。②には障害者控除（同79条）、寡婦控除（同80条）、ひとり親控除（同81条）および勤労学生控除（同82条）がある。②は、納税者が相対的に特別な事情にあるが故に、生活上追加的な支出を余儀なくされることを考慮して、その事情に応じて、基礎控除に加えて認められるものである。

　第2の類型は、納税者の意思によらないやむをえない支出・損失を担税力の減殺要因として課税標準の計算上控除するものである。これには、納

税者本人および扶養親族の生活用資産に対する災害、盗難または横領による損失に関する雑損控除（所法72条）と、納税者本人および扶養親族のいわば「健康損害」を回復するための支出ともいうべき医療費に関する医療費控除（同73条）がある。

　第3の類型は、法令によって義務づけられているが故にやむをえない支出またはこれと同趣旨の支出を担税力の減殺要因として課税標準の計算上控除するものである。これには、社会保険料控除（所法74条）と小規模企業共済等掛金控除（同75条）がある。

　第4の類型は、経済政策、社会政策、財政政策等の政策的理由に基づく所得控除である。これには生命保険料控除（所法76条）と地震保険料控除（同77条）がある。

　第5の類型は、公益的性格をもつ支出を促すための所得控除（誘因的控除）である。寄附金控除（所法78条）がその代表例である。なお、生命保険料控除や地震保険料控除についても、保険金による公的支出の抑制等を考慮すると、同様の性格づけが可能である。

Keyword 11　消失控除

　配偶者特別控除（所法83条の2）は、配偶者控除との関連で定められたものであるという意味では、基礎的人的控除に分類されることもある。しかし、内容的には、最低生活費非課税の原則に基づく人的控除ではない。これは、いわゆる「パートの壁」問題の解決のために定められた特別な所得控除である。この問題は、配偶者のパート収入が給与所得控除の最低保障額（同28条3項1号括弧書）と基礎控除額相当額との合計額を超えた段階で、配偶者控除の適用を受けられなくなることで納税者本人に対する所得税負担が不連続的に増大するという問題である。所得税法は、この問題を解決するために、配偶者のパート収入の額が増加するにつれ控除額が減少するよう設計された技術的な所得控除（消失控除）として、配偶者特別控除を定めている。

　他方、配偶者控除は平成29年度税制改正によって、基礎控除は平成30年度税制改正によって、それぞれ、合計所得金額（所法2条1項30号イ(2)

---

142 ········第2章　所得税

括弧書参照）が一定の金額を超える納税者について、消失控除化された。これらの場合における消失控除の趣旨は、配偶者特別控除の場合と異なり、高額所得者に対する所得控除の利益の否認による所得再配分機能の強化にあるが、最低生活費非課税の原則との関係については再検討を要する。

Ⅷ　税額の計算

❶………税率──超過累進税率による税額計算はどのようにするのか

　所得税法は、課税総所得金額、課税退職所得金額または課税山林所得金額にそれぞれ税率を適用して計算した金額の合計額を「所得税の額」（算出税額）とし（21条1項4号）、さらに、配当控除（92条）および外国税額控除（95条）を受ける場合には、算出税額に相当する金額からその控除をした後の金額をもって「所得税の額」（納付税額）とする（21条1項5号）。

　所得税の税率は、課税標準を課税段階に区分し、課税標準が大きくなるに従って、課税段階ごとに適用税率が高くなっていくように定められた税率（累進税率）のうち、当該課税段階の適用税率が当該課税段階の課税標準全体に適用されるように定められた税率（単純累進税率）ではなく、各課税段階の適用税率（限界税率）が、課税標準のうち当該課税段階の一つ前の課税段階を超過する部分についてのみ、適用されるように定められた税率（超過累進税率）である。超過累進税率の適用により算出された税額を課税標準で除して得られる割合を、平均税率という。

　所得税法が定める税率（89条1項）によって計算される税額は、次頁の**図表9**の網掛部分の面積の合計に相当する金額である。例えば、課税標準が1000万円である場合には、195万円 × 5％ +（330万円 − 195万円）× 10％ +（695万円 − 330万円）× 20％ +（900万円 − 695万円）× 23％ +（1000万円 − 900万円）× 33％ = 176万4000円となる。

【図表9 超過累進税率】

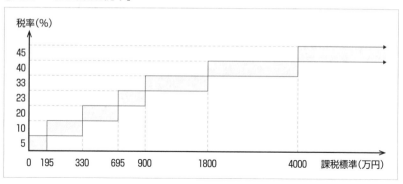

❷………税額控除──所得控除とはどう違うのか

　所得控除は課税標準の計算の最終段階で行われるので、それによる所得税の負担軽減額は、超過累進税率の影響を受け、高額所得者ほど大きくなる。例えば、38万円の基礎控除（所法86条1項）による所得税の負担軽減額は、限界税率が10％の場合は3万8000円（＝38万円×10％）であるのに対して、40％の場合は15万2000円（＝38万円×40％）である。

　これに対して、税額控除は超過累進税率の適用による算出税額から控除されるので、超過累進税率の影響を受けず、税額控除による所得税の負担軽減額は、どの所得階層においても同額である。ただし、負担軽減効果は、高額所得者よりも低所得者の方が相対的に大きくなる。

　なお、所得税法が定める税額控除は配当控除（92条。20頁参照）および外国税額控除（95条）だけであるが、租税特別措置法には政策的な観点からかなりの数の税額控除が定められている（10条〜10条の6・41条〜41条の3の2・41条の18〜41条の18の3・41条の19の2〜41条の19の4）。

Ⅸ　所得概念論

❶………制限的所得概念と包括的所得概念——そもそも「所得」とは何な
のか

　所得税は、法人税と同じく、「所得」を課税物件とする租税である。と
ころが、所得税法も法人税法も、「所得」を定義する規定を定めていない。
そこで、所得税および法人税の基礎理論としての所得概念論（「所得」とは
何かという議論）が、所得税法および法人税法の立法論および解釈適用論
において、重要な意味をもつ。

　所得概念論は、所得税の創設（123頁、TOPICS 10 参照）以来、経済的・
社会的諸条件、経済理論等の変化に伴い多様な様相および展開をみせてき
た。歴史的に比較的早く登場したのが、19世紀後半から20世紀初頭にか
けて主としてドイツで唱えられた所得源泉説と総称される考え方である。
所得源泉説に共通するのは、賃金、利潤、利子、配当、地代などの継続
的・反覆的利得のみを所得として課税の対象とし、相続・贈与、富くじ・
賭博、非事業上の資産譲渡などによる利得のような一時的・偶発的利得を
これから除外する、という点である。所得源泉説による所得概念は、この
ように所得の範囲を制限的に捉えることから、制限的所得概念と呼ばれる。

　これに対して、19世紀末にドイツでシャンツ（Georg von Schanz）が純
資産増加説を唱えたことで、所得概念論は画期的な展開をみた。純資産増
加説は、所得税を「人の担税力に応じて課される租税」として捉えたうえ
で、所得を「人の担税力を増加させる利得」として捉え、担税力の増加を
「一定期間内の純資産の増加」によって測定する考え方である。この考え
方によれば、「所得＝一定期間内の純資産の増加＝（期中の純資産増加額の
うちの）期末蓄積額＋（期中の純資産増加額のうちの）期中消費額」という
定式が成り立つ。

　純資産増加説によれば、人の担税力を増加させる利得は、継続的・反覆
的利得であるかまたは一時的・偶発的利得であるかにかかわらず、すなわ

ち、源泉のいかんを問わず、すべて所得とされることから、同説による所得概念は包括的所得概念と呼ばれる。包括的所得概念は、消費（蓄積は将来の消費である）を要素とする点で、経済学における効用（財貨・サービスの消費から得られる満足）や所得（効用概念の一適用場面）の観念と親和性があり、公平の観念にも適合することから、第一次世界大戦後、アメリカでヘイグ（Robert Haig）やサイモンズ（Henry Simons）など多くの経済学者によって支持され、彼らの頭文字を取って「H-S 概念」と呼ばれるようになり、「所得＝蓄積＋消費」として定式化され、世界中に普及していった。

なお、純資産増加説によれば、所得稼得活動上の支出・損失による純資産の減少は、担税力の減少を意味し、必要経費として控除される（126 頁、TOPICS 11 参照）。

Keyword 12　担税力

担税力は、租税負担能力あるいは租税の場面での経済的給付能力・支払能力のことである。シャンツは、純資産増加説を唱えた論文（Schanz, Der Einkommensbegriff und die Einkommensteuergesetze, Finanz-Archiv 13 Jahrgang., 1896, S. 1）で、担税力を「他に依存せぬ独立した経済力」と理解し、これを「自己の固有の資産を費消することなく、また、借入金（負債）を受け入れることもなく、どれだけの資金を自由に処分することができるか」によって把握する。つまり、担税力の増加を、「自己のそれまでの資産それ自体を減少させることなく自由に処分できるものとして、一定期間にある者に流入したもの」すなわち「一定期間内の純資産の増加」によって測定するのである。ここに、借入金が所得を構成しない理由がある。

なお、担税力も「能力」ではあるが、所得を稼ぐ能力（稼得能力）ではなく、稼得した所得（可処分所得）によって表される支払（処分）能力であることに留意すべきである。例えば、次の例におけるＡとＢの担税力は同じである。

ＡとＢは鴨猟を生業としている。猟師仲間の間では、ＡとＢの猟銃の腕について、Ａはその地で一、二を争う凄腕であり、Ｂは一般的な狩猟愛好

家並みの腕であるという点で意見が一致している。ある年、A は銃弾（単価 10）を 100 発購入し、1 羽 1 羽個別に狙い澄まして銃を撃ち、60 羽の鴨を仕留めた（命中率 60％）。他方、B は同じ銃弾を 1000 発購入し、「下手な鉄砲も数撃ちゃ当たる」と半ば機械的・網羅的に銃を撃ち、150 羽の鴨を仕留めた（命中率 15％）。A も B も仕留めた鴨をすべて同じ市場で 1 羽 100 で売り、それぞれの代金収入から銃弾購入代金を差し引いて 5000 の所得を得た。

❷⋯⋯⋯個人所得概念と法人所得概念──個人と法人とで所得概念は違うのか

　日本では、所得税は、ドイツ（プロイセン）の所得税の強い影響を受けて、1887 年に創設された。その後徐々に課税所得の範囲を拡大していったものの、第二次世界大戦前は、基本的には制限的所得概念の立場に立っていた。戦後は、特に 1949 年のシャウプ勧告によって、包括的所得概念の方向に大きく転換した。

　このことは、①譲渡所得や一時所得といった一時的・偶発的な利得も課税所得とされている点（108 頁・116 頁参照）、②雑所得というバスケット・カテゴリーが設けられている点（117 頁参照）、③未実現所得も部分的に課税所得に含められている点（110 頁参照）、④帰属所得に課税するものと理解されることがある規定が定められている点（120〜121 頁・148〜150 頁参照）、⑤違法所得も所得として課税され、その意味で源泉のいかん（適法・違法、有効・無効）を問わないこととされている点（150 頁参照）、⑥収入金額は金銭に限らず現物・権利その他経済的な利益をも含む包括的な概念である点（120 頁参照）などの点に現れている。

　法人税は、昭和 15 年の所得税法の改正によって所得税から分離され、独立の租税となった。それ以前は、法人の所得は、明治 32 年以降、第一種所得として所得税の対象とされてきた。第一種所得としての法人の所得に関する基本的な計算方法は、各事業年度の総益金から総損金を控除するというものであり、昭和 40 年の法人税法全文改正まで維持された。

総益金は「資本の払込以外において純資産の増加の原因となるべき一切の事実」、総損金は「資本の払戻または利益の処分以外において純資産の減少の原因となるべき一切の事実」として、現行法人税法上の益金および損金の概念（32頁以下参照）と基本的に同様の理解がされていた。その理解は純資産増加説に基づくものである。したがって、法人の所得は、当初から、純資産増加説による包括的所得概念に基づくものであった。

❸‥‥‥‥所得概念論の個別問題

1　未実現所得──未実現所得はなぜ「所得」なのか、「所得」なのになぜ課税されないのか

未実現所得とは、法律上または事実上発生してはいるがまだ実現していない所得、すなわち、他の者からの経済的価値の流入がない所得をいう。資産の増加益（含み益）である未実現のキャピタル・ゲイン（107頁参照）が、その代表例である。

未実現所得も、純資産の増加をもたらすことから、包括的所得概念の下では所得を構成する。しかし、所得税法は、所得を収入金額（36条1項）の形態で捉え実現主義（133頁、**Keyword 8**参照）を採用している（120頁参照）。そのため、未実現所得は原則として課税されない。所得税法が実現主義を採用したのは、未実現所得の把握および評価が困難であること、収入を伴わないため納税資金の問題があること、などの実際上の考慮に基づくものである。

もっとも、未実現所得も所得である以上、これに課税するか否かは租税立法政策の問題である。例外的に、未実現所得に課税する規定としては、みなし譲渡課税規定（所法59条1項）などがある（110頁参照）。

2　帰属所得──帰属所得はなぜ「所得」なのか、また、「所得」であるなら、なぜ課税されないのか

帰属所得（imputed income）とは、自己の財産の利用および労働等の活動（余暇を含む）から、直接すなわち市場を介さずに、得られる所得をい

う。所得＝収入という常識的な考え方には、市場を介して得られる所得
（市場所得）はなじみやすい。しかし、帰属所得はその考え方にはなじみ
にくいが故に、理解しにくいものである。とはいえ、「所得＝蓄積＋消
費」という包括的所得概念の定式によれば、帰属所得も「消費」に該当し
所得を構成する。というのも、自己の財産の利用および労働等の活動から
得られる経済的利益は、自己に直接帰属すると同時に消費されるからであ
る。

【図表10　帰属所得】

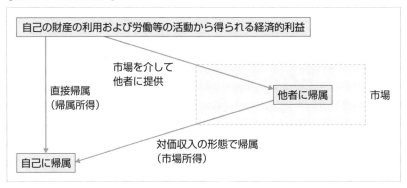

　帰属所得の例としては、自己の所有住宅での居住によって得られる帰属
家賃、自己の所有商品の自家消費によって得られる帰属収益、自己の家事
労働から得られる帰属賃金、などがある。
　所得税法は、所得を収入金額（36条1項）の形態で捉えているため、収
入を伴わない帰属所得を、課税所得として想定していない。このことは、
所得を収入と同視する常識的な考え方によって正当化されるほか、帰属所
得の範囲が極めて不明確で広範に及び、そのすべてを把握し金銭で評価す
ることが極めて困難であること、収入を伴わないため納税資金の問題があ
ること、帰属所得が私的生活領域でも生ずることが多く、これに課税する
となるとプライバシー侵害のおそれがあることなどによっても、正当化さ
れる。もっとも、同39条から41条の規定（120〜121頁参照）は、帰属収

益に課税する規定であると解されることがある。

3　違法所得——違法所得が返還・没収等で失われたら課税はどうなるのか

　違法所得とは、その源泉が違法行為あるいは不法行為である所得をいう。不法所得とも呼ばれる。包括的所得概念の下では、人の担税力を増加させる利得は、その源泉のいかん（ここでは適法・違法、有効・無効）を問わず、すべて所得を構成するから、違法所得も所得である（所基通36−1も参照）。例えば、利息制限法違反の制限超過利息も、その私法上の効力いかんにかかわらず、所得である（最判昭和46年11月9日民集25巻8号1120頁。なお、年度帰属については131頁以下参照）。

　所得税法は、違法所得も所得であることを前提にして、それが返還・没収等で失われた場合について、①事業の領域においては、その分の損失を当該失われた年度の必要経費に算入すること（51条2項、所令141条3号）、および②事業以外の領域においては、違法所得が課税された年度の課税を、違法所得がなかったものとしてやり直すこと（所法152条、所令274条）、を定めている。①を現年度修正、②を過年度修正という（134頁、**Keyword 9**参照）。いずれにせよ、所得税法はこれらの措置によって、違法所得の返還・没収等に伴い「所得なきところに課税した」という結果になることを回避している。

第**3**章

消費税

◆消費税の世界へようこそ！◆

　「消費税の世界」では、どのようなことが問題になるのか、どのようなことを学ぶのか。以下の事例は「消費税の世界」の一部ではある。消費税が課税される取引は何か、仕入れと消費税はどのような関係にあるのか、との点に留意しつつ、以下の設例を読んで、問いかけを考えてもらいたい。本文を読み終えたら、もう一度設例を読み、問いかけを考えてもらいたい。

- -

　A氏は個人事業者として、B市で、カフェを併設した雑貨店（KOMONO）を経営しつつ、C市でマンションを居住の用に供する家屋として個人に賃貸していた。KOMONOの売上げは、2000万円（令和元年中）、5100万円（同2年中）、5300万円（同3年中）と年々順調に伸びていた。

　令和4年、A氏は、カフェの充実を考え、店内飲食のみならず、持ち帰りのパン等を提供できるよう大型の製パン・製菓機械（1500万円〔消費税別〕）を購入した。併せて、パート従業員1人（年間給与120万円）を雇った。

　また、雑貨の品揃えを拡充するため、従来の国内事業者からの仕入れに加えて、国外事業者から雑貨の購入を始めた。仕入先の国外事業者からの求めで、日本で仕入れた伝統工芸品や食品等の国外への販売も始めた。

　さらに、国外の雑貨等の最新の流行を把握するため、アメリカに本店のある外国法人から電子雑誌の定期購読を行うこととした。

　なお、当該雑誌の定期購読の契約において、雑誌の利用目的や購読者の事

業活動の有無等の条件は付されていない。当該外国法人は登録国外事業者として、国税庁のウェブサイトの登録国外事業者名簿に掲載されていなかった。

これらの事業活動の結果、令和4年中のKOMONOの売上げ（輸出を含む）は、前年を上回り、過去最高の5500万円であった。

他方、令和4年中、A氏は、マンションの賃貸事業（年間360万円の家賃）に関して、設備の補修費用として、500万円（消費税別）を支出しなければならなかった。

以上の事案において、A氏の令和4年分の消費税はどうなるのか。

Ⅰ　消費税の概要

❶………「直接消費税」と「間接消費税」――消費税は誰に課されるのか

消費税には大別して以下の二つのタイプがある。いずれのタイプも財（商品）・サービスの消費に担税力を見いだす点では共通する。

一つは直接消費税である。これは、財・サービスを消費する個人を直接納税義務者とし、消費行為（例えば、ゴルフ場の利用、温泉の利用）そのものを対象として課税する消費税である（例えば、ゴルフ場利用税、入湯税）。

もう一つは間接消費税である。これは、消費行為よりも前の取引段階の事業者を納税義務者として、当該事業者の行う取引を対象として課税する消費税である（例えば、消費税法上の消費税）。間接消費税においては、当該事業者の税負担が財・サービスの価格に含められて消費者に転嫁されること（税相当額を販売価格に上乗せすること）が予定されている。

これらの消費税は、財・サービスを消費した個人が国に対して直接納税することを規定していない。ただ、直接消費税には、法律上、財・サービスを利用（消費）した個人が納税義務者であることが明確に規定されている。例えば、ゴルフ場利用税の場合、事業者であるゴルフ場の経営者は特別徴収義務者（地税83条）として、納税義務者であるゴルフ場の利用者である消費者（同75条）から税を徴収することが義務づけられている。

他方、間接消費税である消費税法上の消費税については、事業者が納税義務者とされ、事業者は、自らの義務として消費税を納付しなければならない（消法5条）。事業者は消費税を財・サービスの販売の相手方である消費者等から徴収することは義務づけられていない。言い換えれば、消費者は、消費税の実質的負担者ではあるが、消費税の納付義務を負う納税義務者とは位置づけられていない。したがって、事業者と消費者とは納税義務の有無の点で明確に区分されている。「消費税は、事業者による商品の販売、役務の提供等の各段階において課税し、経済に対する中立性を確保するため、課税の累積を排除する方式によるもの」（税制改革法10条2項）とされていることや売上税額から仕入税額を控除する消費税の計算の仕組みから、納税義務者である事業者は、当該事業者が納付する消費税を販売価格に上乗せすること、すなわち、商品の販売等の流通過程を通じて、納税義務者である事業者に課された消費税が他の事業者や消費者へ転嫁されることが予定されている。

❷………「個別消費税」と「一般消費税」──消費税は何に課されるのか

消費税の課税対象の観点から、消費税は、個別消費税と一般消費税に区別される。

個別消費税とは、酒税・たばこ税等にみられるように酒類（アルコール飲料）・たばこ等の特定の財・サービスを課税対象とする税である。個別消費税においては、新製品や新サービスといった法律上規定されていない財・サービスは、新たに規定が設けられないかぎり、課税されない。

他方、一般消費税とは、非課税規定がないかぎり、原則として、すべての財・サービスを課税対象とする税である。消費税法上の消費税が一般消費税に該当する。

❸………「単段階消費税」と「多段階消費税」──消費税はどの取引段階で課されるのか

消費税は、課税が行われる取引段階の観点から、酒税のように製造段階

である蔵出し段階といった特定段階の取引に対して課税する**単段階消費税**と、製造・卸・小売の各段階の取引に対して課税する**多段階消費税**に区別される。

多段階消費税は、**税抜価格**に課税され税の累積が排除される**累積排除型**（**付加価値税**）と**税込価格**に課税され税が累積する**累積型**（**取引高税**）に区別される。消費税法上の消費税は、多段階消費税であり、累積排除型に該当する。

❹⋯⋯⋯**消費税の特徴**──消費税は所得税・法人税とどのような点で異なるのか

所得税・法人税が、特定の個人・法人に帰属する所得に担税力を見出して課税する租税であるのに対して、消費税は、理論的に、**消費者の最終的な消費**に担税力を見いだして課税する租税である。消費税法上の消費税の特徴は、①消費者の最終的な消費そのものを課税対象としていないが、事業者が消費者に対して提供した財・サービスといった取引を課税対象（4条）とすることにより間接的に消費に対して税負担を求めること、②当該取引の金額を課税標準（28条）とすること、③消費者に対してではなく、財・サービスを消費者に提供した事業者に対して申告・納付の義務（5条）を求めることにある。消費税法の枠組みにおいては、事業者が、取引を通じて、消費者に税負担を求めうることが予定されている。

税率の観点からみると、所得税においては、累進税率（5～45%）が適用されている（所税89条）のに対して、消費税においては、原則として、財・サービスに対して同一の税率（比例税率）が適用されていることから、財等に対する支出金額の増加に応じて、支出した消費者が負担する税額が一律の割合で増加する。したがって、支出金額である消費を基準とした場合、消費税は消費に応じて比例的な負担を求める公平な租税である。他方、消費者が負担する消費税が所得に占める割合を基準とした場合、低所得の消費者が負担する消費税の割合が、高所得の消費者が負担する割合よりも大きいとの、いわゆる**逆進性**が消費税の問題である。

消費税の使途

　所得税法や法人税法と同様、消費税法の創設時には、消費税は、消費税の使途が特定されていなかった。

　ただ、平成 24 年 8 月に成立し、公布された「社会保障の安定財源の確保等を図る税制の抜本的な改革を行うための消費税法の一部を改正する等の法律」による消費税率の引上げにあたって、消費税の収入は「地方交付税法（昭和 25 年法律第 211 号）に定めるところによるほか、毎年度、制度として確立された年金、医療及び介護の社会保障給付並びに少子化に対処するための施策に要する経費に充てるものとする」（消法 1 条 2 項）との規定が創設された。この規定により、消費税の使途は、地方交付税に充当される分を除き、すべて社会保障の財源とすることが明確にされた。

❺‥‥‥‥税額計算の基本的仕組み──消費税はどのようにして計算するのか

　消費税の税額計算の基本的仕組み（次頁の**図表1**・**図表2**）は、まず、事業者の売上高（**図表2の1**）に税率を乗ずることにより売上税額（**図表2の2**）を算出する。売上税額とは、商品の販売価格（商品の対価）に対して税率を適用することにより、売上げに対して課税された税額である（消法 45 条 1 項 1 号・2 号）。次に、事業者の仕入高（**図表2の3**）に対して課税された消費税額、すなわち、仕入価格に含まれていた消費税額である仕入税額（同 30 条）（**図表2の4**）を算出し、売上税額から仕入税額を控除することにより、納付すべき消費税額を計算する。

　日本の消費税は、製造から小売の各取引段階における売上げから原材料や固定資産等の仕入れを控除した差額を付加価値として算出する控除法に依拠している。

　このような消費税の計算の特色は、①各取引段階の事業者において、税に対する税（tax on tax）である累積課税を排除する仕入税額控除を採

【図表1　消費税の税額計算の基本的仕組み（国内取引）】

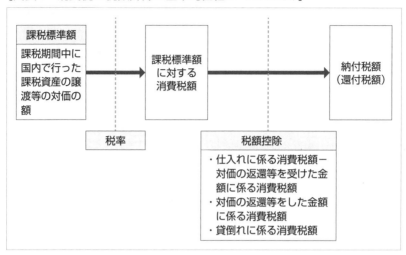

【図表2　納付の場合（税率10%〔国税〕の場合）】

	製造段階 （利益　4000）	卸売段階 （利益　4000）	小売段階 （利益　2000）	総額 （総利益　10000）
消費税の計算				
1　売上高	4000	8000	10000	22000
2　売上税額 　　（1×10%）	400	800	1000	2200
3　仕入高	0	4000	8000	12000
4　仕入税額 　　（3×10%）	0	400	800	1200
5　消費税額（2-4） 　　（販売価格【税込】）	400 （4400）	400 （8800）	200 （11000）	1000

用していること、②消費税の計算の構造上、消費者の負担する税額と各取引段階の事業者が納付する税額の合計が基本的には一致することにある。

　なお、消費税の計算上、仕入税額が売上税額を上回る場合、すなわち、両者の差額がマイナスになる場合は、控除されなかった仕入税額は翌課税期間に繰り越されることはない。事業者の申告後、控除されなかった仕入

【図表3　還付の場合（税率10%〔国税〕の場合）】

	製造段階 （利益 4000）	卸売段階 （利益 4000）	小売段階 （損失 2000）	総額 （総利益 6000）
消費税の計算				
1　売上高	4000	8000	6000	18000
2　売上税額 　（1×10%）	400	800	600	1800
3　仕入高	0	4000	8000	12000
4　仕入税額 　（3×10%）	0	400	800	1200
5　消費税額（2−4） 　（販売価格【税込】）	400 （4400）	400 （8800）	還付 −200 （6600）	600

税額である控除不足額が過大であると認められる事由があるときを除き、直ちに、事業者に対して控除不足額が還付される（消法45条・52条、消令64条。**図表1・図表3**）。

Keyword 1　消費税法上の「付加価値」の意味

　欧州の付加価値税（value added tax）と同様、日本の消費税は、付加価値に対して課税することにより消費に負担を求める消費型付加価値税に分類される。

　付加価値とは、事業がその段階で国民経済に新たに付加した価値をいう。例えば、ある企業が、ある事業年度において、原材料（100）と機械（50）を他の企業から購入し、従業員に賃金（40）を支払い、財・サービスを200で販売した場合、当該企業の生み出した付加価値（50）は、①売上げ（200）から他の企業からの購入した金額である原材料（100）と機械（50）を控除すること、あるいは、付加価値を産み出す労働等への分配面に着目し、②賃金（40）に利益（10）を加算すること、のいずれかの方式により計算される。前者が控除法、後者が加算法である。

　消費税法上の消費税額は、累積課税の排除の観点から、売上金額に税率を乗じた金額から仕入れに含まれた税額を控除する、前段階税額控除制度あるいは仕入税額控除制度と呼ばれる控除法の一種である。

なお、消費税法と税制改革法において、付加価値の定義規定は設けられておらず、付加価値の意味は消費税法の解釈に直ちに関係するとは言い難いことから、裁判例において、付加価値の意味自体が主要な論点とされたことがない。ただ、付加価値の意味を考えることは、消費税の制度設計において、例えば、特定の支出を仕入税額控除の対象とするべきか、特定の取引を非課税取引とするべきか等を検討するうえで、必要とされる。

❻………確定申告と中間申告──消費税はいつ、どのようにして納めるのか

　国内取引（消法 4 条 1 項）に関して、事業者は、納付税額を計算する単位となる期間である**課税期間**（同 19 条 1 項 1 号・2 号。暦年や事業年度）ごとに、原則、当該課税期間の末日の翌日から 2 か月以内に確定申告書を提出し（同 45 条 1 項）、確定申告書に記載した消費税額を納付しなければならない（同 49 条）。

　なお、法人税の確定申告書の提出期限の延長の特例の適用を受ける法人が延長届出書を提出した場合には、確定申告書の提出期限は、当該課税期間の末日の翌日から 3 か月以内となる（消法 45 条の 2 第 1 項・2 項）。

　また、消費税の**預り金的性格**を考慮し、事業者が消費税を納付するまでの期間に運用益を得ることを解消する観点から、年に一回の確定申告・納付とは別に、一定の事業者は**中間申告・納付**をしなければならない。例えば、直前の課税期間において確定した消費税額の 1 月相当額が 400 万円を超える場合、毎月、事業者は中間申告・納付をしなければならない（消法 42 条 1 項・48 条）。

　なお、資本金の額等が 1 億円を超える法人等の特定法人は、電子申告により消費税の確定申告と中間申告をしなければならない（消法 46 条の 2 第 1 項）。

　輸入取引（消法 4 条 2 項）に関しては、輸入品（外国貨物）を保税地域から引き取ろうとする者は、品名、数量、課税標準である金額等や消費税額等を記載した申告書を税関長に提出し、当該貨物を引き取る時までに消費税を納付しなければならない（同 47 条・50 条）。

消費税は「預り金」か

消費税は、「預り金的性格を有している」(『国税庁レポート2016』
26頁)との表現は、消費税の納税義務者は消費者ではなく事業者で
あることと、事業者は消費者から消費税を徴収する義務がないとい
う消費税法の枠組みを踏まえたうえで、消費税の性質が消費者から
の「預り金」ではないとの理解に基づいている。

ただ、会社更生法129条において、更生手続開始当時まだ納期限
の到来していない消費税は、給与等の受給者の源泉所得税と同様、
共益債権として、法人税等の他の租税と異なり国に対して優先的に
弁済される。法人税等の他の租税と消費税の取扱いが異なる理由は、
消費税の経済的な実質が消費者からの一種の預り金であることを否
定できないことである。

Ⅱ　課税の対象（課税物件）

❶………意義と概要──消費税が課される取引を区分する意味は何か

　税制改革法上、「消費に広く薄く負担を求める消費税」(10条1項)とさ
れるように、消費税は「消費」を課税対象としている。ただ、消費税法は、
「消費」自体を定義しておらず、徴税技術上、消費者の支出、すなわち、
事業者が消費者へ提供した財・サービスの売上げ（対価）に対して課税す
る枠組みを採用している。課税対象の観点から、消費税法は、特定の物品
の取引のみを課税対象とする個別消費税の一つである物品税法（消費税法
の制定時に廃止）と異なる。毛皮製品やコーヒーに課税するが、絹織物や
緑茶には課税しないといったように特定の物品の取引のみを課税対象とす
るのではなく、原則として、消費税法はすべての財やサービスを課税対象
としている。

　消費税の課税対象となる取引は、国内取引と輸入取引（166頁参照）に

区分される。

国内取引とは、「国内において事業者が行つた資産の譲渡等及び特定仕入れ」（消法4条1項）である。つまり国内取引とは、①行われた場所が国内であること、②主体が事業者であること、③「資産の譲渡等」、あるいは、「特定仕入れ」に該当する行為であること、との要件を満たす取引である。

「資産の譲渡等」とは「事業として対価を得て行われる資産の譲渡及び貸付け並びに役務の提供（代物弁済による資産の譲渡その他対価を得て行われる資産の譲渡若しくは貸付け又は役務の提供に類する行為として政令で定めるものを含む。）」（消法2条1項8号）をいう。これを整理すると、①事業として、②対価を得て行われ、さらに、③資産の譲渡や貸付け等に該当する行為である。

国内取引（非課税取引〔168頁参照〕を除く）を行った事業者は消費税を納める義務がある（消法5条）。対価を得て行われる取引以外のいわゆる無償の取引、例えば、寄附金や贈与に対しては、原則として、消費税は課されない。例外として、法人が法人の役員に対して資産を贈与した場合は課税対象となる（同4条5項2号）。

また、本店から支店への物品の配送等、いわゆる事業者における内部取引は、他の事業者や消費者との取引ではないことから、国外支店等への資産の移送（消法31条2項）を除き、課税対象とはならない。

なお、法律上、売買が禁止されている物品の販売等のいわゆる違法取引（所得税の違法所得に対する課税〔150頁参照〕）については、違法取引であっても消費者の支出であることに変わりはなく、消費税法が消費者の支出に対して課税することを基本的な枠組みとしていることから、消費税法上の課税要件を充足しているかぎり、違法取引は消費税の課税対象となる。会員制リゾートクラブが会員から入会時に金銭を収受することについて、組織的詐欺の手段であるとしつつ、消費税の課税関係が判断され、収受した金銭は、別表1第4号ハ（169頁参照）の物品切手等（宿泊ポイント）の発行の対価に該当するとされた（東京地判平成26年2月18日税資264号順

号 12411）。

❷ ⋯⋯⋯ 国内取引（内外判定基準）──どのような基準により国内取引であ
ると判断されるのか

消費税は、国内の財・サービスの消費に対して税の負担を求めるもので
あることから、課税対象となる取引は、国内において行われること、すな
わち、国内取引であることが要件とされており、国外取引は課税対象から
除外されている。

「国内」とは「この法律の施行地」（消法 2 条 1 項 1 号）をいう。ただ、
国内外の事業者が行う取引については、当該取引が国内で行われたか否か
が必ずしも明確ではない場合があることから、特定の取引が国内で行われ
たか否かを判断する基準として、内外判定基準が規定されている（同 4 条
3 項、消令 6 条）。

資産の譲渡または貸付けについては、譲渡または貸付けが行われる時に
おいてその資産が所在していた場所（消法 4 条 3 項 1 号）、役務の提供につ
いては、その役務の提供が行われた場所（同項 2 号）、そして、電気通信
利用役務の提供については、当該電気通信利用役務の提供を受ける者の住
所や本店等の所在地（同項 3 号）をそれぞれ原則的基準として、資産の譲
渡や役務の提供等が国内で行われたか否かが判断される。

資産の譲渡等が国内外のいずれにおいても行われていると考えられる場
合があり、その場合には内外判定が困難である。特に、役務の提供の場所
の把握は事実上困難である。このような困難さへの対応として、資産の譲
渡等の場所が国内か国外であるかを判定する基準として、特定の財・サー
ビスについては、航空機や特許権等を登録した機関の所在地、著作権等の
譲渡等を行う者の住所地、券面のある有価証券を券面の所在していた場所、
券面のない有価証券のうち、振替機関等において取り扱われるものを当該
振替機関等の所在地、保険に係る事業を営む者の保険の契約の締結に係る
事務所等の所在地といった一定の客観的基準が規定されている（消令 6 条）。

内外判定が問題とされた裁判例のなかには、カーレースへの参戦および

その企画運営を行う法人がスポンサー企業との間のスポンサー契約に基づき提供した役務の提供場所について、国内外を合理的に区別できると解されないことから、「国内及び国内以外の地域にわたって行われる役務の提供」（消令6条2項7号〔現6号〕）であると解されるとして、役務の提供地は事務所の所在地によると判断したもの（東京地判平成22年10月13日訟月57巻2号549頁）がある。

❸………事業者が事業として行う取引（事業性）──個人が行うすべての取引に消費税は課されるのか

　例えば、個人が購入した価格よりも高い価格で商品を他者に売却した場合、当該個人は利益を得ていること、すなわち、何らかの付加価値を生み出しているといえることから、理論上、当該取引は消費税の課税対象になりうる。言い換えれば、このような取引を行ったすべての個人が消費税の納税義務者に該当しうる。ただ、すべての個人に対して、消費税の申告・納税を求めたとしても、日々の支出の記録等の事務上の負担や租税行政庁に申告するインセンティブ（incentive: 誘引）がないといった執行上の観点を踏まえると、取引を行ったすべての個人に消費税の申告・納税を求めることは制度上非現実的であることから、納税義務者は、事業者に限定されている。消費税法上、事業者は、「個人事業者及び法人」（2条1項4号）として、個人事業者は、「事業を行う個人」（同項3号）と定義されている。

　課税対象となる取引は、すべての取引ではなく、「事業者が行つた資産の譲渡等及び特定仕入れ」（消法4条）として、事業者が事業として行う取引に限定されている。事業者以外の個人が行う取引や事業者が行う事業外の取引は、消費税の課税対象外とされている。消費税法は、事業に関する定義規定を設けていない。事業所得（所法27条、所令63条。98頁参照）と異なり、消費税法および消費税法施行令は「事業」を例示する規定さえ設けていない。消費税法上の「事業」は、同法の制定の目的および趣旨を踏まえ、所得税法上の事業の概念よりも広いものである（名古屋高金沢支判平成15年11月26日税資253号順号9473）。株式会社等の法人については、

すべての取引が事業として行われたものとされている。

　なお、国外事業者は、非居住者（所法２条１項５号）である個人事業者および外国法人（法法２条４号）であるとして、所得税法等の概念を借用する形で定義されている（消法２条１項４号の２）。事業者の所在地（本店）が国内外であるかにかかわらず、非居住者である個人事業者や外国法人の行う取引が課税要件を充足する場合、このような国外事業者は消費税を納める義務がある。

❹………対価を得て行われる取引（対価性）

1　対価性の意義──プレゼントをすると消費税は課されるのか

　課税対象となる取引は、対価を得て行われる取引であること（対価性）を要件とする。事業者に対して支給される補助金、株主の地位に基づき事業者が収受する配当は、資産の譲渡や役務の提供等に対する反対給付として事業者が収受する金銭ではないことから、対価性を有しない。例外として、所得税法39条（121頁参照）等と同様、個人事業者が棚卸資産や棚卸資産以外の資産で事業の用に供していたものを家事のために消費し、または、使用した場合、あるいは、法人が法人の役員に対して資産を贈与した場合、これらの行為は、事業として対価を得て行われた資産の譲渡等とみなされる（みなし譲渡。消法４条５項）。

　消費税法上、「対価」の定義は規定されていない。代物弁済、負担付き贈与、あるいは、交換等の特定の取引において、金銭等の収受が行われていないようにみえる。ただ、経済的な実質の観点から、代物弁済等は売買等と同じ性質を有するとみることができることから、代物弁済等は対価を得て行われる資産の譲渡等に含まれる（消法２条１項８号・28条、消令45条２項）。対価性の有無を判断するうえで、事業者が行った個別具体的な役務提供との間に、少なくとも対応関係があること、すなわち、具体的な役務提供があることを条件として、経済的利益が収受されるといいうることを必要とするが、取引における任意性・同等性までは必要とされないと解される（大阪高判平成24年３月16日訟月58巻12号4163頁、東京高判平

成 26 年 6 月 25 日税資 264 号順号 12493)。ビルの区分所有者が管理組合に支払う管理費は、管理組合の管理行為と引換えに支払われているのではなく、管理組合員の構成員の義務であり、管理組合が行う管理業務と対応関係にある金員であるとはいえないことから、役務の提供に対する対価とは認められない（大阪高判平成 25 年 4 月 11 日訟月 60 巻 2 号 472 頁）。

2 対価性の根拠──なぜ、プレゼントに消費税は課されないのか

　課税要件として対価性が必要とされる理由は、事業者が負担すべき税額を、最終的に消費者へ転嫁することを予定していること、すなわち、事業者が消費者に販売する価格に事業者が負担すべき消費税相当額を織り込んで、最終的に消費者に転嫁することが事実上可能になることである。もっとも、転嫁の有無が消費税の納税義務の成立・確定に影響を及ぼすものではない。事業者が消費者から徴収しなかったことに対する不利益処分（制裁）や徴収すべき具体的な税額は、消費税法上規定されていないことから、事業者が消費税を消費者に転嫁しなければならない法律上の義務はない（東京地判平成 2 年 3 月 26 日判時 1344 号 115 頁）。

　なお、対価性を有する課税売上げとなる取引は、取引の相手方である仕入側の対価性を有する課税仕入れであることから、財・サービスの提供側および仕入側の双方の事業者において、対価の概念は同一である。また、課税仕入れを行った日とは、仕入れの相手方において、資産の譲渡等を行った日と時点を同じくする（東京高判令和元年 9 月 26 日訟月 66 巻 4 号 471 頁）。

TOPICS3

心づけ（いわゆる「チップ」）に消費税は課されるのか

　イギリスの事例であるが、レストランにおけるチップに関して、料金にあらかじめ含まれている事例（Potters Lodge Restaurant Ltd v. Commissioners of Customs and Excise, LON/79/286 Unreported）と支払自体が顧客の自由な判断に委ねられている事例（NDP Co. Ltd v. the Commissioners of Customs and Excise,【1988】VATTR 40.）の二つの事例がある。前者については、対価性が認められるが、後者については、対価性が認められないとの判断が示されている。

❺………**資産の譲渡等の意義**──消費税における資産とは何か

　「資産の貸付け」は「資産に係る権利の設定その他他の者に資産を使用させる一切の行為（当該行為のうち、電気通信利用役務の提供に該当するものを除く。）を含むものとする。」（消法2条2項）をいう。

　他方、消費税法は、「資産」、「譲渡」および「役務の提供」を定義していない。「資産」とは、有形資産や商標権等の無形資産のみならず、取引の対象となるすべての資産を含む広いものを意味する（福岡高判平成24年3月22日税資262号順号11916。所得税法33条の「資産」の意味〔106頁〕参照）。「資産の譲渡」における「譲渡」とは、資産についてその同一性を保持しつつ他人に移転させることをいう（東京地判平成9年8月8日行集48巻7・8号539頁）。収用等による補償金や損害賠償金の額がその支払の対象となった資産の時価と同額であったとしても、当該補償金等が支払われることの原因となった行為は「譲渡」に該当しないことから、課税対象とはならない。建物の明渡しのために支払われた立退料は「資産の譲渡」の対価に該当しない（前掲東京地判平成9年8月8日）。

　「役務の提供」とは、宿泊、飲食その他のサービスを提供することであり、弁護士、公認会計士、税理士等によるその専門的知識等に基づく役務の提供も、消費税法上の「役務の提供」に該当する（消基通5-5-1）。テレビ放送の送信は「役務の提供」に該当し（徳島地判平成16年6月11日税資254号順号9671）、所有する土地を駐車場として賃貸すること（消令8条）は、駐車場という施設の「貸付け」、または、車両の管理という「役

務の提供」に該当する（大阪高判平成 24 年 10 月 17 日税資 262 号順号 12072）。

「特定仕入れ」とは「事業として他の者から受けた特定資産の譲渡等」（消法 4 条 1 項）をいう（182 頁参照）。

❻⋯⋯⋯輸入取引──国外から買った商品に消費税は課されるのか

「保税地域から引き取られる外国貨物には、この法律により、消費税を課する。」（消法 4 条 2 項）とされていることから、保税地域から引き取られる外国貨物は課税対象となる。このような引取りは、国内取引と区別して、輸入取引という。

輸入取引については、国内での消費に対して税の負担を求めるとの消費税の性質や、国内における資産の譲渡等との公平を確保するという観点、すなわち、競争条件を等しくするという観点から、保税地域から引き取られる外国貨物に対して消費税が課され、外国貨物を引き取る者が納税義務者となる（消法 5 条 2 項）。国内取引と異なり、輸入取引における消費税の納税義務者の範囲は、課税事業者に限定されず、いわゆる免税事業者や消費者である個人も含む。また、国内取引と異なり、輸入取引については、対価性は要件とされず、外国貨物の引取りが無償であっても消費税が課される（同 28 条 4 項）。

国内における非課税取引とのバランスを図る観点から、保税地域から引き取られる外国貨物のうち別表 2 に掲げられるもの（非課税とされる有価証券等、身体障害者用物品、教科用図書等）については、消費税が課されない（消法 6 条 2 項）。

☞冒頭の設例において輸入取引に該当する取引があるか検討してみよう。

❼⋯⋯⋯国外事業者のインターネット取引等（登録国外事業者制度等）

1　改正の背景──なぜ、国外のサイトから電子書籍を購入した場合、消費税が課されるのか

インターネットを介して国外事業者が販売する電子書籍等のいわゆる電子商取引は、平成 27 年度改正前において、消費税法上、国外取引であり、

課税対象外であった。その結果、国外事業者が国内の消費者に提供する電子商取引に消費税が課されないことから、国内外事業者間の競争条件に不均衡が生じていた。

このような国内外事業者間の不均衡の是正等を目的として、インターネットを介した電子書籍の販売等の電子商取引については、平成27年度改正によって、「電気通信利用役務の提供」等の新たな定義規定等の整備が行われた（消法2条1項8号の3）。具体的には、電気通信利用役務の提供に対する課税に関しては、内外判定基準が役務提供者の住所の所在地から「電気通信利用役務の提供を受ける者の住所若しくは居所（現在までに引き続いて1年以上居住する場所をいう。）又は本店若しくは主たる事務所の所在地」（同4条3項3号）に変更された。このような内外判定基準の変更によって、従来、国外取引とされていた国外事業者の提供する電子商取引が国内取引とされ、課税対象とされることとなった。

2　改正の概要──なぜ、国外のサイトから電子書籍を購入した場合、購入した国内事業者が消費税の申告をしなければならない場合があるのか

インターネットを介した役務の提供については、「電気通信利用役務の提供」（消法2条1項8号の3）等に関する定義が新たに設けられた。資産の譲渡等から特定資産の譲渡等（同項8号の2）に該当するものを除くこと（同4条1項括弧書）により、課税対象については、資産の譲渡等と「電気通信利用役務の提供」が区分された。

国外事業者の行う電気通信利用役務の提供に関しては、「役務の性質」または「取引条件等」から、通常「事業者に限られるもの」と判断される場合、当該役務の提供は「事業者向け電気通信利用役務の提供」に該当することが規定された（消法2条1項8号の4）。特定の役務の提供が事業者向け電気通信利用役務の提供に該当する場合、役務の提供側である国外事業者から役務の受入側である国内事業者へ納税義務が転換される枠組み、いわゆるリバースチャージ（reverse charge）方式が採用された（同5条、**図表8**〔179頁〕、182頁参照）。

他方、事業者向け電気通信利用役務に該当しない、いわゆる消費者向け電気通信利用役務の提供については、役務の提供側である国外事業者に消費税を納める義務がある（消法5条）。ただ、国外事業者から受けた電気通信利用役務の提供に関して、例外的な措置として、納税なき仕入税額控除の防止の観点から、課税仕入れを行った事業者における仕入税額控除は、当分の間、適用されない（平成27年度改正法附則38条1項）。国税庁長官による登録を受けている国外事業者である登録国外事業者からの仕入れに関しては、例外的な措置の例外として、国内事業者からの仕入れと同様、仕入税額控除が認められている（同項但書）。国外事業者は国税庁長官による登録を受ける義務を課されていないが、登録手続については、国外事業者からの申請書の提出を受けた場合には、拒否事由に該当する場合を除き、国税庁長官は登録を行わなければならないという登録国外事業者制度が採用されている（同附則39条）。この制度においては、国外事業者の氏名、名称、住所、主たる事務所の所在地、登録番号、登録年月等の登載事項がインターネットを利用して公表される（登録状況が有効である登録国外事業者数118〔令和4年2月10日現在〕。平成27年度改正法施行令附則7条）。

　なお、令和5年10月以降、登録国外事業者制度は適格請求書発行事業者登録制度に吸収される（平成28年度改正法附則45条等）。

　☞冒頭の設例のアメリカに本店のある法人から提供される電子雑誌は、消費税法上、どのような取引に該当するか考えてみよう。

Ⅲ　非課税取引および輸出免税

❶………非課税取引の範囲──どのような取引が非課税の対象となるのか

　「消費に広く薄く負担を求める」（税制改革法10条）との消費税の考え方から、基本的には、事業者の行う商品の販売等のすべての取引に対して、消費税が課税される。

　ただ、消費税法の趣旨・目的から、非課税取引は、消費税の課税要件を

満たすが「消費税の課税になじまない取引」と「政策的配慮から課税取引から除外されている取引」（6条・別表1）とに区分される。

　消費税の課税になじまない取引として、①土地の譲渡および貸付け（別表1第1号）、②有価証券および支払手段の譲渡（同2号）、③貸付金等の利子や保険料等（同3号）、④郵便切手類、印紙等の譲渡（同4号）、⑤行政手数料、外国為替取引等（同5号）が規定されている。他方、政策的配慮から課税取引から除外されている取引として、⑥健康保険法等に基づく医療等（同6号）、⑦介護保険法等に基づく介護サービス等（同7号）、⑧医師等による妊娠に関する検査等の助産に係る資産の譲渡等（同8号）、⑨埋葬料、火葬料（同9号）、⑩身体障害者用物品の譲渡、貸付け等（同10号）、⑪授業料、入学金等（同11号）、⑫教科用図書の譲渡（同12号）、⑬住宅の貸付け（同13号）が規定されている。⑥から⑬までの取引の多くは、最終消費行為を行う消費者に対する財・サービスの提供である。

　特定の非課税取引に関して、消費税の課税になじまない取引とされる理由に疑問が呈される場合がある。例えば、土地の譲渡に関して、土地と金地金を比較したうえで、両者とも価値が減価しないとの特色を有すること、貸付金等の利子に関して、金融機関が事業者から受領する利子は、金融仲介取引という役務の対価という性質を有することから、これらの取引は消費税の課税対象となりうるとの指摘がある。これらの指摘を考慮すると、非課税とされている取引が今後もすべて非課税であるとは限らない。

　なお、特定の取引が消費税の課税対象となる取引か否かについては、消費税法の規定に基づき判断されることから、他の税法上の取扱いにより左右されるものではない。特定の取引が法人税法上の収益事業（14頁参照）に該当するか否かではなく、当該取引が「資産の譲渡等」等の消費税法上の課税要件に該当するか否かにより判断される（東京高判平成25年4月25日税資263号順号12209）。

　☞冒頭の設例のA氏のマンションの賃貸は、消費税法上、非課税取引に該当するか考えてみよう。

暗号資産と消費税

　平成29年度改正において、資金決済に関する法律が規定する暗号資産（仮想通貨）は消費税法別表1第2号の支払手段に類するものとされたこと（消令9条4項）から、例えば、事業者が行うビットコインと円の交換は、消費税法上、非課税である。投機の対象でもある暗号資産の譲渡は、金地金等の譲渡と同様、課税されるべきとの考え方もある。ただ、資金決済に関する法律の改正により暗号資産が支払手段として法的に位置づけられたこと、紙幣等と暗号資産の両者は、経済的に類似性を有することは否定できないことを考慮すると、暗号資産の譲渡を非課税とする改正は一定の合理性を有する。

❷………非課税取引と仕入税額控除

1　仕入税額控除排除の理由──非課税取引と仕入税額控除はどのような関係にあるのか

　消費税法は、課税の累積を排除する点から、事業者の行う商品の販売等の取引に関する仕入れに係る消費税額を商品の販売等に対する消費税額から控除する。

　ただ、消費税法は、6条（別表1）に定める特定の取引について、消費税を課さないことを規定している。消費税の大きな特色である仕入税額控除の適用に関して、非課税取引がどのような意味をもつのかを整理する必要がある。次頁の**図表4**を使ってこの問題を説明すると、以下のようになる。

　まず、非課税取引を行った事業者（**図表4**の事業者B）において、消費税法上、当該非課税取引に対応する仕入税額（**図表4**の取引甲において事業者Bが負担した消費税額）が仕入税額控除の対象として認められないことを直接定める明文の規定は存在しない。

　ただ、非課税取引（消法6条1項）に対応する仕入税額の取扱いについ

【図表 4　非課税取引と仕入税額控除との関係】

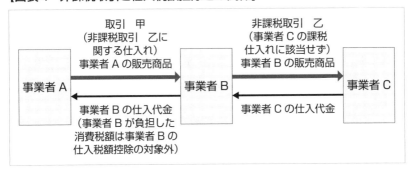

ては、①課税資産の譲渡等の定義として、資産の譲渡等に該当するものから非課税とされる取引が除外されていること（同2条1項9号）、②仕入税額控除の計算に関して、「課税資産の譲渡等以外の資産の譲渡等……にのみ要するもの」（同30条2項1号）と規定したうえで、国内において行った課税仕入れに含まれる仕入税額の取扱いについて、「課税資産の譲渡等にのみ要するもの」と「課税資産の譲渡等以外の資産の譲渡等……にのみ要するもの」であるか否かを区別して計算することとされていること（同項、**図表12**〔192頁〕参照）から、事業者Bは、非課税取引に対応する仕入税額を仕入税額控除の対象とすることはできないことになる。例えば、居住用の住宅の貸付け（非課税売上げ）に要した住宅の補修費用（課税仕入れ）において負担した消費税額は仕入税額控除の対象とならない（大阪高判平成14年12月20日税資252号順号9252）。

　次に、非課税取引の相手方（**図表4**の事業者C）において、次の理由から、非課税取引（**図表4**の非課税取引乙）は課税仕入れに該当しない。

　「**課税仕入れ**」とは「事業者が、事業として他の者から資産を譲り受け、若しくは借り受け、又は役務の提供を受けること（当該他の者が事業として当該資産を譲り渡し、若しくは貸し付け、又は当該役務の提供をしたとした場合に課税資産の譲渡等に該当することとなるもので、第7条第1項各号に掲げる資産の譲渡等に該当するもの及び第8条第1項その他の法律又は条約の規定により消費税が免除されるもの以外のものに限る。）」（消法2条1項12号）

をいう。特定の取引がこのような課税仕入れに該当するためには、その仕入先である事業者Bが行う取引が、課税資産の譲渡等（資産の譲渡等のうち非課税取引以外のもの。同項9号）に該当することが必要であることから、非課税取引（**図表4**の非課税取引乙）は事業者Cの課税仕入れに該当しない。

2　仕入税額控除排除の影響——非課税取引は納税者や消費者にとっての特典や恩恵のみをもたらすのか

非課税取引に対応する仕入税額は仕入税額控除の対象として認められていない。このことから、非課税とされる診療報酬等が売上げに占める比率が高い病院等の事業者に関して、価格改定の制度上の制約等（例えば、公的医療保険の適用を受ける社会保険診療報酬は公定価格が定められていること等）により、仕入れに含まれる消費税負担相当額を消費者への価格に上乗せできない等の場合、非課税取引を行う病院等が非課税取引に対応する仕入税額の負担を強いられるおそれがある（神戸地判平成24年11月27日税資262号順号12097）。

確かに、非課税取引が最終消費行為を行う消費者に対する財・サービスを提供する小売段階での取引の場合、小売業者に消費税の納税義務が生じないだけではなく、消費者の負担が減少することもある（次頁の**図表5**）。この場合は、非課税取引は取引当事者にとって有利である。しかし、非課税取引を行う事業者が卸売段階に介在する場合、当該事業者における課税の累積により、結果として、①消費者への販売価格の引上げ（次頁の**図表6**）、②非課税取引を行う事業者による仕入税額の負担（**図表7**〔174頁〕）、③消費者への非課税取引を行う小売段階への利益の集約による財・サービスの販売価格の引下げ等を意図した卸売段階と小売段階の企業統合などのように、非課税取引による財・サービスの販売価格の歪みや事業者の事業活動への選択に影響が生じる場合がある。

このような販売価格の歪みが生じる場合があることから、消費税法上の非課税の意味は、所得税法上の非課税の意味と異なる。経済的な利益であ

【図表5　小売段階が非課税取引である場合（消費者の負担が減少する場合〔販売価格の引下げの場合〕。税率10%〔国税〕）】

	製造段階 (利益　4000)	卸売段階 (利益　4000)	(非課税取引のみ) 小売段階 (利益　2000)	総額 (総利益　10000)
消費税の計算				
1　売上高	4000	8000	10800	22800
2　売上税額	400	800	0	1200
(1×10%)			(非課税取引)	
3　仕入高	0	4000	8000	12000
4　仕入税額	0	400	800	1200
(3×10%)			(控除できず)	
5　消費税額 (2-4)	400	400	0	800
(販売価格)	(4400)	(8800)	(10800)	
	(税込)	(税込)	(非課税)*1	

【図表6　卸売段階が非課税取引である場合（消費者へ負担を求める場合〔販売価格の引上げの場合〕。税率10%〔国税〕）】

	製造段階 (利益　4000)	(非課税取引のみ) 卸売段階 (利益　4000)	小売段階 (利益　2000)	総額 (総利益　10000)
消費税の計算				
1　売上高	4000	8400	10400	22800
2　売上税額	400	0	1040	1440
(1×10%)		(非課税取引)		
3　仕入高	0	4000	8400	12400
4　仕入税額	0	400	0	400
(3×10%)		(控除できず)		
5　消費税額 (2-4)	400	0	1040	1440
(販売価格)	(4400)	(8400)	(11440)	
	(税込)	(非課税)	(税込)*1・2	

*1　非課税取引を行う事業者が小売段階である場合（**図表5**）、小売段階の事業者の消費者への販売価格（10800）は、すべての取引が課税取引の場合（**図表2**〔156頁〕11000）と比較し下落する。非課税取引を行う事業者が卸売段階である場合（**図表6**）、小売段階の事業者の消費者への販売価格（11440）は、すべての取引が課税取引の場合と比較して、440上昇する。

*2　440（卸売段階が非課税取引であることによる販売価格の上昇分）＝400（卸売段階の事業者において仕入税額控除ができなかった税額）＋40（＝400×10%〔税率〕。税に対する税）。

【図表7 卸売段階が非課税取引である場合（非課税取引を行う事業者が仕入税額を負担する場合〔利益を減少させる場合〕。税率10%〔国税〕）】

	製造段階 （利益　4000）	（非課税取引のみ） 卸売段階 （利益　3600）	小売段階 （利益　2000）	総額 （総利益　9600）
消費税の計算				
1　売上高	4000	8000	10000	22000
2　売上税額	400	0	1000	1400
（1×10%）		（非課税取引）		
3　仕入高	0	4000	8000	12000
4　仕入税額	0	400	0	400
（3×10%）		（控除できず）		
5　消費税額（2−4）	400	0	1000	1400
（販売価格）	（4400）	（8000）	（11000）	
	（税込）	（非課税）	（税込）	

る通勤費等が所得税法上の非課税（9条）（86頁参照）であることは、納税者にとって、特典や恩恵のみをもたらす。他方、仕入税額控除の排除による財・サービスの販売価格の歪みが生じる可能性等を考慮すると、所得税法上の非課税とは異なり、消費税法上の非課税取引は、事業者や消費者にとって、負担の軽減等といった特典や恩恵のみをもたらすとは必ずしもいえない。この点に関して、授産施設において制作された物品等の取引は非課税取引であったが、取引相手方の事業者にとって、仕入税額控除の対象とならないことから、授産施設が取引から排除されるとの問題が生じた。授産施設を経営する事業者から改正を望む声が多く出されたため、平成3年度改正により、授産施設において制作された物品等の取引は非課税取引から課税取引とするとの見直しが行われた。このような改正は、上で述べた非課税措置が特典や恩恵のみをもたらすといえないことを示す実例である。

☞冒頭の設例のマンションの貸付けに関連するマンションの補修費用に係る消費税額の取扱いを整理したうえで、補修費用に課された消費税額の負担について、A氏にどのような選択肢があるのか考えてみよう。

❸………輸出免税の意義

1　輸出免税の意義・理由等──なぜ、輸出される物品に消費税は課されないのか

　輸出取引とは、「国内において行う課税資産の譲渡等」のうち、「本邦からの輸出として行われる資産の譲渡又は貸付け」、すなわち、国内から国外への資産の譲渡または貸付けである。輸出取引は、国内取引であり（消法4条）、課税資産の譲渡等に該当することから、課税要件を充足する取引であるが、消費税が免除される（同7条1項）。ここでいう免除は、物品・サービスの取引に消費税を課さないことのみならず、当該取引に課された消費税を仕入税額控除の対象とすることにより、当該取引に対する消費税の負担をゼロとする、いわゆるゼロ税率を意味する。

　輸出される物品に対して消費税が免除される理由としては、①消費税の負担は消費者により担われるべきとの考え方から、国内で消費されない輸出される物品に課税する根拠がないこと、②生産地国（輸出国）と消費地国（輸入国）の双方での課税、いわゆる二重課税を排除し、輸入国である仕向地の製品と同じ条件での競争を可能にするとの税制上の国際的競争中立性を確保することが必要であることが挙げられている。二重課税を排除し、どの国で生産された物品（財）でも輸入国である消費地国での税率で課税するためには、国境税調整（国内で発生した消費税の負担の調整および税抜きでの輸出）が必要である。

　国境税調整を行うため、消費税の税額計算において、輸出免税の対象となる課税資産の譲渡等の対価の額は課税標準に含まれない（消法45条・7条）が、輸出免税の対象となる課税資産の譲渡等のための仕入税額は仕入税額控除の対象となる（同30条）。他方、非課税取引に対応する仕入税額は、仕入税額控除の対象とならない（171頁参照）。このように、輸出取引に消費税が課されない点は非課税取引と同じであるが、輸出取引と非課税取引の仕入税額控除の取扱いは大きく異なる。

　消費税法では「輸出」という用語は、「本邦からの輸出として行われる資産の譲渡又は貸付け」（7条1項1号）という定めのなかで、定義されないまま、用いられている。資産を譲渡し、または貸し付ける取引のうち、

当該資産を外国に仕向けられた船舶または航空機に積み込むことによって当該資産の引渡しが行われるものと解するのが相当である。外国人に対する中古車の販売について、買主である外国人が当該中古自動車を自己の占有する携帯品等として、輸出許可の手続が行われたことが明らかであり、当該販売が輸出取引に該当しない（東京地判平成18年11月9日税資256号順号10569）。訪日旅行客を募集する外国法人に対して、自己の計算において、国内における飲食、宿泊、運送等の役務を確保するという役務の提供は輸出取引に該当しない（東京高判平成28年2月9日税資266号順号12797）。

なお、輸出取引以外の国内取引に対してゼロ税率が採用されない理由として、広く消費に負担を求める消費税の趣旨に反すること、課税ベースの著しい浸食、納税・徴税コストの増大等が挙げられている。

2　輸出免税の範囲──どのような取引が輸出免税の対象となるのか

輸出免税の対象となる取引には、①「本邦からの輸出として行われる資産の譲渡又は貸付け」（消法7条1項1号）、②「国内及び国内以外の地域にわたつて行われる旅客若しくは貨物の輸送又は通信」（同項3号）といった国内外にわたって行われる役務の提供である取引が該当する。

物品の輸出には該当しないが、輸出物品販売場（いわゆる免税ショップ）における外国人旅行者等の非居住者に対する一定の物品の販売についても消費税が免除される（消法8条1項）。ただ、輸出物品販売場を経営する事業者が、消費税の免税を適用するためには、販売した物品が非居住者によって購入されたことを証する電磁的記録等を保存する必要がある（同条2項）。また、輸出物品販売場を経営するためには、当該事業者が一定の要件を満たし、税務署長の許可を受けることが必要となる（同条6項）。

☛冒頭の設例におけるA氏の取引に、輸出免税の対象となる取引があるのかを考えてみよう。

3　輸出免税の手続──輸出免税を適用するためにどのような手続が必要となるのか

輸出免税の制度上の特色は、輸出取引の把握を税関に依存していること

にある。課税資産の譲渡等（消法2条1項9号）に該当する輸出取引について、輸出を証明する一定の書類等である**輸出証明の書類**の保存等を要件とした上で、消費税が免除される（同7条2項、消法規5条）。税関長等の発行する輸出証明の書類は、輸出の管理のための書類であると同時に、輸出免税を適用するための書類であることから、事実上、**インボイス（税額票、仕送状）**の役割を果たしている。例えば、実際に物品が輸出された場合であっても輸出証明の書類の保存等がない場合、当該取引への輸出免税の適用は認められない（前橋地判平成17年9月30日税資255号順号10150）。

また、輸出免税に係る立証責任は納税者側にあるとされている（名古屋高判平成21年11月20日税資259号順号11320）。

Keyword 2 「源泉地主義（原則）」（origin principle）と
「仕向地主義（原則）」（destination principle）

　消費税（付加価値税）の国境税調整は、①取引される商品等の財の源泉地である生産・製造地において課税するものとする源泉地主義（原則）と②取引により移転する財の移転先・使用される地において課税するものとする仕向地主義（原則）のいずれかの考え方により、消費税（付加価値税）の二重課税を排除するとされている。例えば、外国の空港において、日本人旅行者が現地で購入したお土産に課された付加価値税が還付される制度は、仕向地主義（原則）に基づくものである。

　なお、世界の付加価値税の多くが仕向地主義（原則）により制度設計がされている。

TOPICS 5

輸出免税は優遇措置か

　輸出免税は輸出の金額が多い、いわゆる大企業に有利に働くとの印象をもたらすことは否定できない。ただ、輸出の前段階で負担した仕入税額の控除・還付は、事業者の国際的競争中立性を確保する

ための措置である。消費税法の枠組みにおいて、仕入税額の控除・還付は、輸出補助金、あるいは、輸出を行う特定の企業を優遇するための税制上の特別な措置とは異なる。

Ⅳ　納税義務者

❶‥‥‥‥**概要**──消費税を納める義務が誰にあるのか

　消費税の納税義務者は、第1に、国内取引については、事業者すなわち、①個人事業者および②法人である（消法2条1項3号・4号・5条。次頁の**図表8のⅠ**）。個人事業者については、居住者であるか、非居住者であるかにかかわらず、法人については、内国法人であるか、外国法人であるかにかかわらず、さらに、人格のない社団等（同3条）、国・地方公共団体・公益社団法人等（一般会計に係る業務等）（同60条・別表3）も含め、原則として、課税要件を充足する取引を行った者は、消費税の納税義務者となる。

　納税義務の有無は、これを判定する期間である基準期間（消法2条1項14号）における課税売上高（同9条2項）が1000万円超であるか否かによって、判断される（同条1項。特例については、同9条の2等）。基準期間とは、個人については、その年の前々年、法人については、その事業年度の前々事業年度である（同2条1項14号）。基準期間における課税売上高は、課税資産の譲渡等の対価の額（税抜き）の合計額から売上げに係る対価の返還等の金額（税抜き）の合計額を控除した金額である（同9条2項）。課税売上高は、輸出取引に関する売上高を含むが（同2条1項9号・7条1項・9条2項、消基通1-4-2）、非課税取引に関する売上高を含まない（消法2条1項9号・9条2項・31条）。なお、国内取引について納税義務は、課税資産の譲渡等をした時に成立する（税通15条2項7号）。

【図表8　取引ごとの納税義務者】

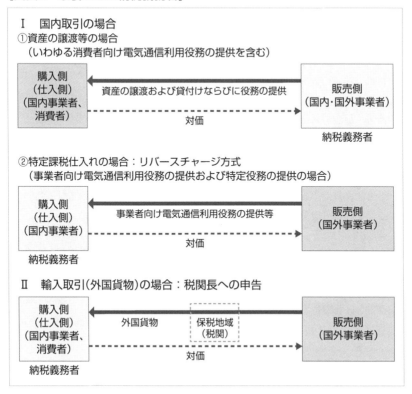

第2に、輸入取引については、国内での消費に対して税の負担を求めるとの消費税の性質から、保税地域から外国貨物を引き取る者は、個人事業者や法人に限定されず、消費者である個人も含め納税義務者となる（消法5条2項。**図表8**の**Ⅱ**）。なお、輸入取引について納税義務は、外国貨物を保税地域からの引取りの時に成立する（税通15条2項7号）。

第3に、国内取引である事業者向け電気通信利用役務の提供等の特定課税仕入れ（消法5条1項・4条1項）については、例外的な措置として、当該取引の購入側（仕入側）である国内事業者が納税義務者となる（同5条1項。**図表8**の**Ⅰ**②)。この措置は、役務の提供側である国外事業者から役務

の受入側である国内事業者へ納税義務が転換されていることから、リバースチャージ方式と呼ばれている。なお、特定課税仕入れについて納税義務は、特定課税仕入れをした時に成立する（税通15条2項7号）。

Keyword 3　実質行為者課税の原則（消法13条）

　すべての取引において、誰が資産の譲渡等を行ったかは、常に明らかであるとは限らない。消費税法は、所得税法12条や法人税法11条（86頁参照）と同様、資産の譲渡等を行った者が単なる名義人である場合、対価を享受する者が資産の譲渡等を行った者と判断する規定を設けている（13条）。裁判例のなかには、例えば、資産の譲渡等を行った者の実質判定はその法的実質によるべきものであるとして、問屋である原告の得る経済的利益は委託者（出荷者）から収受する委託手数料であるが、問題となっている取引において、原告が本件買受人からの売買代金回収のリスクを負うこと、買受人に対する瑕疵担保責任を負うこと等に照らせば、原告が、その法的実質として、単なる名義人として課税資産の譲渡を行ったものにすぎないということはできないと判断したもの（大阪地判平成25年6月18日税資263号順号12235）がある。

---

❷………**免税事業者**──すべての事業者が消費税を納める義務があるのか

　課税要件を充足する事業者は消費税の納税義務者となる。ただし、基準期間（消法2条1項14号）における課税売上高が1000万円以下の事業者（国内事業者および国外事業者）は、**小規模事業者**と呼ばれ、消費税の円滑な運営の確保や事業者の事務負担への考慮の観点から、特例として、消費税の納税義務が免除される（同9条1項。いわゆる**免税事業者**）。例えば、令和4年において、個人事業者の納税義務が免除されるか否かについては、同2年1月1日から12月31日までの課税売上高により判断される。

　なお、基準期間における課税売上高が1000万円以下であっても事業者の特定期間（消法9条の2第4項）における課税売上高が1000万円を超えるとき（同条1項）、基準期間がない法人であっても、資本金の額等が1000万円以上の新設法人等（同12条の2等）については、消費税の納税

義務は免除されないという特例が設けられている。

　消費者が免税事業者に支払った消費税相当額が国庫に入っていないのではないかとの疑念があることを考慮し、消費税に対する国民の信頼や消費税制度の透明性を向上させる観点から、免税事業者の判断基準となる課税売上高は、平成15年度改正において、3000万円から1000万円に引き下げられた。

益税とは何か

　免税事業者は、提供する財・サービスに消費税が課されないにもかかわらず、消費税を含めた価格で財・サービスを消費者に譲渡・提供する場合がある。消費者が負担した消費税相当額を当該免税事業者は納付する必要がないことから、当該免税事業者において利益が生じる場合、消費者が支払った消費税相当額から当該免税事業者が仕入れで負担した消費税額を控除した一定の金額が、当該免税事業者の手元に残るといったいわゆる益税の問題が生じる。

　簡易課税制度（197頁参照）においても、みなし仕入率に基づく税額が実際の仕入税額を上回る場合、簡易課税を選択した事業者の納税すべき消費税額が少なくなることにより、益税の問題が生じる。

❸………課税事業者の選択──免税事業者はなぜ課税事業者を選択するのか

　免税事業者である小規模事業者は、消費税の納税義務を免除されている。他方、仕入税額を控除することができず、小規模事業者は仕入れに対応する一定の消費税額を負担する場合がある。このような負担を避けるために、小規模事業者であっても課税事業者選択届出書（消令20条の2）の提出によって、当該届出書を提出した翌課税期間以後の課税期間において、小規模事業者は、課税事業者となることを選択することができ、仕入税額の控除・還付の適用を受けることができる（消法9条4項）。ただ、小規模事業者が課税事業者を選択した場合、翌課税期間の初日から2年を経過する日

の属する課税期間まで、課税事業者をやめる旨の届出書を提出することができない、すなわち、一定の期間は免税事業者に戻ることができないといった制約が設けられている（同条6項）。

　なお、届出書を提出し課税事業者を選択した者が還付申告書を提出した場合、当該還付申告が虚偽であったとしても、「納税者」（税通2条5号・65条）に該当し、当該事業者に対する更正処分および重加算税賦課処分は適法であると解される（大阪高判平成16年9月29日訟月51巻9号2482頁）。

❹………リバースチャージ方式──なぜ、仕入側の事業者が消費税を納めなければならないのか

　国外事業者がインターネットを介して、事業者に限定した電子新聞の配信等の事業者向け電気通信利用役務の提供を行う場合、当該役務の提供の受入側の国内事業者が当該取引に対する消費税を納める義務を負う旨を直接定めた規定は存在しない。

　ただ、消費税法は、受入側の国内事業者には、「特定課税仕入れ（課税仕入れのうち特定仕入れに該当するもの）」につき消費税を納める義務がある（5条1項）としたうえで、課税対象とされる「特定仕入れ」を「事業として他の者から受けた特定資産の譲渡等」と定義し（4条1項括弧書）、また、「特定資産の譲渡等」を「事業者向け電気通信利用役務の提供及び特定役務の提供」と定義し（2条1項8号の2）、さらに、「事業者向け電気通信利用役務の提供」を「国外事業者が行う電気通信利用役務の提供のうち、当該電気通信利用役務の提供に係る役務の性質又は当該役務の提供に係る取引条件等から当該役務の提供を受ける者が通常事業者に限られるものをいう。」と定義している（同項8号の4）。以上のことから、結論として、国外事業者が事業者向け電気通信利用役務の提供を行った場合（いわゆるB to B取引）、当該役務の提供に係る消費税の納税義務は、役務の提供側である国外事業者ではなく受入側である国内事業者に転換されることが導き出される。このような制度が設けられた背景には、日本の租税行政庁は国外事業者の税務調査を国外で直接行うことができないといういわ

ゆる執行管轄権の制約が存在するためである。

　日本の租税行政庁や税関が把握できない国外事業者の行う事業者向け電気通信利用役務の提供等については、例外的な措置として、国外事業者（財・サービスの提供側）から国内事業者（財・サービスの受入側）へ納税義務が転換されるリバースチャージ方式が採用されている（消法5条）。リバースチャージ方式の適用により納税義務が転換される国内事業者は、国内において行った特定課税仕入れに係る消費税額を控除できる（同30条1項）。暫定措置として課税売上割合が95％以上の事業者については、特定課税仕入れがないものとされ、リバースチャージ方式の対象とならない（平成27年度改正法附則42条）。

　他方、国外事業者が行う電気通信利用役務の提供の相手方が消費者のみ（いわゆるB to C取引）、あるいは、事業者および消費者の双方である場合、リバースチャージ方式は採用されていない。これらの取引の場合には、国外事業者に消費税の納税義務があることから、結果として、消費税の課税漏れ・納付漏れが生じる可能性がある。

TOPICS 7

リバースチャージ方式は新しい制度か

　平成27年度改正により、国外事業者の行う事業者向け電気通信利用役務の提供について、役務の提供の受入側である国内事業者に消費税が課税され、当該国内事業者に納税義務が転換されるリバースチャージ方式（消法5条1項）が設けられた。外国貨物を引き取る国内事業者が納税義務者となる輸入取引（同条2項）を踏まえ、国外事業者の取引相手である国内事業者が納税義務者となるリバースチャージ方式は、全く新しい制度ではないと説明される場合がある。

　輸入取引において、保税地域から外国貨物を引き取る国内事業者は消費税の申告書を税関長に提出し（消法47条）、消費税を国に納付するが、このような枠組みは、税関長が当該外国貨物をコントロール（管理）することによって担保されている。輸入取引における

税関長の役割を考慮すると、リバースチャージ方式は、輸入取引とは異なる新しい制度であると理解すべきである。

Keyword 4 「B to B（B2B）取引」と「B to C（B2C）取引」の意味

いわゆる B to B 取引とは、事業者間の取引を意味し、いわゆる B to C 取引とは、一般的には、事業者と消費者間の取引を意味する。より正確にいえば、B to C における C とは、付加価値税（消費税）における課税事業者に該当しない者を意味する。

このような意味を踏まえると、国外事業者が行う国内の消費者と課税事業者の双方を対象とする取引は事業者向け電気通信利用役務の提供（消法2条1項8号の4）に該当しないことから、日本のリバースチャージ方式が対象とする取引は、厳密な意味で、B to B 取引の範囲とは一致しない。

Ｖ　課税標準および税額の計算

❶………国内取引の課税標準──商品を低額で譲渡した場合、時価で消費税が課されるのか

消費税の課税標準は、課税資産の譲渡等の「対価の額（対価として収受し、又は収受すべき一切の金銭又は金銭以外の物若しくは権利その他経済的な利益の額）」（消法28条1項）とされている。また、リバースチャージ方式の対象となる取引の課税標準は、通常の国内取引と同様、「支払対価の額」（同条2項）である。「対価の額」とは、金銭以外の物または権利その他経済的利益等を除き（消令45条）、当事者間で合意した取引価格として受け取った金銭または受け取るべき金銭である。

法人税法22条2項や同22条の2のような規定が設けられていないこと（34頁参照）から、法人税法上の税額計算とは異なり、商品の販売等に関

して、「時価」を課税標準とする消費税の税額計算は、原則として、行われない。ただ、事業者が、一定の対価を収受する場合や対価を収受しない場合であっても、当事者間での対価の額をそのまま課税標準とする消費税の税額の計算の例外として、①法人の役員に対する低額譲渡（消法28条1項但書、消基通10-1-2）や贈与（消法4条5項2号）の場合、譲渡（贈与）の時における当該譲渡（贈与）をした資産の価額に相当する金額（同28条1項但書・3項2号）、②個人事業者が棚卸資産または棚卸資産以外の資産で事業の用に供していたものを家事のために消費し、または使用した場合（自家消費。同4条5項1号）、消費または使用の時における当該消費等した資産の価額に相当する金額（同28条3項1号）により、すなわち、いずれの場合もいわゆる時価により消費税の税額の計算が行われる。

　なお、取引価格以外の価格が課税標準とされる取引については、対価として収受する金銭以外の物等の額については時価によること（消法28条1項但書・2項、消令45条1項）、あるいは、代物弁済による資産の譲渡については、代物弁済により消滅する債務の額に相当する金額によること、交換による資産の譲渡については、交換による取得する資産の取得時の価額に相当する金額によること等が規定されている（同条2項）。

　消費税の課税標準である課税資産の譲渡等の対価の額は、消費税および地方消費税の額を含まない金額（消法28条1項本文括弧書）、すなわち、いわゆる税抜価格とされている。直接消費税である軽油引取税（高松高判平成11年4月26日税資242号295頁）や入湯税（東京地判平成18年10月27日判タ1264号195頁）も課税資産の譲渡等の対価の額に含まれない。これに対して、酒税、揮発油税、たばこ税等の個別間接消費税が販売価格に含まれる物品については、酒税等を含んだ価格に対して消費税が課される（消基通10-1-11）。

　なお、消費税の円滑かつ適正な転嫁の確保のための消費税の転嫁を阻害する行為の是正等に関する特別措置法（平成25年法律第41号）の失効後の令和3年4月1日以降、課税事業者が価格を表示する場合、税込価格の表示（総額表示）が義務となる（消法63条）。ただ、総額表示は「不特定

かつ多数の者」に対する取引（消費者との取引）に限定されており、総額表示義務の違反に係る罰則規定は設けられていない。

❷·········輸入取引の課税標準──商品を輸入した場合、何を基準に消費税が
　　　　　課されるのか

　輸入取引の課税標準は、関税の課税標準であるいわゆる CIF（Cost Insurance and Freight）価格（貨物の価格に運賃や保険料等を加算した合計額。定率4条等）に、関税の額に相当する金額と消費税以外の酒税等の個別消費税の額に相当する金額を加算した金額の合計額である（消法28条4項）。

　なお、原則として、課税価格の合計額が1万円以下の貨物に対する関税および消費税（地方消費税を含む）は免除される（輸徴法13条、定率14条）。

❸·········課税期間と資産の譲渡等の対価の期間帰属
　　　　　──消費税はいつ課されるのか

　消費税の課税期間は、消費税の納付すべき税額の計算期間として利用されるものである。個人事業者については、暦年（消法19条1項1号）、法人については、当該法人の事業年度（同項2号）が課税期間である。国内取引に係る消費税は期間税であるから、資産の譲渡等の対価（支払対価）の期間帰属（年度帰属）が重要である。消費税法28条は「対価として収受し、又は収受すべき一切の金銭」（1項本文括弧書）や「支払い、又は支払うべき一切の金銭」（2項）との文言を用いていることから、当該規定は対価が現実に収受されることを要しないことは、明らかである。また、消費税法18条は、所得税法67条の適用を受ける小規模事業者については、「資産の譲渡等に係る対価の額を収入した日」との現金主義による期間帰属の判定を特例として認めていることからも、所得税や法人税と同様、資産の譲渡等の対価（支払対価）の期間帰属（年度帰属）は、現金主義ではなく権利確定主義（38頁・132頁参照）に基づき判定される（東京高判令和元年9月26日訟月66巻4号471頁）。

　なお、消費税法18条以外の期間帰属の特例の規定として、事業者が所

得税法 65 条や法人税法 63 条等の規定に基づき、リース譲渡に係る資産の譲渡を行った場合において、延払基準の方法により経理することとしているときは、延払基準による計上に関する特例により当該資産の譲渡等の対価の額の期間帰属を決定すること等が規定されている（消法 16 条・17 条）。

❹………税率──すべての取引が 10 ％の税率か

　消費税率は、消費税法（昭和 63 年 12 月成立・公布）の施行（平成元年 4 月から適用）の時点では、3 ％（国税のみ）であった。平成 6 年度改正（平成 9 年 4 月施行）により、4 ％（国税分）に引き上げられ、導入された地方消費税分（1 ％）を含め 5 ％となった。抜本改革法（平成 24 年 8 月成立・公布）に基づき、平成 26 年 4 月から消費税率は、6.3％（国税分）に引き上げられた。抜本改革法の平成 28 年 11 月改正により、令和元年 10 月 1 日から消費税率は、現在の 7.8％（消法 29 条）に引き上げられ、地方消費税分（2.2%）を含め、10％となった。

　消費税の導入以来、その税率は、中小企業等の事業者の規模等を問わず、一定の税率（比例税率）であったが、10％への引上げに伴い、逆進性の緩和の観点（低所得者に配慮する観点）から、飲食料品等に対して、軽減税率（複数税率）が導入された。具体的には、課税資産の譲渡等のうち、飲食料品（酒税法に規定する酒類〔アルコール度数 1% 以上〕を除く）、政治・経済等に関する一般社会的事実を掲載する新聞の定期購読契約に基づく譲渡については、軽減税率 8 ％（地方消費税を含む）が適用されるが、飲食店等が行う食事の提供、いわゆる外食は軽減税率の対象とされていない（平成 28 年度改正法附則 34 条、新消法 29 条、軽減対象課税資産の譲渡等〔同 2 条 1 項 9 号の 2〕・同別表 1 〔2 条関係〕）。

Keyword 5　税率 10 ％は国税か
　消費税は、一般的に税率 10％の国税との印象があるが、正確にいえば、そのうち 7.8％（消法 29 条）の分が国税である。残りの 2.2％の分は、「消

費税額を課税標準」（地税72条の82）とし、税率を「78分の22」（同72条の83）とする地方消費税である。したがって、税率10%は、7.8%（国税分）に2.2%（地方消費税分）を加えた合計の税率である。

なお、平成6年度改正により創設された地方消費税の賦課徴収は、当分の間、国が消費税の賦課徴収と併せて行う（地税附則9条の4第1項）。

軽減税率と消費者の負担

外食（店内飲食）は軽減税率の対象でないことから、店内飲食よりも持ち帰りの価格が安いことは当然のことのように思われている。

ただ、消費税を転嫁することは予定されているだけであり、消費税法上、税率の引上げ等に応じて、価格を変更する法的義務は事業者に課されていないこと（164頁参照）から、経営環境や市場の動向等を踏まえ、事業者は価格を自由に設定できる。例えば、店内飲食と持ち帰りの税込価格を同一にすることや特定の商品のみの値上げを選択することができる。消費税法上、特定の商品等を軽減税率の対象としたとしても、消費者の負担を軽減する結果にならない場合があることに留意する必要がある。

VI 仕入税額控除等

❶………意義──なぜ、仕入税額控除は必要であるのか

消費税額の計算の基本的な仕組みは、国内取引の場合、国内において事業者が行った資産の譲渡等（消法4条1項）に対する税額（売上税額）から、仕入れに係る税額（仕入税額）を控除すること、すなわち、仕入先の事業者が納付した税額を控除するものである。仮に、仕入税額を控除せず、製造・卸・小売等の各取引段階の事業者において消費税が課されるとすれば、

税に対する税（tax on tax）という形で二重あるいはそれを超える多重の課税が生じることになる。このような課税の累積（税負担の累積）を排除するため、売上税額から仕入税額を控除する仕入税額控除制度が必要とされる。消費税において、仕入税額控除制度は最も重要な制度である。

　消費税法上の仕入税額控除の特色を所得税法上の必要経費控除と比較して整理すると、第1に、両者は趣旨目的が異なる。すなわち、仕入税額控除の目的は、税負担の累積の防止であり、所得獲得のための費用の控除（投下資本の回収）ではない（122頁以下参照）。第2に、仕入税額控除が認められる年度は、当該仕入れに対応する課税売上げの年度に無関係に決まる。すなわち、消費税法は、資産の取得に要した費用を、当該資産が生み出す収益に対応させるという費用収益対応の原則に従うことを規定していない。原材料や機械等を購入した課税期間の売上税額から仕入税額を原則として即時に全額控除できる。所得税や法人税のように期間配分することは定められていない（**図表9**）。

【図表9　減価償却資産に関する消費税と法人税（所得税）の取扱いの相違】
（前提条件：減価償却資産〔耐用年数3年・定額法の適用・購入金額3300（3000〔税抜価格〕＋300〔消費税〕）〕、消費税率10%、税込経理の場合）

	X年	X+1年	X+2年
キャッシュ・フロー	3300	—	—
減価償却費の取扱い	1100	1100	1100
仕入税額控除の取扱い	300		

❷………計算の概要──仕入税額控除額をどのように計算するのか

　仕入税額控除額の計算に関して、まず、事業者の仕入れが「課税仕入れ」に該当することが必要である。「課税仕入れ」とは、事業者が、ⓐ事業として、ⓑ他の者（すなわち、取引の相手方）から、ⓒ資産を譲り受け、もしくは、借り受け、または役務の提供を受けることに該当する取引である（消法2条1項12号）。「課税仕入れ」の特色は、㋐いわゆるサラリーマ

ン等の被雇用者の役務の提供に対する支払給与（所法28条）は課税仕入れに該当しないこと（消法2条1項12号第1括弧書）、④取引の相手方にとって、非課税取引、あるいは、輸出免税に該当する取引は課税仕入れに該当しないこと（同号第2括弧書）である。

　仕入税額控除額の計算においては、課税売上げに対応する仕入税額のみが仕入税額控除の対象とされる。他方、非課税売上げに対応する仕入税額は、原則として、仕入税額控除の対象とされない。すなわち、納付すべき消費税額（国税分）は、課税資産の譲渡等の対価の額に対する消費税額（課税標準額に対する消費税額）（X）（消法28条1項）から課税仕入れに係る支払対価の額に対する消費税額（課税仕入れに係る消費税額）（Y）（同30条1項・6項）を控除すること（同条1項）により計算される（**図表10**）。令和5年10月1日以降、課税仕入れに係る消費税額は、原則、適格請求書または適格簡易請求書の記載事項を基礎として計算した金額となる（新消法30条1項、新消令46条1項等）。

【図表10　課税資産の譲渡等の対価の額に対する消費税額および課税仕入れに係る支払対価の額に対する消費税額】

$$X = \frac{\text{課税資産の譲渡等の対価の額}}{（税込価格）} \times \frac{100}{110(108)} \times 7.8(6.24)\ \%$$

$$Y = \frac{\text{課税仕入れに係る支払対価の額}}{（税込価格）} \times \frac{7.8(6.24)}{110(108)}$$

※括弧内は軽減税率が適用される場合

　事業者において、課税資産の譲渡等のみを行っている場合、すなわち、課税売上割合（消法30条6項、消令48条。次頁の**図表11**）が100％の場合、仕入れに課された消費税額が転嫁されたことを意味することから、税負担の累積の防止を図るため、当該仕入れに課された消費税額を仕入税額控除の対象とすることができる。これに対して、特定の仕入れが課税売上げと非課税売上げの両方に対応している場合、当該仕入れに課された消費税額

【図表11　課税売上割合の計算】

$$
Z = \frac{
\begin{array}{c}\text{国内において行った課税資産の譲} \\ \text{渡等（特定資産の譲渡等に該当す} \\ \text{るものを除く）の対価の合計額（税} \\ \text{抜価格）}\end{array}
\ - \
\begin{array}{c}\text{国内において行った課税資産の譲} \\ \text{渡等に係る対価の返還等をした金} \\ \text{額（税抜価格）}\end{array}
}{
\begin{array}{c}\text{国内において行った資産の譲渡等} \\ \text{（特定資産の譲渡等に該当するも} \\ \text{のを除く）の対価の額の合計額（税} \\ \text{抜価格）}\end{array}
\ - \
\begin{array}{c}\text{国内において行った資産の譲渡等} \\ \text{に係る対価の返還等をした金額} \\ \text{（税抜価格）}\end{array}
}
$$

を仕入税額控除の計算上、どのように取扱うかが問題となる。消費税法はこの問題を、課税売上割合が95％以上と95％未満で異なる取扱いを規定している（いわゆる95％ルール）。具体的には、消費税法は、事業者の事務負担を考慮して、課税売上割合が95％以上のすべての事業者が仕入税額の全額を課税売上に対応するものとして仕入税額控除の対象とすることを認めていた。ただ、事務処理能力の高い大規模な事業者にも95％ルールが一律に適用されることへの批判を踏まえ、平成23年度改正により、95％ルールの適用対象者は、課税売上高が5億円以下の事業者に限定された。なお、課税売上割合の計算において、分母に非課税取引と輸出取引が含まれることから、非課税取引の金額が大きい事業者の課税売上割合は低くなる。

　まず、課税売上高が5億円以下で、かつ、課税売上割合が95％以上の場合、課税仕入れについては、全額控除される（消法30条2項参照）。次に、課税売上高が5億円超、あるいは、課税売上割合が95％未満、すなわち、非課税売上割合が5％を超える場合、個別対応方式（同項1号）、あるいは、一括比例配分方式（同項2号）に基づき、仕入税額控除を計算する（次頁の**図表12**）。

　個別対応方式は、仕入税額を課税売上対応分（「課税資産の譲渡等にのみ要するもの」）、非課税売上対応分（「課税資産の譲渡等以外の資産の譲渡等……にのみ要するもの（その他の資産の譲渡等）」）および共通対応分

【図表12　仕入税額控除に関する計算方式】

●個別対応方式の場合：「課税資産の譲渡等にのみ要する課税仕入れ
等の税額の合計額（課税売上対応分。課税資産の譲渡等にのみ要す
るもの）」（消法 30 条 2 項 1 号イ）＋「課税資産の譲渡等とその他
の資産の譲渡等に共通して要する課税仕入れ等の税額の合計額（共
通対応分。課税資産の譲渡等とその他の資産の譲渡等に共通して要
するもの）」×課税売上割合（前頁の Z）（同号ロ）
●一括比例配分方式の場合：課税仕入れ等の税額の合計額×課税売上
割合（前頁の Z）

（「課税資産の譲渡等とその他の資産の譲渡等に共通して要するもの」）に
区分して、仕入税額控除額を計算する方式である。一括比例配分方式は、
課税仕入れ等の税額に課税売上割合を乗じて仕入税額控除額を計算する方
式である。いずれの計算方式を選択することにより、仕入税額控除額の計
算が変動しうる場合がある。

　仕入税額控除額等の税額控除の計算において、以下の点にも留意する必
要がある。

　第 1 に、課税仕入れが「課税資産の譲渡等にのみ要するもの」、「課税資
産の譲渡等以外の資産の譲渡……等にのみ要するもの」または「課税資産
の譲渡等とその他の資産の譲渡等に共通して要するもの」のいずれに該当
するかについては、課税仕入れを行った日の状況等に基づき、当該課税仕
入れをした事業者が有する目的、意図等の諸般の事情を勘案し、事業者に
おいて行う将来の多様な取引のうちどのような取引に要するものであるの
かを客観的に判断すべきである（さいたま地判平成 25 年 6 月 26 日税資 263
号順号 12241、消基通 11-2-20）。

　第 2 に、課税売上割合が 95％ 未満である場合、消費税法 30 条 2 項に基
づき、個別対応方式または一括比例配分方式のいずれを選択したとしても、
課税売上割合に応じて仕入税額控除の対象となる消費税額が計算されるこ
とから、結果として、課税仕入れに係る税額のうち一定の金額は、仕入税
額控除の対象外となる。このような控除対象外となる消費税額については、

一定の要件に該当する場合、損金算入、あるいは、必要経費算入が認められている（法令139の4、所令182条の2）。

　第3に、一括比例配分方式を選択した場合、2年間継続して適用しなければならない（消法30条5項）。

　第4に、仕入税額控除の調整として、事業者が、仕入れた商品の返品等をしたことにより、仕入れに係る対価の返還等を受けた場合、当該対価の返還等を受けた金額に係る消費税額は仕入れに係る消費税額から控除される（消法32条）。

　第5に、課税標準額に対する消費税額の調整として、課税標準額に対する消費税額から、①返品を受けたこと等により対価の返還等をした場合、当該対価の返還等をした金額に係る消費税額（消法38条）、②売掛金等の債権の切捨て等の貸倒れに係る消費税額（同39条）が控除される。

　第6に、基準期間における課税売上高の意味に関して、課税資産の譲渡等の対価の額に含まないものとされる「課されるべき消費税額に相当する額」（消法28条1項括弧書・同9条2項）とは、基準期間に当たる課税期間について事業者に現実に課されることとなる消費税の額である（最判平成17年2月1日民集59巻2号245頁）。したがって、基準期間における免税事業者の課税売上高の計算上、課税資産の譲渡等に伴う消費税に相当する額を控除することはできないと解される（前掲最判平成17年2月1日）。

　第7に、長期間にわたって使用される調整対象固定資産（消法2条1項16号、消令5条）について、仕入時の課税売上割合や用途のみで仕入税額控除を完結することは適切とは言い難いことから、当該資産の仕入後の課税期間において課税売上割合が著しく変動した場合や課税業務用から非課税業務用に用途を変更した場合等において、当該資産に係る仕入税額控除に関して、一定の調整が行われる（消法33条・34条等）。

　☛冒頭の設例におけるA氏の仕入税額控除の計算に関して、課税仕入れに該当する取引は何か、どのような方式を選択することができるのかを考えてみよう。

❸·········適用要件等

1 帳簿書類および請求書等の保存の意義
──仕入税額控除を適用するためにはどのような書類の保存等が必要か

　事業者が仕入税額控除を適用するうえで、仕入税額の金額を正確に把握する（証明する）ことが必要であることから、帳簿書類および請求書等の保存が必要とされている（消法30条7項・9項）。そのために、事業者は帳簿書類の備付け等が義務づけられている（同58条）。仕入税額控除を適用するうえで、帳簿書類等の記載については、実際の仕入れがあった場合でも仮名による記載の場合は、真実の記載であることが当然に要求されることから、仕入税額控除の対象として認められない（東京地判平成9年8月28日行集48巻7・8号600頁）。

　帳簿書類等の保存と仕入税額控除との関係に関して、消費税法30条7項の「保存」は、事業者が帳簿書類等を単に所持することや物理的に単に保管していることを意味するのではなく、税務職員による検査に対して帳簿書類等の提示が可能な態勢を整えて保存することを意味する（最判平成16年12月16日民集58巻9号2458頁）。仕入税額控除の適用は、帳簿書類等の保存が確認されていることが前提とされていることから、帳簿書類等が提示されない場合、推計により計算された売上税額について仕入税額控除が認められないという、上記の解釈に基づく結論は、一定の妥当性を有する。ただ、帳簿書類等を税務職員に提示しない場合、仕入税額控除が認められないことが、常に妥当かとの点については、課税の累積の排除の観点から疑問が呈される場合がある。

　仕入税額控除の適用に関して、平成6年11月改正により、帳簿書類または請求書等の保存から帳簿書類および請求書等の保存が義務づけられることに改められた。

2 仕入税額控除の制限に関する規定等──どのような場合、仕入税額控除が制限されるべきか

　消費税額の計算上、事業者の仕入れに関して消費税額が生じない場合、

当該仕入れについて、事業者は仕入税額控除の適用を考慮する必要はないことが原則である。

　ただ、仕入税額控除の対象となる消費税額を含む取引である「課税仕入れ」（171頁参照）は「事業者が、事業として他の者から資産を譲り受け、若しくは借り受け、又は役務の提供を受けること」（消法2条1項12号）であり、「当該他の者が事業として当該資産を譲り渡し、若しくは貸し付け、又は当該役務の提供をしたとした場合に課税資産の譲渡等に該当することとなるもの」と定義されている（同号第2括弧書）。当該定義規定によれば、事業者が、免税事業者や事業者以外の個人から資産を譲り受けた等の場合であっても、仮に、当該資産の譲り渡し等を事業者が行った場合に、課税資産の譲渡等に該当することとなるものについては、仕入側の事業者の「課税仕入れ」に該当する。また、帳簿書類等の記載に基づき仕入税額控除を認める方式（いわゆる**帳簿方式**）において、事業者は、仕入先が課税事業者であるか否かを確認することは困難であり、仕入税額控除の適用上、仕入先が課税事業者であるか否かを確認することは求められていない。このような枠組みにおいて、仕入税額控除額の適用の観点（**Keyword 7**「帳簿方式」と「インボイス方式（適格請求書等保存方式）」〔199頁参照〕）から、免税事業者は事業者との取引から排除されていない。

　ただ、免税事業者等が仕入先であるにもかかわらず、事業者が仕入税額控除を適用できることは、納税なき仕入税額控除という問題が生じていることを意味する。この問題の発生の要因の一つが帳簿方式にあることから、帳簿方式は消費税制度の透明性を低くしているとの指摘がされている。

　なお、納税なき仕入税額控除の発生を防止する観点から、補助金等の特定収入がある国や地方公共団体の仕入税額控除額に一定の調整が行われること（消法60条4項）や国外事業者からの電気通信利用役務の提供等の特定の仕入れについては、仕入税額控除の規定を適用しない場合があること（平成27年度改正法附則38条）が規定されている。また、課税仕入れに係る資産に関して、事業者が密輸品であることを知っていた場合（消法30条12項）や**居住用賃貸建物**（同条10項）については、仕入税額控除の規

定を適用しないことが規定されている。

> **Keyword 6　「消費税」と「推計課税」**
>
> 　所得税法 156 条や法人税法 131 条（推計による更正または決定）の規定と異なり、消費税法は、税務署長は課税標準を推計して更正または決定することができるとの、いわゆる推計課税を認める規定を設けていない。
>
> 　推計課税を明文で認める規定がない場合であっても、公平の観念に照らして、合理的な方法により推計された課税標準額に基づく更正処分は適法とした裁判例（東京高判昭和 60 年 3 月 26 日行集 36 巻 3 号 362 頁）がある。消費税の申告書の提出がない場合、決定の規定（税通 25 条）を根拠として、課税資産の譲渡等の対価の額に係る推計課税が行われている。このような消費税の推計課税に関して、所得税法等と比較して、どのような場合に税務署長は推計課税を行うことができるのか、仕入税額控除の適用は認められるのか等の点が必ずしも明らかではないことから、消費税に係る推計課税は、制度として不備があると評価される場合がある。

TOPICS 9

消費税の不正還付等に対する罰則

　消費税の仕入税額控除の計算上、仕入税額が売上税額を上回る場合、申告によって還付される仕組みが採用されていることから、架空の仕入等に係る申告による消費税の不正還付が多くみられる。このような状況に対応して、平成 23 年度改正において、消費税の不正受還付罪の未遂に対する罰則（消法 64 条 2 項）が創設された。また、平成 28 年度改正において、適格請求書制度（インボイス制度）の悪用に対して、適格請求書に類似する書面や偽の適格請求書の発行者に対する罰則（新消法 65 条）が創設された。さらに、平成 30 年度改正において、消費税を納付せず密輸した金地金等を国内の事業者に消費税込価格で売却し、売却の際生じる消費税相当額を不正に稼得しようする金地金等の密輸に対する抑止効果を高めるため、輸入に係る消費税逋脱の罰則が強化された（消法 64 条）。

なお、帳簿書類等の提示の拒否等による仕入税額控除の否認は、このような罰則の適用ではない。帳簿書類等の提示の拒否等に対して仕入税額控除を認めないことと、消費税法上の義務違反等に対する罰則の適用とは明確に区別されることが必要である。

❹⋯⋯⋯⋯簡易課税制度（みなし仕入率）──仕入税額控除を簡便に計算できないのか

　中小事業者の納税事務負担軽減を図る観点から、所定の要件を満たす中小事業者に対して、課税仕入れの実額を計算するのではなく、課税売上高を用いることにより、事業の種類に応じて概算（みなし仕入率）での仕入税額控除を認める簡易課税制度が採用されている（消法 37 条。**図表 13**）。基準期間における課税売上高が 5000 万円以下である中小事業者は、原則、制度の適用を受けようとする課税期間の開始の初日の前日までに「簡易課税制度選択適用届出書」（消令 57 条の 2 ）を提出することにより、同制度

【図表 13　事業者の事業の種類ごとのみなし仕入率】

消費税法施行令 57 条で定める事業	みなし仕入率
第 1 種事業（卸売業）	90
第 2 種事業（小売業）	80
第 3 種事業（農業、林業、漁業、鉱業、建設業、製造業、電気業等）	70
第 4 種事業（第 1・2・3・5・6 種事業以外の事業）	60
第 5 種事業（運輸通信業、金融業、保険業、サービス業〔飲食店業に該当するものを除く。〕）	50
第 6 種事業（不動産業）	40

＊　軽減税率の対象となる飲食料品を生産する農業・林業・漁業については、当該飲食料品の譲渡に係る部分について、第 2 種事業に位置付けられ、そのみなし仕入率は 80％となる（平成 28 年度改正消令附則 11 条の 2、消令 57 条）。

の適用を選択できる。

　簡易課税における事業の分類に関して、日本標準産業分類によることの合理性は否定できない（名古屋高判平成18年2月9日訟月53巻9号2645頁）。

　簡易課税を選択した事業者は、販売により原価割れが生じた場合であっても、仕入れに係る税額の還付を求めることはできない（東京高判平成15年9月16日税資253号順号9435）。

❺⋯⋯⋯⋯適格請求書等保存方式（インボイス方式）
──なぜ、インボイスが必要とされるのか

　現行の帳簿方式において、税率の異なる品目に関する仕入税額控除の計算については、必ずしも正確に効率的な対応ができない。そのため、軽減税率制度の導入に対応した仕入税額控除の方式として、抜本改革法の平成28年11月改正により、いわゆるインボイス方式である適格請求書等保存方式が令和5年10月1日から導入されることになった。

　適格請求書等保存方式は、「適格請求書発行事業者」（新消法2条1項7の2号）から交付を受けた「適格請求書」（同57条の4第1項）の保存を仕入税額控除の要件とし（同30条1項・7項）、現行の帳簿方式に比べて、以下のような特色を有する。

　第1に、仕入税額控除の要件とされる適格請求書においては、適格請求書発行事業者の氏名（名称）、登録番号、課税資産の譲渡等を行った年月日、課税資産の譲渡等に係る資産等の内容、適用税率、消費税額、書類の交付を受ける事業者の氏名等の仕入税額控除の確認に必要な情報が記載される（新消法57条の4第1項1～6号）。

　第2に、売買等の取引を行ったすべての事業者が適格請求書を交付（発行）できるわけではない。事業者は、税務署長に申請書を提出し、消費税法に違反して罰金以上の刑に処せられて2年経過しない等の一定の拒否事由に該当しないものとして登録を受けた場合、原則、適格請求書を交付することができる（適格請求書発行事業者登録制度の創設。新消法57条の2）。小売業等の一定の事業者は、適格請求書に代えて、適格簡易請求書を交付

することができる（同 57 条の 4 第 2 項）。

　第 3 に、登録国外事業者制度と同様、税務署長は、登録事業者の氏名や登録番号等を適格請求書発行事業者登録簿に登載し、インターネットを利用して登載事項を公表する（新消法 57 条の 2 第 4 項、新消令 70 条の 5）。

　第 4 に、免税事業者（課税売上高 1000 万円以下）も登録を受け、適格請求書を発行できるが、当該登録を受けた場合、小規模事業者に係る免税制度は適用されない（新消法 9 条 1 項）。

　第 5 に、適格請求書発行事業者以外の者は、適格請求書（適格簡易請求書）であると誤認されるおそれのある表示をした書類の交付が、適格請求書発行事業者は、偽りの記載をした適格請求書（適格簡易請求書）の交付がそれぞれ禁止されている（新消法 57 条の 5）。

　第 6 に、令和 5 年 10 月 1 日からの 3 年間において、適格請求書発行事業者以外の者からの課税仕入れについては、一定の事項を記載した帳簿および請求書等の保存がある場合、当該課税仕入れの 80％ が、また、同 8 年 10 月 1 日からの 3 年間において、当該課税仕入れの 50％ がそれぞれ仕入税額控除の対象となる（平成 28 年度改正法附則 52 条・53 条）。このような措置は、免税事業者からの仕入れが仕入税額控除の対象とならないことを前提としていることから、事業者が課税事業者との取引を行ううえで、適格請求書の発行は、必要不可欠であることを意味する。帳簿書類等の保存は引き続き必要であり（新消法 30 条 7 項）、適格請求書等保存方式が導入されるまでの間の仕入税額控除制度については、現在の帳簿方式が維持される。

Keyword 7　「帳簿方式」と「インボイス方式（適格請求書等保存方式）」

　両方式は仕入れにおける消費税額を把握するための仕組みである。前者の方式とは、帳簿書類等の記載に基づき、仕入税額を計算するものである。後者の方式とは、請求書等の書類であるインボイス（税額票、仕送状）や適格請求書に記載された税額に基づき、仕入税額を計算するものである。前

者については、所得税や法人税の計算に用いられている帳簿書類等を活用できることから、事務負担を軽減できるメリットがある。

　他方、後者については、インボイス（適格請求書）の発行者（売手）から仕入先（買手）は適格請求書を受け取り、当該適格請求書に記載された税額を買手の売上げに係る税額から控除することから、適格請求書に税額の記載があるものが課税取引、適格請求書に税額の記載がないものが課税取引以外の取引と明確に区分することができる。また、取引ごとの税率が異なる場合であっても、各取引における仕入税額が明らかであることから、事業者が消費税の確実な計算・納付を行ううえで、適格請求書は重要な役割を果たす。

　ただ、後者については、免税事業者には適格請求書の発行が認められないことから、免税事業者が事業者間取引から排除される場合があるのではないかとの懸念が示されている。また、偽造された適格請求書の利用の防止、適格請求書の不正発行の防止といった適格請求書等保存方式を円滑に運用するために、登録された適格請求書発行事業者の情報を迅速かつ正確に公表すること等が必要となる。

TOPICS 10

登録番号の確認は仕入税額控除の適用上の新たな要件か

　金地金等に関して、課税仕入れの相手方の氏名等が記載された本人確認書類の保存が必要とされる（消法 30 条 11 項）ように、仕入税額控除の適用上、取引の相手方の確認が求められる場合がある。適格請求書等保存方式においては、適格請求書発行事業者の登録番号等の登録情報が国税庁のウェブサイトで検索可能な形で速やかに公表されること（新消令 70 条の 5）から、法律上明記されていないが、仕入税額控除の適用上、交付された適格請求書の登録番号が有効であること等を仕入れ側の事業者が確認したか否かの点が新たな争点となるのではないかと考えられる。

第 4 章

相続税・贈与税

◆相続税・贈与税の世界へようこそ！◆

「相続税・贈与税の世界」では、どのようなことが問題になるのか、どのようなことを学ぶのか。以下の設例は「相続税・贈与税の世界」の一部ではあるが、設例を読んでから後の解説を読み、解説を読み終えたら、もう一度設例を読み、設問に答えてもらいたい。

- -

　Aは平成28年8月8日に88歳で死亡した。Aは、妻B（82歳）と、同20年3月18日に死亡した次女Dの一人息子である孫F（26歳）と、Dの夫Gと同居していた。Aにはすでに家庭をもって別居している長女C（54歳）がいたほか、昭和49年3月10日に養子縁組をしたE（50歳）がいたが、Eも独立して家族をもっており、また関係が急激に悪化したため、平成25年6月16日に離縁が成立していた。Aには40代のころに交際していた愛人H（65歳）がおり、Hとの間につくった子I（45歳）がいた。

　Aが残した財産には、5000万円の預貯金、非上場会社甲の株式（300株。発行済み株式数の1%未満で同族関係はない）、B、Fと同居していた乙建物および丙土地があった。AにはK銀行からの借入金残高1000万円があった。また、Aは保険会社と生命保険契約を締結して保険料を払い込んでいた。Aの死亡により、受取人Bにこの生命保険契約に基づく5000万円の保険金が支払われた。

　Aは、司法試験の勉強をしており職についておらずお金に困っていたFに対し、平成27年10月8日に500万円を贈与した。Fは、この贈与につ

いて、同28年3月11日、所轄税務署に贈与税の申告書を提出し、同日に贈与税を納付した。

　Aの死亡後、書斎の机の引出しから遺言書が発見されたが、金庫の中からも別の遺言書がみつかった。机の引出しに入っていた遺言書は、Aの自書で記載され封印がされたものであった。家庭裁判所で検認をした結果、「全財産をHに遺贈する」「F、司法試験に合格して腕のよい弁護士になりなさい」との内容で、平成26年9月9日の日付などすべてAの自書で記載されたものであり押印もあった。これに対し、金庫の中からみつかった遺言書は、検認の結果、同17年3月4日の日付で押印もあり、「財産の2分の1をBに、残りの2分の1をDに渡す」という内容であったが、すべてパソコンで記載されたものだった。いずれの遺言書にも、遺言執行者は知人の弁護士であるJに指定を委託する旨の記載があった。

第1節　相続税

Ⅰ　相続税の概要

●⋯⋯⋯遺産税方式と遺産取得税方式

1　二つの考え方──相続税は誰に課されるのか

　相続税は、財産の取得に対して課される国税である。1年の税収は2兆円程度で、国の租税収入（約57兆円）に占める相続税の割合は低く、わずかに4%程度である（「国税庁レポート2021」9頁参照）。相続税を計算するにあたっては平成25年改正までは「5000万円＋法定相続人の数×1000万円」で計算される基礎控除額があったため、死亡者数（相続開始の原因になるのが人の死亡である）に占める相続税を納税する者の割合もわずか4%程度にすぎなかった。しかし、平成25年に相続税の税収が増える方向での大きな変更がなされた。相続税を計算するにあたり控除される基礎控除額の引下げと、税率の引上げである。こうした改正が平成27年1月1

日から施行され、平成27年の課税割合は従前の4％から8％に上昇した
ため、相続税には注目が集まっていた。特に基礎控除額の引下げ（「3000
万円＋法定相続人の数×600万円」に改正された）により、相続財産が6000
万円を超えないかぎり課税されなかった相続税が、3600万円を超えれば
課税されうる仕組みに変わった。

　人が死亡すると、死亡した者（相続をされる者という意味で被相続人とい
う）の財産を相続人等に承継させる制度が相続である。そして、相続が発
生した際に課される税金が相続税である。では、相続税は誰に課される税
金なのだろうか。

　二つの視点で整理ができる。一つが、相続税は相続財産（遺産）を取得
した者に課される税金であるとするA説である。いま一つが、相続税は
被相続人の遺産に課される税金であるとするB説である。A説を遺産取
得税方式といい、B説を遺産税方式という。相続の対象は、相続開始時に
被相続人が有していた財産、つまり遺産である。この遺産を取得した者に
課されるのが相続税である、と理解するのがA説である。A説は、相続
税の性質を遺産取得税と考える。これに対し、相続開始によって清算する
ことになった被相続人の遺産に対して課されるのが相続税である、と理解
するのがB説である。B説は、相続税の性質を遺産税であると考える。
相続税を「遺産の取得」に課せられる税と考えると（遺産取得税説）、遺
産を取得した者（相続人等）に相続税は課されることになる（遺産取得税方
式）。一方で、相続税を「遺産そのもの」に課される税と考えると（遺産
税説）、相続開始時に残された遺産の所有者であった被相続人に課される
ことになる（遺産税方式）。

　日本の相続税では、A説が採用されている。遺産を取得した者を「相
続人等」と説明したが、相続税は、遺贈や死因贈与に対しても課される
（相法1条の3第1項）。よって、相続税が課される遺産を取得した者（相
続人等）とは、相続人、受遺者、受贈者（死因贈与の場合）である。日本の
相続税は遺産取得税方式を前提にしながら、法定相続分に応じた計算をす
る仕組みが採られているため、正確にいうと、法定相続分課税方式と呼ば

れるもの（遺産取得税方式に遺産税方式の要素を加えたもの）になっている（241頁参照）。

2　法人——なぜ、法人には相続税が課されないのか

　相続税は被相続人（法人が死亡することはないので、個人に限られる）の財産を承継した個人（相続人等）に課される。株式会社などの法人が被相続人から遺贈や死因贈与を受けたとしても、遺産を取得した法人には原則として相続税が課されることはない（なお、法人から個人に贈与があった場合、当該個人には所得税が課される〔116頁参照〕）。

　遺産を取得した法人には、**法人税**が課される。法人が得た所得には法人税が課される（法法5条・21条・22条1項）のに対し、相続税は相続等によって遺産を取得した個人に課されるものだからである（相法1条の3第1項）。

❷‥‥‥‥**相続と遺贈・死因贈与**──**相続税はどのような場合に課されるのか**

　相続税は、相続、遺贈、死因贈与、の三つの場合に課される（相法2条・1条の3第1項1号柱書括弧書）。

　相続は、人が死亡したときに、死亡した被相続人の財産を、それ以外の者（相続人等）に承継させる制度である。相続は、人の死亡によって当然に発生する（民882条）。これに対し、遺贈と死因贈与は、人の死亡という事実があっても当然に発生するものではない。遺贈は被相続人が生前に作成していた遺言書がある場合に、遺言で指定をされた者に被相続人の財産を処分するものである（同960条・964条。223頁参照）

　☞事例では、愛人Hに全財産を遺贈する旨のAの遺言は、遺贈に当たる。

　死因贈与は、贈与者の死亡によって贈与の効力が生じることを生前に約した贈与者と受贈者の契約がある場合に発生する（民554条・549条）。遺贈と死因贈与は、被相続人の意思によって特定の者（民法の規定により当然に相続人になることができる法定相続人以外の者でもよい）に対して、死亡の事実が発生した際に被相続人の財産を無償で承継させることを生前に決めるものである点では共通する。しかし、遺贈が被相続人の生前に作成した遺言書によってなされる単独行為であるのに対し（単独行為というのは契約と異なり、一方当事者のみの意思で行える法律行為である）、死因贈与は生前に被相続人（死因贈与者）と死因受贈者との間の双方の意思の合致によって行われる契約である。この点で異なる。

❸‥‥‥‥**本来の相続財産およびみなし相続財産と非課税財産**
　　　　──**相続税はどの範囲の財産に課されるのか**

　相続税は、人が死亡した場合に、相続・遺贈・死因贈与を原因として遺産を取得した者に対して課される税金である。ここにいう遺産は、相続税が課される範囲を確定するために重要な概念になる。そこで、相続税はどのような財産に課されるのかの検討が必要になる。相続については、民法（第5編 相続）が詳細を定めている（882〜1050条）。相続税法が前提にしている民法の相続制度では、相続財産の範囲は「被相続人の財産に属した

一切の権利義務」とされ（包括承継〔896条本文〕）、例外的に「被相続人の一身に専属したもの」（一身専属権）が除外されている（同条但書）。

相続税が民法の相続制度を前提にする以上、民法における相続財産（本来の相続財産）が、相続税においても課税対象の遺産になる。しかし、これはあくまで原則である。相続税法では、相続税を課すべきかどうかという観点から、一定の修正をしているからである。

民法の相続財産（**本来の相続財産**）ではなくても、相続税が課されるものもある（本来の相続財産以外の財産に対する課税）。逆に、民法の相続財産（本来の相続財産）であっても、政策的な観点から相続税が課されないものもある（本来の相続財産に対する非課税）。前者を、**みなし相続財産**という（相法3条・4条・7条〜9条の6）。例えば、生命保険契約に基づき受取人（相続人）が保険金を受領してもそれは民法上の相続財産（本来の相続財産）ではないが、被相続人が保険料の負担をしていた場合には相続税が課される（同3条1項1号。236頁参照）。これに対して後者は、**非課税財産**と呼ばれる（同12条）。例えば、墓所、霊びょう、祭具などである（同12条1項2号。238頁参照）。

❹………**所得税との関係**──**相続税は財産税なのか**

相続税は遺産を取得した者に課される税金で、対象が相続等（相続、遺贈、死因贈与）によって承継される遺産である。そこで、相続税は所得税を補完する税金といわれる。同時に、所得税とのバッティングが問題になる。所得とは、性質や原因を問わず、あらたな経済的価値の流入だと考えられているからである（**包括的所得概念**。146頁参照）。

相続税の課税対象は、所得税の課税対象でもある、ということである。つまり、本来所得税が課されるべきものが、相続税の対象になっている。しかし、一時所得では2分の1しか課税されないため、相続税が所得税を補完することになる。

所得に当たるものでも、所得税が課されない場合がある（所得税法の**非課税所得規定**。88頁参照）。「相続、遺贈又は個人からの贈与により取得す

るもの」には「所得税を課さない」とされている（所法9条1項17号）。相続等によって得た遺産は所得税法の考え方によれば一時的・偶発的な利得であるため一時所得（同34条1項）に当たるはずである。しかし、遺産の取得に対しては相続税法の規定により相続税が課される。両者（相続税と所得税）の二重課税を排除するため、所得税は非課税になる（同9条1項17号）。

　相続税と所得税は、いずれも所得に対して課されるものであるが、遺産の取得という所得に対しては、相続税が優先して課税される（所得税の補完税）。この理解は、相続税の性質を遺産取得税であると考える日本の相続税法の考え方と調和する。

　もっとも、相続税を遺産そのものに対する税金と考える場合は、相続税を財産税と捉えることになる。この見解によれば、所得税と相続税のバッティング（二重課税）の問題は起きないことになる。

　判例は、非課税所得規定（所法9条1項17号）を二重課税を排除するための規定であると解している（最判平成22年7月6日民集64巻5号1277頁）。

TOPICS 1

生保年金二重課税訴訟

　長崎の主婦がこれまでの課税実務（40年近くにわたり課税されてきた）に疑問を投げかける裁判を起こした。年金特約付きの生命保険契約に基づき、受取人である相続人（妻）が生命保険金のほかに、将来10年間にわたり毎年230万円の年金を受領できる権利を取得した。この年金受給権には相続税が課され（みなし相続財産）、個別に受給する年金そのものには雑所得として所得税が課されるのが実務であった。しかし最高裁は、所法9条1項15号（現17号）の非課税所得規定が適用されるとして1回目に受領した年金に所得税を課すのは違法であると判断した（前掲最判平成22年7月6日）。

　この判決では、上記規定の趣旨は「相続税又は贈与税の課税対象となる経済的価値に対しては所得税を課さないこととして、同一の

経済的価値に対する相続税又は贈与税と所得税との二重課税を排除
したものであると解される」とされた。

❺………税額計算の基本的仕組み──相続税はどのように計算するのか

相続税の計算は複雑であり、大きく分けて4段階で行われる（次頁の**図表1**参照）。

まず、第1段階として、相続税の課税価格の合計額から基礎控除額を控除し、課税遺産総額を計算する（相法11条の2〔課税価格には非課税財産、債務控除される額は算入されず（同12〜13条）、相続開始3年以内の贈与により取得した財産の価額を加算する（同19条）〕、同15条1項）。第2段階として、課税遺産総額を、各相続人が法定相続分どおりに相続したと仮定し法定相続分ごとに分けた各取得金額にそれぞれ税率を適用して算出された金額を合計し相続税の総額を計算する（同16条）。第3段階として、相続税の総額に相続財産に占める各相続人が相続した財産の課税価格の割合を乗じることで、各相続人等の相続税額を計算する（同17条）。最後に、第4段階として、各相続人等の相続税額について、相続税額が加算される者は加算（2割加算）を行い（同18条1項）、各種の税額控除を受けられる者には税額控除を行い、各相続人等の納付税額を計算する（同19条の2〜20条の2等）。

なお、相続税額の計算は、後で詳述する（239〜245頁参照）。

❻………確定申告と延納・納税の猶予・物納

1　申告納税──いつまでに申告し、いつまでに納付すべきなのか

相続税も、本書で解説する他の税目（国税）と同様に申告納税方式が採られている（5頁参照）。相続開始があった場合、相続人は税務署に相続税の申告書を期限（法定申告期限）内に提出し、申告書で計算された納付すべき相続税額を期限（法定納期限）内に納める必要がある。

【図表1　相続税の税額計算の基本的仕組み】

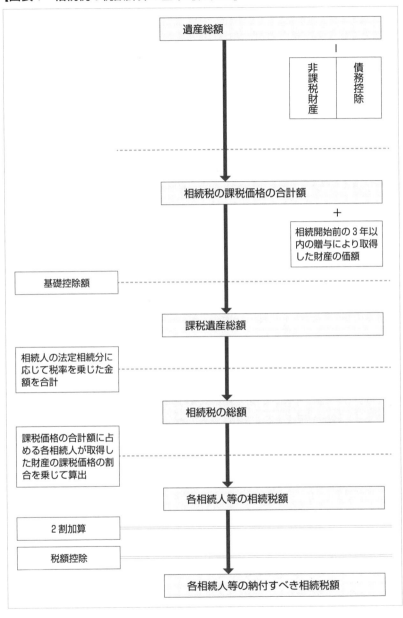

遺産総額

非課税財産 ｜ 債務控除

相続税の課税価格の合計額

＋
相続開始前の3年以内の贈与により取得した財産の価額

基礎控除額

課税遺産総額

相続人の法定相続分に応じて税率を乗じた金額を合計

相続税の総額

課税価格の合計額に占める各相続人が取得した財産の課税価格の割合を乗じて算出

各相続人等の相続税額

2割加算

税額控除

各相続人等の納付すべき相続税額

具体的には、相続の開始があったことを知った日の翌日から起算して10か月以内に納税地の所轄税務署長に所定の事項を記載した相続税の申告書を提出する（相法27条1項）。所轄税務署は、納税地である被相続人の死亡の時における住所地が基準となる（同62条1項、相法附則3項本文）。相続人の住所がどこであるかにかかわらず、相続人全員が被相続人の住所地で申告書を提出しなければならない。相続税の納付も、上記の法定申告期限までに行わなければならない（法定納期限。相法33条）。

　「相続の開始があつたことを知つた日」は、法定申告期限および法定納期限の起算点として重要になる。その趣旨は、現実に相続により取得した財産が確定しないことを理由に相続税の納付を免れることを防止し、もって国家の財源を迅速確実に確保することにある。そこで、納税者が相続の事実自体を知っている以上は、遺産の内容について調査をしたが明細を確認できなかった場合もこれに当たる（仙台地判昭和63年6月29日訟月35巻3号539頁）。また、「相続の開始があつたことを知つた日」の意義は自己のために相続の開始があったことを知った日を意味し、相続人が意思無能力者の場合は、法定代理人がその相続の開始のあったことを知った日がこれに当たる（最判平成18年7月14日判時1946号45頁）。

> ### Keyword 2　意思無能力者
> 　民法は、私法（私人間に適用される法律）の一般法（原則を定めた法律）である。親族・相続を定めた規定はもちろん、それ以外の民法の規定も、税法が適用される前提となる。意思無能力者も、民法上の概念である。民法が規定する能力は、権利能力、行為能力、意思能力、責任能力、遺言能力など様々である。
> 　権利能力とは、権利や義務の帰属主体になることができる地位のことをいう。権利能力は出生によって得られ（民3条1項）、死亡によって喪失する。行為能力は、後見人などの同意を得ることなく単独で法律行為を行える能力を意味する。未成年者・成年被後見人・被保佐人・被補助人などは、この行為能力が制限されている（同5条・9条・13条・17条・120条1項。制限行為能力者〔同20条1項〕）。意思能力は、法律行為を有効に

　相続税の申告は、相続税の課税価格の合計額が基礎控除額を超えない場合には不要である（相法27条1項）。各種の税額控除等の結果、相続税が発生しない場合には相続税の申告は必要になる。共同相続の場合、相続税の申告書は共同して1通作成して提出をすればよい。別々に作成して提出することもできる。

　法定申告期限までに遺産分割が未了の場合も、相続税の申告および納付はしなければならない。この場合は、法定相続分どおりに相続したものとして申告および納付を行い、遺産分割後に修正申告（相法31条）または更正の請求（同32条）を行う。

TOPICS2

相続税法32条1号の更正の請求と前訴判決の拘束力

　遺産分割が未了の段階で、相続税法55条による法定相続分に基づく相続税申告がなされた後にされた増額更正処分の取消訴訟で、申告税額を上回る部分の増額更正処分を取り消す全部認容判決（275頁、TOPICS18参照）が確定してから、調停による遺産分割に基づき現実に取得した相続分をもとに行った同32条1号による更正の請求が認められず、相続税申告における評価を前提にした増額更正処分がされたため、その取消しを求めて再度訴訟になった事例がある。

　下級審では、請求認容判決が下されていたが（東京地判平成30年1月24日判タ1477号155頁、東京高判令和元年12月4日税資269号順号13350）、上告審は原判決を破棄し、請求を棄却した（最判令和3年6月24日裁時1771号1頁）。

　最高裁は、相続税法32条1号および同35条3項1号の規定が、「同法55条に基づく申告の後に遺産分割が行われて各相続人の取得財産が変動したという相続税特有の後発的事由が生じた場合に

お」ける更正の請求および更正の規定（税通23条1項・24条）の「特則」であり、「所定の期間制限にかかわらず、遺産分割後の一定の期間内に限り」、「相続税額等が過大となったとして更正の請求をすること及び当該請求に基づき更正がされた場合に」「他の相続人の相続税額等に生じた……後発的事由による変動の限度で更正を」可能としたものであるとした。また、その趣旨は、「相続税法55条に基づく申告等により法定相続分等に従って計算され一旦確定していた相続税額について、実際に行われた遺産分割の結果に従って再調整」し、「相続人間の税負担の公平を図る」ものとした。

　こうして、相続税法32条1号の更正の請求では、「一旦確定していた相続税額の算定基礎となった個々の財産の価額に係る評価の誤りを……理由とすることはできず、課税庁も……更正の除斥期間が経過した後」、「評価の誤りを是正することはでき」ないと判示した。

2　所得税の準確定申告——相続の場合でも、所得税の申告が必要なのか

　被相続人が事業所得者であるなど、生前に所得税の申告を行っていた者の場合、相続税の申告とは別に、所得税の準確定申告を行うことも必要になる。所得税の準確定申告には、所得税の申告書を提出すべき者が、①その年の翌年1月1日から当該申告書の提出期限（通常は3月15日）までの間に申告書を提出しないで死亡した場合（所法124条1項）と、②年の途中で死亡した場合（同125条1項）がある。いずれも、相続の開始があったことを知った日の翌日から起算し4か月以内（相続人が出国をする場合は、出国の時）に税務署長に対して行う（同124条1項・125条1項）。そこで、相続の場合には、相続税の申告のほか、所得税の準確定申告が必要になることがある。

　準確定申告で納付した所得税額は、被相続人が相続開始時に負担していた債務（公租公課）に当たるため、相続税の課税価格を計算する際には債務控除がなされる（相法13条1項1号括弧書）。

遺言により相続分 0 とされた遺留分権利者
と被相続人の所得税納税義務の承継

　遺言により相続分 0 とされた共同相続人の 1 人（遺留分権利者）が、他の共同相続人に対して遺留分減殺請求権を行使した事案で（遺言と遺留分については、221〜227 頁参照）、課税庁は被相続人の所得税の納税義務がこの遺留分権利者に承継されるとの決定処分を行った。相続があった場合、被相続人に課されるべき国税を納める義務は相続人が承継し（税通 5 条 1 項）、相続人が 2 人以上の場合は、相続分により按分して計算した額になる（同条 2 項）。

　裁判所は、相続分 0 とされた相続人が遺留分侵害を理由に減殺請求権を行使したにすぎず、この行使によって遺留分権利者に帰属する権利は遺産分割の対象となる相続財産としての性質を有しないため（最判平成 8 年 1 月 26 日民集 50 巻 1 号 132 頁）、相続分が修正されるものではないとして、所得税の決定処分を取り消した（東京地判平成 25 年 10 月 18 日税資 263 号順号 12313）。

3　延納と納税の猶予——相続税を期限までに納められない場合、どうすればよいのか

　相続税は、法定納期限までに全額を納付しなければならないのが原則である。例外的に、所定の事由を満たす場合に延納も認められている。延納が認められるためには、納付すべき相続税額が 10 万円を超え、かつ、法定納期限までに（または納付すべき日に）金銭で納付をすることを困難とする事由があることの要件を満たす必要がある（相法 38 条 1 項）。手続としては、法定納期限までに納税地の所轄税務署長に延納許可の申請（相続税延納申請書に担保提供関係書類を添付して提出）をしなければならない（同39 条 1 項）。

　これらの要件を満たし、税務署長の延納許可がなされる場合でも、政令で定める金額を限度とし、原則として 5 年以内（ただし、課税相続財産の価額に不動産等の価額が占める割合が 10 分の 5 以上の場合は最大で 15 年以内等

の例外がある）の年賦延納が認められるにすぎない（相法38条1項）。延納税額が100万円以下で、かつ、延納期間が3年以下である場合を除き、担保の提供も必要になる（同条4項）。

4　物納──金銭以外の納付は、どのような場合に認められるのか

　納付すべき相続税額を延納によっても金銭で納付することを困難とする事由がある場合、納税義務者の申請により、納付を困難とする金額として政令で定める額を限度として、税務署長は物納を許可することができる（相法41条1項）。物納とは、金銭以外による相続税の納付のことである。日本で物納による税金の納付が認められるのは、相続税のみである。

　物納許可の申請は、法定納期限までに（または納付すべき日に）物納許可申請書に物納手続関係書類を添付し、納税地の所轄税務署長に提出しなければならない（相法42条1項）。

　物納に充てられる財産は、課税価格計算の基礎となった国内にある不動産・船舶、国債・地方債、社債・株式等、動産などがあり、政令が定める管理処分不適格財産は除外される（相法41条2項）。

Ⅱ　相続制度

　相続税法を理解するためには、民法が定める「相続制度」の基礎を知っておく必要がある。以下では、相続制度の基本を概観する。

TOPICS4

民法改正の概要

　平成30年および令和3年に民法の改正があった。改正の回数は3回あり、順に成年年齢引下げの改正（平成30年改正）、相続法改正（平成30年改正）、相続法等改正（令和3年改正）となっている。

【図表2　民法改正の施行日】

改正内容	施行日
(1)　平成 30 年改正（成年年齢引下げ）	令和 4 年 4 月 1 日
(2)　平成 30 年改正（相続法改正）	段階的（下記①～③）
①　自筆証書遺言の方式を緩和する方策	平成 31 年 1 月 13 日
②　原則的な施行期日	令和元年 7 月 1 日
③　配偶者居住権等の新設	令和 2 年 4 月 1 日
自筆証書遺言の保管制度（遺言書保管法）※1	令和 2 年 7 月 10 日
(3)　令和 3 年改正（相続法等改正）※2	令和 2 年 7 月 10 日

＊1　※1は、民法改正ではなく、新法（遺言書保管法）の制定。
＊2　※2は相続法以外の改正もある。

❶………包括承継、単独相続・共同相続、単純承認・相続放棄・限定承認

1　包括承継──どのような場合に相続が開始され、何が相続人に承継されるのか

　個人が死亡すると、その死亡した個人を被相続人として、被相続人の住所で相続が開始する（民882条・883条）。相続開始原因である人の死亡は、医学的に死亡が確認された場合の自然死亡のほか、失踪宣告による認定死亡（同30～31条）がある。

　相続人は、被相続人の一身に専属したもの（一身専属権）を除いて（民896条但書）、被相続人の財産に属した一切の権利や義務を承継する（包括承継。同条本文）。自然人（民法では個人のことを法人と区別して自然人という）は出生によって権利能力（権利や義務の帰属主体になれる地位のこと）を取得し（同3条1項）、死亡によってこれを失う。そこで、死亡によって権利能力を失った被相続人の財産のすべてを、包括的に相続人に承継させるのが相続制度である。

具体的には、被相続人が相続開始までに有していた現金・預貯金・不動産・株式・著作権などのプラスの財産（積極財産）のみならず、借金や代金支払債務などのマイナスの財産（消極財産）や、賃貸者契約における賃貸人の地位といった契約上の地位も含め、原則として相続人がこれらをそのまま承継することになる。貸主と借主の個人的な信頼関係を前提した無償での貸借である使用貸借（民593条）では、借主の死亡が終了事由とされている（同597条3項）。こうした規定がないかぎり、原則として被相続人に属していたあらゆる財産と地位が相続人にそのまま承継される。例外的に承継されない一身専属権には、夫婦の同居・協力・扶助義務（同752条）や親権（同820条）などがある。扶養請求権も、扶養義務者と扶養権利者との間の身分関係を前提にするため、一身専属権として相続財産には含まれない。

2　単独相続・共同相続──相続は複数でする場合もあるのか

　現在の相続制度では、夫が死亡した場合の妻（配偶者）、子などの法律上当然に相続権を有する者（法定相続人）が相続人として想定されており、相続人が複数になることが想定されている（戦前の家督相続とは異なる）。

　遺産を承継する相続人が1人の場合を単独相続という（相続放棄や欠格などで相続人にならない者がいる場合も含む）。遺産を承継する相続人が複数いる場合を共同相続という。単独相続の場合、被相続人の財産や地位を包括的に相続人が単独でそのまま承継することになる。共同相続の場合は、被相続人の財産（相続財産）をどのように分けるかの検討が必要になる。相続人が複数いる場合、遺産が分割される前は、被相続人の相続財産は、相続人の共有に属することになる（民898条）。各共同相続人は、その相続分に応じて被相続人の権利や義務を承継する（同899条）。

3　単純承認・相続放棄・限定承認──借金がある相続を回避する方法はないのか

　相続人は、被相続人の相続財産を包括承継することになるため、借金（負債）が多い場合、そのまま承継をすると借金を負うだけになる場合も

ありうる。積極財産がある場合でも、消極財産（負債など）がこれを超えている場合には、相続をしなければ負うことのなかった債務負担が生じる。そこで民法は、単純承認をするか、相続放棄をするか、限定承認をするか、財産の承継方法を相続人の選択に委ねている。

単純承認は、包括承継そのものである。引き継ぐものは無限となるため、負債があればそれもそのまま相続人が引き継ぐことになる（民920条）。所定の期間内に相続放棄または限定承認をしなかったときなど、単純承認をしたものとみなされる場合もある（同921条。法定単純承認）。

相続放棄は、相続そのものを放棄するものである。負債などのマイナスの財産を引き継ぐことはないが、土地・建物などのプラスの財産も引き継ぐこともない。相続放棄をすると、はじめから相続人にならなかったものとみなされる（民939条）。相続放棄は、自己のために相続の開始があったことを知った時から3か月以内に、家庭裁判所に申述をしなければならない（同915条1項本文・938条）。

限定承認は、相続によって得た財産（積極財産）の限度においてのみ被相続人の消極財産を相続することを承認するものである（民922条）。限定承認も相続開始を知った日の翌日から3か月以内にしなければならない（同915条1項本文）。相続人が複数いる場合、限定承認は共同相続人の全員が共同して行わなければならない（同923条）。

❷………法定相続人・法定相続分、養子・内縁、欠格・廃除、代襲相続

1　法定相続人と法定相続分──法律上定められている相続人は誰で、取り分はどれくらいなのか

被相続人が死亡し相続が開始した場合、誰が相続人になれるかについては、民法が規定をしている。被相続人が遺言によって財産を特定の者に承継させる方法（遺贈）もあるが、被相続人の意思にかかわらず、法律上当然に相続人になる者もいる。これを法定相続人という。

法定相続人は、相続権をもつ者から決まる。相続権をもつのは、①配偶者（民890条前段）、②子（同887条1項）、③直系尊属（同889条1項1号）、

④兄弟姉妹（同項2号）である。常に相続人になるのは、①配偶者である（同890条前段）。配偶者以外の者は、法定相続人となれる順位が決められており、上記の②〜④の順位に従って、上位の順位の者がいない場合にのみ法定相続人になる（同889条1項）。

　胎児は出生前の存在であり、本来は権利能力をもたない（民3条1項参照）。しかし相続についてはすでに生まれたものとみなされる（同886条1項）。そこで相続開始時に胎児がいた場合、子として法定相続人になる。ただし、死産の場合は相続人にならなかったことになる（同条2項）。

　同順位の相続人が数人いる場合、相続分は、次のようになる（法定相続分。民900条）。

・子および配偶者が相続人であるときは、子の相続分および配偶者の相続分は各2分の1

・配偶者および直系尊属が相続人であるときは、配偶者の相続分は3分の2、直系尊属の相続分は3分の1

・配偶者および兄弟姉妹が相続人であるときは、配偶者の相続分は4分の3、兄弟姉妹の相続分は4分の1

・子、直系尊属または兄弟姉妹が数人あるときは、各自の相続分は相等しい（ただし、父母の一方のみを同じくする兄弟姉妹の相続分は、父母の双方を同じくする兄弟姉妹の相続分の2分の1）

TOPICS 5

配偶者居住権等の創設と法定評価
（平成30年民法改正・令和元年相続税法改正）

　平成25年改正前には、非嫡出子の相続分を嫡出子の相続分の2分の1とする規定（非嫡出子差別規定）があった（民900条4号但書）。しかし、法の下の平等を定めた憲法14条1項に反すると最高裁が判断し（最大決平成25年9月4日民集67巻6号1320頁）、平成25年改正で同規定は削除された。

　平成13年7月当時の相続開始について違憲であるとした最高裁判

決を受けて、国税庁は、違憲判断の効力がどの事案に及ぶのかについて取扱いの方針を示した（国税庁「相続税法における民法第900条第4号ただし書前段の取扱いについて（平成25年9月4日付最高裁判所の決定を受けた対応）」〔平成25年9月〕）。

この判決を踏まえ、配偶者の相続における地位を保護するための改正が検討され、平成30年改正で、配偶者の居住の権利が創設された。具体的には、配偶者居住権（民1028条）と、配偶者短期居住権（民1037条）である。これに伴い、配偶者居住権の評価について、令和元年改正で、法定評価の規定が創設された（相法23条の2。270頁参照）。

☛ Aの相続開始は平成28年8月8日であるから、非嫡出子Iの相続分はC、Fと同じ6分の1（2分の1×3分の1）になる。なお、Eは相続開始時には離縁（下記2参照）しており、子ではないため、法定相続人には当たらない。

2　養子・内縁──養子や内縁はどのような扱いをされるのか

法律上の子には、実子と養子の2種類がある。実子は血縁関係のある実親から生まれた子を指すのに対し（民772～791条）、養子は実親ではない者とのに間に法律上の親子関係が生じた子である（同792条～817条の11）。実子は、嫡出が推定される場合（民772～778条）と、嫡出でない子を父が認知した場合（同779～789条）がある。養子には、普通養子（民792～817条）と特別養子（同817条の2～817条の11）がある。特別養子は、昭和62年の民法改正で新設された制度で、特別養子となる子は特別養子縁組の請求が家庭裁判所になされた時点で6歳未満の者に限られ、父母の同意が必要になるのが原則である（同817条の5・817条の6本文）。養子縁組は、婚姻後に婚姻関係を解消する離婚があるのと同じように、養子縁組後に解消することができる（民811～817条。離縁）。

男女が結婚し夫婦として社会生活を営む関係を生じさせる婚姻は、戸籍法が定める婚姻届を提出することによって効力を生じる（民739～741条）。

法律の定めに従い婚姻届を提出した場合の婚姻関係を法律婚という。婚姻届を出していない事実上の夫婦（事実婚。内縁）の場合、法律婚に比べ不利益がある（姻族関係の発生〔同725条3号〕、夫婦同氏〔同750条〕、嫡出推定〔同772条〕、相続権〔同890条〕の適用がない）。最判平成9年9月9日訟月44巻6号1009頁は、内縁関係の場合に所得税法の配偶者控除を認めない規定（同83条・83条の2）について、合理的な区別取扱いであるとして憲法14条1項（法の下の平等）に違反しないと判示している。内縁関係の一方が死亡した場合に他方（内縁配偶者）に財産分与の規定を類推適用して遺産を承継させることはできない（最決平成12年3月10日民集54巻3号1040頁）。ただし、相続人がいない場合には、内縁配偶者は、特別縁故者として財産分与を請求することができる（民958条の3）。

3　欠格と廃除——相続人になれない場合は、どのような場合か

相続権（民889〜890条。217〜218頁参照）をもつ者でも、相続人になることができない場合がある。欠格事由に該当する場合（同891条。欠格または相続欠格という）と、推定相続人から廃除された場合（同892条。廃除）である。欠格は、故意に被相続人または相続について先順位もしくは同順位にある者を死亡するに至らせ、または至らせようとしたために、刑に処せられた者などの事由（欠格事由）に該当する場合に認められる（同891条1〜5号）。欠格事由に当たる者は、相続人となることができない（同条柱書）。欠格事由に当たらない場合でも、遺留分（225〜227頁参照）を有する推定相続人が、被相続人に対して虐待をし、もしくは重大な侮辱を加えたとき、または推定相続人にその他の著しい非行があったときは、被相続人は、その推定相続人の廃除を家庭裁判所に請求することができる（同892条）。遺留分を有しない兄弟姉妹は、廃除の対象にはならない。

4　代襲相続——先に親が亡くなっている場合の祖父から孫への相続などはどうなるのか

相続権をもつ者のうち、子、直系尊属については、その者が相続開始以

前に死亡している場合（同時死亡も含まれる）、欠格の場合、廃除された場合（同）には、その子（被相続人の直系卑属でない者は除く〔民887条2項但書〕）が相続権をもつ。これを代襲相続という（同項・889条2項）。配偶者や兄弟姉妹の場合には、適用されない。

☛ Aの相続開始以前にAの子Dは死亡していたため、Dの子Fが代襲相続人となる。

代襲相続は、相続人となるべき者が死亡、欠格、廃除により、相続開始時に相続権を失っていた場合にその子に相続権を引き継がせる制度である。代襲相続によって相続権を引き継ぐ者を代襲者という。子が相続権をもつ場合で、その代襲者が相続開始以前に相続権を失っていた場合（死亡、欠格、廃除の場合）には、代襲者の子が相続権をもつことになる（民887条3項。再代襲）。

TOPICS 6

相続法（民法・相続編）改正の概要

相続法（民法・相続編）改正は、配偶者居住権等の創設や、持戻し免除の意思表示の推定規定の制定にとどまらず、遺産分割制度の見直し（遺産分割前の払戻し制度の創設等）、遺言制度の見直し（自筆証書遺言の方式緩和・自筆証書遺言の保管制度の創設等）、遺留分制度の見直し、相続人以外の者の貢献を考慮する方策（特別寄与者の特別寄与料等）など多岐にわたる。昭和55年以来の約40年ぶりの大改正となった。

❸………遺言と遺留分

1 遺言──遺言はどのような場合に認められるのか

遺言は、所定の方式に従い、被相続人が生前に相続財産の承継方法を決めるものである（民960〜1027条）。法定相続人であるか否かにかかわらず、死亡し相続が開始した際に自らの財産を承継させる者を指定でき、法定相

続分にとらわれない遺産の分割方法を指定することもできる。遺言は被相続人の生前の意思（最終意思）を尊重する制度である。遺言は、被相続人の意思表示のみで法律効果が生じる。当事者双方の意思表示の合致により効力が生じる契約と異なり、相手方がいない単独行為と呼ばれる法律行為になる。民法の規定（法定相続人、法定相続分の定め）と異なる相続財産の承継を被相続人の意思で認めるものであるため、厳格な方式の定めがあり、同法所定の要件を満たさない遺言は効力を有しない（同960条。要式行為）。

遺言は15歳に達した者がすることができる（民961条。遺言能力）。遺言能力は遺言時にあることが必要になる（同963条）。遺言は法律行為である以上、遺言能力とは別に遺言作成時における意思能力（210～211頁参照）も必要となり、意思能力を有しない者が行った遺言は無効になる。そのため、以下に説明する所定の方式を満たしている遺言であっても、遺言作成者が高齢者であるなどの場合に意思能力に疑義が呈され、遺言無効確認訴訟が提起されて遺言の効力が争われることがある。

☛ A（88歳）のように高齢の被相続人の場合、意思能力がなかったとして遺言の有効性が争われることがある。

遺言で行うことができるのは、①認知（民781条2項）、②未成年後見人・未成年後見監督人の指定（同839条1項・848条）、③相続人の廃除・廃除の取消し（同893条・894条2項）、④相続分の指定・指定の委託（同902条1項）、⑤特別受益者の相続分に関する定め（同903条3項）、⑥遺産分割方法の指定・指定の委託（同908条）、⑦遺産分割の禁止（同908条）、⑧共同相続人間の担保責任の指定（同914条）、⑨遺贈（同964条）、⑩遺言執行者の指定・指定の委託（同1006条1項）、⑪受遺者または受贈者の負担額の指定（同1047条2号但書）、⑫一般財団法人の設立（一般社団法人及び一般財団法人に関する法律152条2項）、⑬信託の設定（信託法3条2号）、⑭保険金受取人の変更（保険法44条・73条）である。こうした法定の遺言事項ではない事項が遺言に記載されていたとしても、その記載には法律上の効力は発生しない。

☛ 「司法試験に合格して腕のよい弁護士になりなさい」との記載は、遺言の有

効性が認められる場合でも、法律上の効力はもたない。

公序良俗違反の遺言は無効になる（民90条）。愛人に対する遺贈（遺産の3分の1）について、当該事案における事実関係から不倫な関係の維持継続を目的とするものではなく愛人の生活保障を目的とするものであるとして、公序良俗違反ではないとされたものがある（最判昭和61年11月20日民集40巻7号1167頁）。他方で、全財産を愛人に遺贈するとした遺言が公序良俗違反で無効とされたものもある（東京地判昭和63年11月14日判時1318号78頁）。

☛愛人Hに全財産を遺贈するとのAの遺言は、内容において公序良俗違反とされ、無効になる可能性がある。

遺言により相続財産の全部または一部を処分することを遺贈という（民964条。205頁参照）。遺贈は、包括名義または特定名義で行うことができる（同条本文）。前者を包括遺贈といい、後者を特定遺贈という。包括遺贈は、例えば、相続財産の全部を与えるとするものや、相続財産の3分の1を与えるなどとするものをいう。Aの遺言は、2通とも包括遺贈にあたる。これに対し、特定遺贈は、土地や建物を与えるなどとするように、特定の目的物を与えるものをいう。遺贈を受ける者を受遺者という。包括遺贈を受けた者（包括受遺者）は、相続人と同一の権利義務を有する（民990条）。特定遺贈は、遺言の効力発生時から物権的に効力を生じると解されている（大判大正5年11月8日民録22輯2078頁）。例えば、土地が遺贈された場合、遺言者の死亡と同時に当該土地の所有権が受遺者に移転する。

2　遺言の方法——遺言にはどのような方式があるのか

遺言には、普通方式と特別方式がある。普通方式は、自筆証書、公正証書または秘密証書によって行う一般的な遺言の方法をいい（民967条本文）、例外的に緊急性がありこれらによらないで行うことが許されている場合の遺言の方法である特別方式と区別される（同条但書。特別方式の内容については、同976〜979条参照）。

普通方式には、自筆証書遺言（民968条）、公正証書遺言（同969条）、

秘密証書遺言（同 970 条）の 3 種類がある。自筆証書遺言は、遺言者がその全文、日付および氏名を自書し、これに押印をしなければならない（同 968 条 1 項）。自書とは、遺言者本人が手書きをすることをいう。パソコンで書いたものは認められない。筆跡をみることで遺言者本人が書いたものであること、遺言者本人の真意であることの判断ができるからである。ただし、自筆証書にこれと一体のものとして相続財産の全部または一部の目録を添付する場合、その目録については自書は不要である（同条 2 項前段）。この方式（自書によらない財産目録の添付方式）による場合、目録の毎葉に署名・押印が必要になる（同項後段）。

公正証書遺言は、民法所定の方式に従い、公証役場で作成されるものをいう（民 969 条・969 条の 2）。遺言者が遺言の趣旨を公証人に口授し（同 969 条 2 号）、公証人がこれを筆記して公正証書として作成する（同条 3 号）。

秘密証書遺言は、自書が求められていないため、代筆やパソコンでの作成も可能であり自由度が高い。内容を公証人・証人に知られることなく、遺言の存在が公証される。秘密証書遺言は方式を満たしていない場合でも、自筆証書遺言としての効力が生じる（民 971 条）。

遺言は、遺言者の死亡の時から効力を生じる（民 985 条 1 項）。特定の財産を特定の相続人に「相続させる」旨の遺言がなされることがあるが、特段の事情がないかぎり、遺産分割の方法の指定と解され、当該遺産を当該相続人に単独で相続させる相続開始と同時に何らの行為を要しないで、当該相続財産が遺言をされた相続人に帰属する（最判平成 3 年 4 月 19 日民集 45 巻 4 号 477 頁）。

遺言は、いつでも、遺言の方式に従い、その全部または一部を撤回することができる（民 1022 条。遺言の撤回）。撤回後の遺言が撤回前の遺言と抵触する部分がある場合、撤回後の遺言で撤回前の遺言を撤回したものとみなされる（同 1023 条 1 項）。

　☛ A の二つの遺言は内容が異なるため、仮にいずれも遺言が有効である場合には、抵触がある相続財産の分け方の部分については、後の遺言で最初の遺言を撤回したことになる。

3 遺言の検認、遺言執行者——遺言はどのように執行されるのか

　自筆証書遺言、秘密証書遺言については、遺言の保管者または遺言書を発見した相続人は、相続開始を知った後、遅滞なく家庭裁判所にこれを提出し、検認を請求しなければならない（民1004条1項・2項。ただし、法務局における遺言書の保管等に関する法律〔遺言書保管法〕11条による適用除外がある）。検認は、遺言執行の準備として、遺言の方式に関する一切の事実を調査し、遺言書の状態を確認し、保存を確実にするために行われるもので、遺言の有効性を判断するものではない。封印のある遺言書は、家庭裁判所で相続人またはその代理人の立会いがなければ開封することができない。

　遺言者は、遺言で、1人または数人の遺言執行者を指定し、またはその指定を第三者に委託することができる（民1006条1項）。遺言執行者の指定の委託を受けた者は、遅滞なく、指定をして相続人に通知をしなければならない（同条2項）。遺言執行者が就職を承諾したときは、直ちにその任務を行わなければならない（同1007条）。

　　☛Aは遺言執行者の指定をJに委託しているため、遺言が有効であればこの手続が採られることになる。

4 遺留分——遺言によっても否定できない取り分とは、どのようなものか

　遺留分は、遺言によっても奪われない法定相続人（兄弟姉妹は除く）に保障された相続財産に対する期待権である（民1042条）。兄弟姉妹以外の法定相続人は、遺留分として、直系尊属のみが相続人である場合は被相続人の財産の3分の1について（同条1項1号）、それ以外の場合（配偶者や子の相続人がある場合）は被相続人の財産の2分の1について（同項2号）、それぞれ相当する割合の額を受けることができる。

　　☛愛人Hに全財産を遺贈する旨の遺言が有効であれば、妻Bは4分の1（2分の1×2分の1）、子であるC、F、Iはいずれも12分の1（6分の1×2分の1）について遺留分を侵害されたことになる。

　遺留分をもつ者を遺留分権利者という。遺留分権利者（その承継人も含

む）は、**遺留分侵害額請求権**を行使することで、相続財産の取戻しが可能になる。**遺留分侵害額の請求**は、受遺者または受贈者に対して、遺留分侵害額に相当する金銭の支払を請求するものである（民1046条）。遺留分侵害額の請求は形成権であり、遺留分を侵害した受遺者または受贈者に対して意思表示を行うことで行使する（最判昭和41年7月14日民集20巻6号1183頁）。遺留分侵害額請求権は、相続の開始および遺留分を侵害する贈与または遺贈があったことを知った時から1年間行使しないときは**消滅時効**にかかる（同1048条）。

遺留分侵害額請求権は、遺留分権利者から、遺留分を侵害した受遺者または受贈者に対して行使の意思表示があると発生する金銭支払請求権であり、その法的性質は上記のとおり**形成権**（法律が定める一定の要件を満たす者が行使することで法律関係を変動させる効果を生じさせる権利のこと）であると解されている（**形成権説**）。

民法改正前は、遺留分減殺請求をされた受贈者および受遺者は、現物を返還（**現物返還**）するのが原則であり（**現物返還主義**）、減殺を受けるべき限度で、贈与または遺贈の目的の価額を遺留分権利者に弁償して返還の義務を免れることができるとされてきた（平成30年改正前民1041条1項。**価額弁償の抗弁**）。しかし、改正により、遺留分侵害額に相当する金銭の支払を請求することが原則とされることになった（民1046条）。

相続開始前における**遺留分の放棄**は、家庭裁判所の許可を得たときに限り効力を生じる（民1049条1項。相続開始後における遺留分の放棄には、家庭裁判所の許可は不要）。1人がした遺留分の放棄は、他の共同相続人の遺留分に影響を及ぼさない（同条2項）。

法人に対する遺贈に対して遺留分減殺請求権（平成30年改正前民法）が行使され価額弁償が行われた場合に、所得税法59条1項1号の遺贈に当たるかが争われ、これが肯定された事案（最判平成4年11月16日集民166号613頁）がある。また、遺言で相続分を0と定めた以上、遺留分減殺請求権を行使する旨の意思表示をしたとしても、被相続人の所得税納付義務を国税通則法5条により承継することはないとの納税者の主張が認容され

た事案（東京地判平成 25 年 10 月 18 日税資 263 号順号 12313）もある。

❹⋯⋯⋯**遺産分割**──遺産分割はどのように行われるのか

　相続人が数人いる場合、相続財産は共同相続人の共有に属する（民 898 条）。これは暫定的なものにすぎないため、それぞれの相続人に遺産を分割する手続が必要になる。これを遺産分割という（なお、預貯金債権も遺産分割の対象になる〔最大決平成 28 年 12 月 19 日民集 70 巻 8 号 2121 頁〕）。遺産分割を行うにあたって先決すべき前提問題に、誰に遺産分割がなされるのかという問題（相続人の範囲の確定）と、何が遺産分割の対象になるのかという問題（遺産の範囲の確定）とがある。

　遺産分割は、遺産に属する物または権利の種類および性質、各相続人の年齢、職業、心身の状態および生活の状況その他一切の事情を考慮して行われる（民 906 条）。形式的に分割するのではなく、それぞれの相続人の事情なども考慮し、また遺産の経済的価値をできるかぎり損なうことがないようする趣旨である。遺産分割は、原則として一部についても行うことができる（一部分割。同 907 条）。この場合、全体の調整は残部分割の際に使われる。遺産分割は、相続開始から時間が経過することが多い。そこで評価の基準時は、遺産分割時と考えられている（遺産分割時説）。

　被相続人は、遺言で、遺産分割の方法を定め、またはこれを定めることを第三者に委託することができる（民 908 条）。分割方法を指定する遺言がなされた場合、これが優先する（指定分割）。「～に～を相続させる」旨の遺言については、遺産分割方法の指定とする考え方と、遺贈とする考え方がある。しかし、遺贈と解すべき特段の事情がないかぎり、遺産分割方法の指定となる（最判平成 3 年 4 月 19 日民集 45 巻 4 号 477 頁〔224 頁〕）。この場合、被相続人の死亡と同時に、遺産は相続人に帰属する。

　被相続人は、遺言で、相続開始の時から 5 年を超えない期間を定めて、遺産分割を禁止することもできる（民 908 条。遺産分割の禁止）。遺産分割を禁止する遺言がないかぎり、共同相続人は、いつでも協議で遺産分割をすることができる（同 907 条 1 項）。協議で行う遺産分割を協議分割という。

遺産分割は、共同相続人全員で行う必要がある。共同相続人全員がそろわないままなされた遺産分割は、無効になる（持ち回りで合意を得ることは許容される）。

　協議が調わないとき、または協議をすることができないときは、各共同相続人は家庭裁判所にその分割を請求することができる（民907条2項）。家庭裁判所で行われる遺産分割には、調停による分割（調停分割）と、審判による分割（審判分割）がある。調停が成立せず不調となった場合、調停申立時に審判の申立てがあったものとみなされ（家事272条4項）、家庭裁判所は審判分割をする。

　遺産分割の具体的な方法には、主として、現物分割、代償分割、換価分割の3種類がある。現物分割は、土地と建物は配偶者に、現預金は長男に、株式は次男に、というように、個々の遺産をそれぞれそのまま共同相続人に分割する方法である。代償分割は、債務負担による分割とも呼ばれるもので、共同相続人の1人または数人が他の共同相続人に対して債務を負担することで行う分割である（家事195条）。例えば、相続人Aに、遺産のすべてである土地建物と株式を分割し、他の相続人B、C、Dには、法定相続分に応じた金額について相続人Aが支払をする債務を負担するような場合である。代償分割の場合、債務負担をする相続人に金銭債務の支払能力があることが前提とされる（最決平成12年9月7日家月54巻6号66頁）。換価分割は、土地建物などの金銭以外の遺産を売却して金銭に換価したうえで、その金銭を分割するものである。

　遺産分割は、相続開始の時にさかのぼって効力を生じる（民909条本文。宣言主義）。遺産分割の効力については、二つの考え方がある。相続開始によって共同相続人の共有状態があった後に、遺産分割により各相続人に遺産が分割される過程を重視し、一度、共同相続人の共有になった遺産が、遺産分割によりそこから各相続人に移転すると考えることもできる（移転主義）。しかし、共有状態はあくまで遺産分割前の暫定的な状態にすぎず、遺産分割がされた場合は、相続開始時から効力が生じるとして遺産分割に遡及効を認めることで、被相続人から各相続人が直接遺産を承継したもの

と扱うことになる（宣言主義）。ただし、第三者の取引の安全を図るため、遺産分割の遡及効は第三者の権利を侵害することはできない（同条但書）。

❺………寄与分、特別受益、特別の寄与

1　意義──寄与分と特別受益には、どのような趣旨があるのか

法定相続分は、法定相続人の地位に基づき、形式的に相続分が定められているが（民900条）、指定相続分や法定相続分を修正し、共同相続人間の実質的公平を図る制度として、寄与分、特別受益、特別の寄与がある。

2　寄与分──寄与分とは、どのような制度なのか

寄与分は、被相続人の財産形成に貢献した者の相続分を修正し、これを増加させるものである（民904条の2）。寄与分が認められるのは、共同相続人中に、被相続人の事業に関する労務の提供または財産上の給付、被相続人の療養看護その他の方法により被相続人の財産の維持または増加について特別の寄与をしたといえる場合である（同条1項）。

これを満たす者がいる場合、被相続人が相続開始の時において有した財産の価額から共同相続人の協議で定めたその者の寄与分を控除したものを相続財産とみなし、法定相続分に寄与分を加えた額が、その者の相続分になる（民904条の2第1項）。

寄与分は遺産分割協議で定めるのが原則である。協議が調わないとき、または協議をすることができないときは、寄与者の請求により、家庭裁判所が、寄与の時期、方法および程度、相続財産の額その他一切の事情を考慮して、寄与分を定める（民904条の2第2項）。

3　特別受益──特別受益とは、どのような制度なのか

特別受益は、被相続人から遺贈等を受けるなど、他の共同相続人よりも特別の利益を受けている相続人の相続分を減少させるものである（民903条）。特別受益があると認められるのは、共同相続人中に、被相続人から遺贈を受け、または婚姻・養子縁組のため、あるいは生計の資本として贈

与を受けた者がいる場合である（同条1項）。

　特別受益者がいる場合、被相続人が相続開始の時に有していた財産の価額にその贈与の価額を加えたものを相続財産とみなし、法定相続分のなかからその遺贈または贈与の価額を控除した残額が、その者の相続分となる（民903条1項。特別受益の持戻し）。特別受益の評価の時期は、相続開始時と考えられており、贈与された財産が金銭の場合、贈与時の金銭の価額を相続開始時の貨幣価値に換算した価額となる（最判昭和51年3月18日民集30巻2号111頁）。被相続人は、遺言で、特別受益の規定と異なる意思を表示することができる（同条3項。持戻し免除の意思表示）。持戻し免除の意思表示は、遺留分に関する規定に違反しない範囲内で、その効力を有するとされていたが、平成30年の民法改正により、「その意思に従う」との規定に改められた。遺留分減殺請求権が行使され、特別受益にあたる贈与についてなされた持戻し免除の意思表示が減殺された場合に初めて、遺留分を侵害する限度でその意思表示の効力は失効し、贈与財産の価額はその限度で遺留分権利者の相続分に加算され、当該贈与を受けた相続人の相続分から控除されるからである（最決平成24年1月26日集民239号635頁）。

4　特別の寄与

　寄与分は、あくまで共同相続人に認められる制度である。平成30年の民法改正では、相続人以外の親族について、特別の寄与をした者（特別寄与者）について、相続開始後、相続人に対して金銭（特別寄与料）の支払を請求できる制度が新たに設けられた（民1050条。特別の寄与）。特別寄与料は遺贈により取得したものとみなされ（相法4条2項。237～238頁参照）、特別寄与料の支払額が確定したことを知った日の翌日から10か月以内に相続税の申告書の提出義務も生じる（同29条1項）。また、支払う相続人の相続税の課税価格から控除される（同13条4項）。

Ⅲ　納税義務者

❶………納税義務者の種類——納税義務者にはどのような種類があるのか

　相続税の納税義務を負う者は、以下のいずれかにあたるものである（相法1条の3第1項）。

(1)　相続または遺贈（死因贈与を含む。以下同じ）により財産を取得した法所定の個人で当該財産を取得した時に国内に住所を有するもの（相法1条の3第1項1号。居住無制限納税義務者）

(2)　相続または遺贈により財産を取得した次に掲げる者で、当該財産を取得した時に国内に住所を有しないもの（相法1条の3第1項2号。非居住無制限納税義務者）

　(i)　日本国籍を有する個人（当該相続または遺贈に係る相続の開始前10年以内のいずれかの時に国内に住所を有していたことがあるもの等）

　(ii)　日本国籍を有しない個人（被相続人が外国人または非居住の場合を除く）

(3)　相続または遺贈により国内財産を取得した個人で当該財産を取得した時に国内に住所を有するもの（(1)の者を除く）、または有しないもの（(2)の者を除く）（相法1条の3第1項3～4号。制限納税義務者）

(4)　贈与により相続時精算課税（相法21条の9第3項）の適用を受ける財産を取得した個人（(1)～(3)の者を除く）（同1条の3第1項5号。特定納税義務者）

　以上に共通するのは、いずれも相続または遺贈によって財産を得た個人であるという点である。相続制度で想定されている法定相続人は個人であるから、遺産を取得する者に課される相続税も、個人が納税義務者になることが前提とされている。

　平成29年度改正で、国外居住期間が5年から10年に延び（相法1条の3第1項2号イ(1)）、住所が一時的な外国人同士の相続等について国外財産が除外された（同項3号）。令和3年度改正では、外国人被相続人（同条3

項2号）の国外財産に相続税が課されないことになった。

❷………財産の所在——財産の所在はどのように判定されるのか

　財産の所在については、財産ごとに規定がある。

　動産、不動産、不動産の上に存する権利は、その動産または不動産が所在する場所（ただし、船舶または航空機は、船籍または航空機の登録をした機関の所在する場所）、金融機関に対する預金、貯金、積金等は、その預金、貯金、積金等の受入れをした営業所または事業所の所在する場所、貸付金債権は、債務者の住所または本店もしくは主たる事務所の所在する場所などとされている（相法10条1項各号）。

　国債、地方債は、国内にあるものとし、外国または外国の地方公共団体その他これに準ずるものの発行する公債は、当該外国にあるものとされる（相法10条2項）。財産の所在の判定は、当該財産を相続、遺贈または贈与により取得した時の現況による（同条4項）。アメリカ在住の子に海外送金された事例では、財産取得時とは、贈与契約の締結時と解すべきであり、仮にそうでなくても日本国内の銀行で電信送金による送金手続を了した時をいうとして、国内財産であるとされた（東京高判平成14年9月18日判時1811号58頁）。

❸………個人以外の納税義務者——個人以外が納税義務を負うのは、どのような場合か

　例外的に個人（原則的な納税義務者）以外の者が、相続税の納税義務を負う場合もある。

　代表者または管理者の定めのある人格のない社団または財団に対し遺贈があった場合である。この場合、当該社団または財団を個人とみなして相続税が課される（相法66条1項。例外的な納税義務者）。

　持分の定めのない法人に遺贈があった場合で、遺贈をした者の親族その他これらの者と相続税法64条1項（同族会社等の行為または計算の否認等）に規定する特別の関係がある者の相続税の負担が不当に減少する結果とな

ると認められる場合も同様である（同 66 条 4 項）。

❹……… **相続時精算課税適用財産**——相続時精算課税制度が適用される場合にも、相続税の納税義務を負うのか

　相続または遺贈により財産を取得しなかった個人で、被相続人から相続時精算課税（263～265 頁参照）の適用を受ける財産を贈与によって取得していた者は、その相続時精算課税の適用を受けた財産について、相続税の納税義務を負う（相法 1 条の 3 第 1 項 5 号・21 条の 9 第 3 項・21 条の 16 第 1 項。特定納税義務者）。

❺……… **連帯納付義務**——連帯納付義務は、どのようなものか

　相続税には、連帯納付義務という制度がある（相法 34 条 1 項。なお、贈与税の場合も贈与者に連帯納付義務が生じる〔同条 4 項〕）。

　連帯納付義務は、同一の被相続人から相続または遺贈によって財産を取得したすべての者が、当該相続または遺贈により取得した財産の相続税について、当該相続または遺贈によって受けた利益の価額の限度で、原則として互いに負担する連帯納付責任である（相法 34 条 1 項本文）。

　連帯納付義務は、相続税徴収の確保を図るために相続税法が定めた特別の責任（法定責任）であり、各相続人等の相続税の納税義務の確定によって法律上当然に発生するものであり、確定の手続は不要である（最判昭和 55 年 7 月 1 日民集 34 巻 4 号 535 頁）。

　主債務者という他人が本来負うべき債務について連帯して支払うべき責任を負うことになる連帯保証責任は、債権者と連帯保証人との間の書面による連帯保証契約によって初めて生じる（民 446 条 2 項・454 条）。

　これに対し連帯納付義務は、相続人という地位のみによって法律上当然に負担させられる。合憲性の問題もあるが、裁判所は合憲としている（東京高判平成 19 年 6 月 28 日判タ 1265 号 183 頁）。

Ⅳ　課税物件

❶………**本来の相続財産**──どのようなものが本来の相続財産か

　相続税は、上記の相続税の納税義務者が、相続または遺贈（死因贈与を含む）により取得した財産の全部に対して課されるのが原則である（相法2条1項。ただし、制限納税義務者は国内財産に限られる〔同条2項〕）。ここにいう財産は相続財産を意味するから、民法が規定している相続制度に基づき相続財産とされるもの（215頁参照）が相続税の課税対象になるのが原則となる（夫婦がハワイ州で開設したジョイント・アカウント預金が夫の相続財産に当たらないとされた例がある〔東京地判平成26年7月8日判タ1415号283頁〕。なお、カリフォルニア州のジョイント・テナンツとして、不動産登記を行い、その2分の1の持分を無償で取得した妻に対してなされた、購入資金を負担した夫からのみなし贈与課税（相法9条）が適法とされた例もある〔名古屋地判平成29年10月19日税資267号順号13079〕）。また、被相続人が出えんした老人ホームの入居一時金の返還金について相続財産に当たるとされた例もある（東京高判平成28年1月13日税資266号順号12781）。

　ただし、以下のとおり、相続税法の規定により相続または遺贈によって取得したものとみなされる財産にも、相続税が課される（3条・4条・7条～9条の6。みなし相続財産）。また、特に相続税の課税対象から除外されているものもある（12条。非課税財産）。

> **Keyword 3　過納金の還付請求権と相続財産**
>
> 　生前に被相続人が提起しており相続開始によって相続人が承継していた所得税更正処分等の取消訴訟について、相続開始後に処分が違法であるとしてこれを取り消す判決が下されて確定し、被相続人が生前に納付していた所得税等（過納金）が還付された事案がある。この過納金の還付請求権が相続財産を構成するかが争われた。
>
> 　第1審は相続開始時には発生していなかった権利であることなどを理由

に相続財産を構成しないとしたが（大分地判平成20年2月4日税資258号順号10884）、最高裁（控訴審も同様）は、過納金の還付請求権は相続財産を構成し相続税の課税対象になると判示した（最判平成22年10月15日民集64巻7号1764頁）。所得税更正処分等を取り消す判決が確定した場合、これらの処分は、処分された時にさかのぼってその効力を失う。そこで、納付の時点から法律上の原因を欠いていたことになる。したがって、過納金の還付請求権は、納付をした時点ですでに発生していたことになるとの判断がなされた。

訴訟中の権利の価額は、訴訟進行の状況を参酌して原告と被告の主張を公平に判断して適正に評価するものとされている（財基通210）。

❷………みなし相続財産

1　相続によって取得したとみなされる場合

(1)　**意義——みなし相続財産は、なぜ規定されているのか**　本来の相続財産ではないにもかかわらず、相続税法が特に相続財産とみなして（みなし相続）、相続税が課される場合がある（3条・4条・7条〜9条の6）。

法的には相続によって取得したとはいえないが、実質的にみると一定の利益を相続人または受贈者が享受している場合に、租税回避防止の観点から、移転したものとみなす規定である（大阪地判平成25年12月12日税資263号順号12351参照）。

民法上は相続によって取得したとはいえない財産であり、みなし規定があってはじめて相続税法上の相続財産になるものである。

Keyword 4　みなし相続・みなし贈与の趣旨

みなし贈与（256〜259頁参照）の規定（相法9条本文）の適用が争われた事案で、みなし相続も含めた同条のみなし規定の趣旨について、裁判所は次のように判示した。すなわち、「その趣旨は、私法上は贈与又は遺贈によって財産を取得したものとはいえないが、そのような私人間の法律関係の形式とは別に、実質的にみて、贈与又は遺贈を受けたのと同様の経済的

利益を享受している事実がある場合に、租税回避行為を防止するため、税負担の公平の見地から、贈与契約又は遺言の有無にかかわらず、その取得した経済的利益を、当該利益を受けさせた者からの贈与又は遺贈によって取得したものとみなして、贈与税又は相続税を課税することとした」との判示であった（前掲大阪地判平成25年12月12日の控訴審である大阪高判平成26年6月18日税資264号順号12488）。

(2) **死亡保険金等**——どのようなものが、みなし相続財産に当たるのか　被相続人の死亡により相続人その他の者が生命保険契約等の保険金または損害保険契約の保険金を取得した場合、当該保険金受取人について、当該保険金のうち被相続人が負担した保険料の金額の当該契約に係る保険料で被相続人の死亡の時までに払い込まれたものの全額に対する割合に相当する部分が、みなし相続財産に当たる（相法3条1項1号）。

☛ Bが受取人となっていた5000万円の保険金は、保険料をAが負担したものであるから、みなし相続財産に当たる。

(3) **退職手当等**——どのようなものが、みなし相続財産に当たるのか　被相続人の死亡により相続人その他の者が当該被相続人に支給されるべきであった退職手当金等の給与で被相続人の死亡後3年以内に支給が確定したものの支給を受けた場合、当該支給を受けた者について、当該給与がみなし相続財産に当たる（相法3条1項2号）。

(4) **生命保険契約に関する権利**——どのようなものが、みなし相続財産に当たるのか　相続開始の時において、まだ保険事故が発生していない生命保険契約で被相続人が保険料の全部または一部を負担し、かつ、被相続人以外の者が当該生命保険契約の契約者であるものがある場合、当該生命保険契約の契約者について、当該契約に関する権利のうち被相続人が負担した保険料の金額の当該契約に係る保険料で当該相続開始の時までに払い込まれたものの全額に対する割合に相当する部分が、みなし相続財産に当たる（相法3条1項3号）。

(5) **定期金給付契約に関する権利**——どのようなものが、みなし相続財産に当た

るのか　　相続開始の時において、まだ定期金給付事由が発生していない定期金給付契約（生命保険契約を除く）で被相続人が保険料等の全部または一部を負担し、かつ、被相続人以外の者が当該定期金給付契約の契約者であるものがある場合、当該定期金給付契約の契約者について、当該契約に関する権利のうち被相続人が負担した保険料等の金額の当該契約に係る保険料等で当該相続開始の時までに払い込まれたものの全額に対する割合に相当する部分が、みなし相続財産に当たる（相法3条1項4号）。

(6)　**被相続人が受取人の場合の定期金給付契約に関する権利──どのようなものが、みなし相続財産に当たるのか**　　定期金給付契約で定期金受取人に対しその生存中または一定期間にわたり定期金を給付し、かつ、その者が死亡したときはその死亡後遺族等に対して定期金等を給付するものに基づいて定期金受取人たる被相続人の死亡後相続人等が定期金受取人等となった場合に、当該定期金受取人等となった者について、当該定期金給付契約に関する権利のうち被相続人が負担した保険料等の金額の当該契約に係る保険料等で当該相続開始の時までに払い込まれたものの全額に対する割合に相当する部分が、みなし相続財産に当たる（相法3条1項5号）。

(7)　**定期金──どのようなものが、みなし相続財産に当たるのか**　　被相続人の死亡により相続人等が定期金に関する権利で契約に基づくもの以外のものを取得した場合、当該定期金に関する権利を取得した者について、当該定期金に関する権利が、みなし相続財産に当たる（相法3条1項6号）。

2　遺贈によって取得したとみなされる場合──遺贈とみなされるものにはどのようなものがあるか

みなし相続財産の規定と同じ趣旨で、遺贈とみなされる場合もある。

特別縁故者に対する相続財産の分与の規定（民958条の3第1項）により同項に規定する相続財産の全部または一部を与えられた場合、その与えられた者が、その与えられた時における当該財産の時価に相当する金額を当該財産に係る被相続人から遺贈により取得したものとみなされる（相法4条1項）。また、特別寄与者が支払を受けるべき特別寄与料の額が確定し

た場合も同様である（同条2項）。

　他にも、遺言による財産の低額譲受け（相法7条）、遺言による債務の免除、債務の引受け、第三者のためにする弁済等による利益（同8条）、遺言によって、対価を支払わず、または著しく低い価額の対価で受けた利益（同9条）も遺贈により取得したものとみなされる（内容はみなし贈与財産と同様であるため、詳細は、みなし贈与を解説した256～259頁参照）。また、信託による利益についても遺贈により取得されたとみなされるものがある（同9条の2～9条の6）。

❸………非課税財産──非課税になるのは、どのようなものか

　相続税の課税価格に算入されない財産には、次のものがある（相法12条1項。非課税財産）。

(1)　皇室経済法7条（皇位に伴う由緒ある物）の規定により皇位とともに皇嗣が受けた物（相法12条1項1号）

(2)　墓所、霊びょうおよび祭具ならびにこれらに準ずるもの（相法12条1項2号）

(3)　宗教、慈善、学術その他公益を目的とする事業を行う者で政令で定めるものが相続または遺贈により取得した財産で当該公益を目的とする事業の用に供することが確実なもの　（相法12条1項3号）

(4)　条例の規定により地方公共団体が精神または身体に障害のある者に関して実施する共済制度で政令で定めるものに基づいて支給される給付金を受ける権利（相法12条1項4号）

(5)　相続人の取得した相続税法3条1項1号に掲げる保険金（(4)に掲げるものを除く）。所定の区分に応じ、それぞれに定める金額に相当する部分（同12条1項5号）

(6)　相続人の取得した相続税法3条1項2号に掲げる給与（退職手当金等）。所定の区分に応じ、それぞれに定める金額に相当する部分（同12条1項6号）

V　課税標準および税額の計算

　相続税額の計算は、下記のとおり法定相続分課税方式が採用されている。法定相続分課税方式が採用されたのは、相続財産の分割方法によって税負担が大きく異なることを避けるためである。

❶‥‥‥‥‥課税価格の計算──債務控除は、どのようにするのか

　居住無制限納税義務者（相法1条の3第1項1号）・非居住無制限納税義務者（同項2号）については、相続または遺贈によって取得した財産の価額の合計額が、相続税の課税価格となる（同11条の2第1項）。これに対して、制限納税義務者（同1条の3第1項3〜4号）については、相続または遺贈によって取得した国内財産の価額の合計額が、相続税の課税価格となる（同11条の2第2項）。

　この課税価格に算入すべき価額から控除される金額がある。これを債務控除という（相法13条）。債務控除がなされるのは、被相続人の債務で相続開始の際に現に存するもの（公租公課を含む）と、被相続人の葬式費用であり、これらの金額のうちその者の負担に属する部分の金額が課税価格に算入される価額から控除されることになる（同条1項1号・2号。なお、制限納税義務者の債務控除については、同条2項に規定がある）。債務控除が認められるのは、その債務が確実と認められるものに限られる（同14条1項）。

　☛AのK銀行に対する1000万円の借入債務はこれらの要件を満たすと考えられ、債務控除の対象になる。

Keyword 5　遺言執行者の費用と債務控除

　遺言執行者の報酬が「被相続人の債務で相続開始の際現に存するもの」（相法13条1項1号）として、債務控除できるかが争われた事案がある。

　裁判所は、遺言執行者の報酬は、原告らが原告ら訴訟代理人との合意（相

続開始後にされている）に基づいて訴訟代理人に支払われたものであり、その支払義務は、被相続人の債務ではなく、相続開始の際現に存する債務ということもできないとして、債務控除の対象とならないとした（東京地判平成 15 年 8 月 29 日税資 253 号順号 9422）。

　原告らは、遺言者が遺言で遺言執行者を指定した場合、遺言執行者が就職することは明白で、報酬が発生することは確実であり、金額が定まっていないことは、葬式費用と何ら異ならないと主張した。しかし、裁判所は、遺言執行者の報酬は、遺言執行者が就職を承諾した時に発生するため、「相続開始の際現に存す」る債務ではない判断とした。

　なお、相続開始 3 年以内に被相続人から行われた贈与がある場合、当該贈与財産の価額は課税価格に加算される（相法 19 条 1 項）。

❷………課税遺産総額の計算──基礎控除額の控除は、どのようにするのか

　相続または遺贈によって財産を取得したすべての者の相続税の課税価格（同一の被相続人について生じた相続税の課税価格の合計）から控除されるのが、基礎控除である（相法 15 条 1 項）。基礎控除額は、3000 万円と 600 万円に法定相続人の数を乗じた金額を合計した額である（同項）。平成 25 年改正前までは、5000 万円に法定相続人の数に 1000 万円を乗じた金額を合計した額とされていたが、同改正で基礎控除額が引き下げられた。この改正は平成 27 年 1 月 1 日から施行されている。

　☛ A の相続は改正法施行後に開始しているため、5400 万円が基礎控除額となる（3000 万円 + 600 万円 × 4 人 = 5400 万円）。

　法定相続人の数の計算には、養子がいる場合の制限がある。具体的には、実子がいる場合または実子がおらず養子 1 人の場合は、養子 1 人のみが法定相続人の数に計算される（相法 15 条 2 項 1 号）。また、実子がいない場合で養子 2 人以上の場合は、養子 2 人が法定相続人の数になる（同項 2 号）。養子縁組による租税回避を制限する趣旨である（昭和 63 年改正）。

　なお、昭和 63 年改正では、相続税の負担を不当に減少させる結果とな

ると認められる場合に、税務署長が養子の数を相続税法上の相続人の数に算入しない権限も認められた（相法63条）。

節税目的の養子縁組

　民法上の養子縁組の効力が争われた事案で、節税目的をもっていることが養子縁組の有効性に影響を与えるかが問われたものがある。
　最高裁は節税目的があっても養子縁組の効力は生じると判断した（最判平成29年1月31日民集71巻1号48頁）。相続税の節税の動機と養子縁組をする意思は併存しうる、というものであった。
　しかし、養子縁組を無効とする他の事情が無効を主張する者から立証されていないことが、この判断の前提になっている。また、あくまで、民法上の養子縁組の効力についての判断であり、相続税法上はこれにかかわらず、養子の数を否認する63条の規定があることには留意が必要である。

❸………**相続税総額の計算**──相続税総額の計算は、どのようにするのか

　課税価格の合計額から基礎控除額を控除した残額をベースにして、相続人の数に応じて法定相続人がその法定相続分に応じて取得したものとした場合のそれぞれの取得金額を計算し（法定相続分課税方式）、それぞれの金額について後述する税率表（245頁参照）に記載された税率を適用することで計算されたそれぞれの相続税額を合計することで、相続税の総額（相続税の総額）を計算する（相法16条）。こうした法定相続分課税方式は、遺産分割の内容にかかわらず相続税額の合計額を原則として同一にするもので、遺産税方式（203頁参照）の考え方があらわれている。

❹………**各相続人等の相続税額の計算**── 各相続人等の相続税額の計算は、どのようにするのか

　相続税の総額を計算した後は、それぞれの事由により取得した者につい

ての相続税の課税価格が当該財産を取得したすべての者についての課税価格の合計額のうちに占める割合を乗じて算出した金額を、各相続人等の相続税額として計算する（相法17条）。

❺………相続税額の加算──相続税額の加算は、どのようなものか

　各相続人等の相続税額に対しては、さらに20％の加算がなされる場合がある。被相続人の1親等の血族および配偶者以外の者である場合である（相法18条1項。2割加算）。

　1親等の血族には、代襲者も含まれる（相法18条1項括弧書）が、被相続人の直系卑属が当該被相続人の養子になっている場合は含まれない（同条2項本文）。

　1親等の血族や配偶者と異なり、これら以外の者に2割加算がなされるのは、被相続人と相続人との血縁関係が近い者と遠い者との間で相続税額が同額であるのは適切でないからである。

❻………税額控除

1　税額控除──税額控除には、どのようなものがあるのか

　以上の相続税額（2割加算がある場合は加算された額）が、そのまま納付すべき相続税額になるものではない。各人の特性ごとに、さらに控除がなされる各種の税額控除がある。

　税額控除には、贈与税額控除（相法19条1項・21条の15第3項）、配偶者の税額軽減（同19条の2）、未成年者控除（同19条の3）、障害者控除（同19条の4）、相次相続控除（同20条）、外国税額控除（同20条の2）がある。

2　贈与税額控除──贈与税額控除とは、どのようなものか

　贈与税額控除は、相続開始3年以内に被相続人から贈与により財産を取得した場合に行われる税額控除である（相法19条1項）。相続開始3年以内に被相続人から受けた贈与がある場合、その贈与財産の価額は相続税の

課税価格に加算されるが（同条1項）、それに課された贈与税がある場合、二重課税になるためである。

　☛ FがAから受けた生前贈与について納付した贈与税額はこれに当たる。

　なお、相続時精算課税の適用を受けていた受贈者が納付していた贈与税額は当該相続が開始したときの相続税の課税価格に加算されるが（相法21条の15第1項）。これによって生じる贈与税と相続税の二重課税の調整をするため、納付した贈与税に相当する金額について税額控除がある（同条3項。264頁参照）。

3　配偶者の税額軽減──配偶者の税額軽減とは、どのようなものか

　配偶者は、長年にわたり被相続人と生計をともにし、その財産の形成に貢献しているのが通常である。そこで、配偶者には相続税額を軽減する税額控除がある（相法19条の2。配偶者の税額軽減）。この税額軽減が適用されるためには、申告書または更正請求書にその適用を受ける旨および金額の明細を記載した書類その他の財務省令で定める書類の添付があることが必要になる（同条3項）。また、原則として法定申告期限から3年以内に分割がされなかったものには適用されない（同条2項）。

　配偶者の税額軽減が適用されると、法定相続分に相当する財産を相続するかぎりは配偶者の相続税は0となり、法定相続分を超えて相続する場合でも課税価格が1億6000万円までは相続税は0になる。

4　未成年者控除──未成年者控除とは、どのようなものか

　20歳（令和4年4月1日からは、18歳）未満の者が相続人である場合、10万円にその者が20歳に達するまでの年数（当該年数が1年未満であるとき、またはこれに1年未満の端数があるときは、これを1年とする）、つまり1年につき10万円を乗じて算出した金額が控除される（相法19条の3第1項。未成年者控除）。

　これは、未成年者の養育費を考慮した税額控除である。

成年年齢の引下げ（平成 30 年改正）

　平成 30 年の民法改正によって、成年年齢は 20 歳から 18 歳に引き下げられた（民 4 条）。また、婚姻適齢は、男 18 歳、女 16 歳から、いずれも 18 歳となり（同 731 条）、18〜19 歳の者による婚姻も成年者による婚姻となったため、未成年者が婚姻する場合の父母の同意の規定（同 737 条）および婚姻による成年擬制の規定（同 753 条）は削除された。この改正は、令和 4 年 4 月 1 日から施行される。

　これにあわせて、①相続税の未成年者控除（243 頁）、②相続時精算課税制度（263〜264 頁）、③贈与税の特例税率（262 頁）等の適用要件も 20 歳から 18 歳に改正された。

5　障害者控除——障害者控除とは、どのようなものか

　障害者が相続人である場合に、10 万円（特別障害者である場合は 20 万円）にその者が 85 歳に達するまでの年数（当該年数が 1 年未満であるとき、またはこれに 1 年未満の端数があるときは、これを 1 年とする）を乗じて算出した金額が控除される（相法 19 条の 4 第 1 項。障害者控除）。

　これは、福祉を増進するために認められた税額控除である。

6　相次相続控除——相次相続控除とは、どのようなものか

　第 1 次相続の開始から 10 年以内に開始した相続（第 2 次相続）の場合に、第 1 次相続で納付した相続税額の一部が控除される（相法 20 条。相次相続控除）。

　これは、前回の相続で課税された相続財産について、1 年当たり 10％で逓減した後の金額を、今回の相続税額から控除するものである。

7　外国税額控除——外国税額控除とは、どのようなものか

　国外財産を相続または遺贈で取得した場合で、外国の法令により相続税

に相当する税額が課せられたと者は、原則としてその課せられた税額に相当する金額が控除される（相法20条の2本文。**外国税額控除**）。外国で納付した税額と日本で納付すべき相続税額との間に生じる二重課税を調整する税額控除である。

➐………**税率**──相続税の税率は、どのように定められているのか

　相続税の総額を計算する際には、各人の相続税額をまずは計算することになるが、その際に適用される税率は、**図表3**のとおりである（相法16条）。

　相続税の税率は、以下のとおり、所得税および後述する贈与税（262頁参照）と同様に**超過累進税率**である（税率は贈与税の税率の方が高くなっている）。

【図表3　相続税の税率】

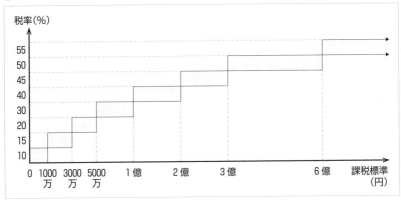

　相続税は遺産の取得に課される税であり、所得税を補完するものと考えられているが、このことは所得税より相続税の最高税率が高いことからもわかる。

　なお、相続税の最高税率は平成25年改正で50%から55%に引き上げられた。

Ⅵ　事業承継税制

❶………農業承継──農業承継には、どのような特例があるのか

　農業承継についての特例が、租税特別措置法に定められている（70条の
8）。受贈者が農地等の全部または一部について収用交換等による譲渡を
した場合で所定の要件を満たす場合、受贈者の納付すべき利子税の額を、
2分の1（平成26年4月1日から令和8年3月31日までの間に当該受贈者が
当該農地等の全部または一部につき当該収用交換等による譲渡をした場合は、
0）とするものであり（同条1項）、贈与税でも問題になる。

TOPICS9

農地の猶予期限の確定要件についての解釈方法

　被相続人所有の土地を相続し相続税の納税を猶予されていた原告
（納税者）が、税務署長から、当該土地の一部を転用または交換し
たことが、納税猶予期限の確定事由である「譲渡等」（平成7年法律
第55号による改正前措法70の6第1項1号）に該当し、納税猶予
期限が確定したとして、相続税等の納付を求められ、これを納付し
たものの、当該転用または交換は「譲渡等」に該当しないとして、
誤納金等の支払を求める訴訟が提起された裁判例がある（札幌地判
平成31年3月27日税資269号順号13259）。

　裁判所は、農地猶予期限の確定要件の解釈について、「租税法規は、
みだりに規定の文言を離れて解釈すべきものではなく（最高裁平成
22年3月2日第三小法廷判決・民集64巻2号420頁）、多数の納税
者間の税負担の公平を図る観点から、法的安定性の要請が強く働く
ため、その解釈は、原則として文理解釈によるべきである」との税
法解釈の一般論を示した。

　そのうえで、「一般に、資産を移転させる行為を（資産の）譲渡と
いうところ、たとえ同時に『特例農地等』に該当しない農地を取得

したとしても、『特例農地等』の所有権を第三者に移転する行為は、『特例農地等』を減少させるものであ」り、「『特例農地等』の譲渡に当たると解するのが文理解釈にかなう」とした。また、こ「のように解した場合、『特例農地等』を喪失する代わりに、『特例農地等』とは異なる農地を取得し、実質的には、農業相続人の営農の実態に大きな変化がない場合であっても、納税猶予期限が確定する事態が生ずることとなるが、このような事態を防ぐために、買換え特例の制度が用意されているのであるから、農業相続人に大きな不利益が生ずるものではない」とし、当該交換が「譲渡」に該当すると判示し、請求を棄却した。

❷‥‥‥‥‥中小企業承継──中小企業承継には、どのような特例があるのか

　中小企業の事業承継の円滑化を図るため、平成21年度改正で導入されたのが、非上場会社等の納税猶予制度である（措法70条の7～70条の7の4。事業承継税制）。これは、中小企業における経営の承継の円滑化に関する法律に基づく措置である。相続税の納税猶予および免除（措法70条の7の2～70条の7の4）、贈与税の納税猶予および免除（同70条の7）があり、贈与税でも問題になる。

TOPICS 10

法人版および個人版事業承継税制の創設 （平成30年・令和元年改正）

　平成30年改正で、本文記載のこれまでの事業承継税制についての措置（一般措置）に加え、10年間の措置として特例措置が創設された（措法70条の7の5～70条の7の8・70条の2の7。概要は、次頁の**図表4**を参照）。

【図表4　一般措置と特例措置】

	特例措置	一般措置
事前の計画策定等	5年以内の特例承継計画の提出（平成30年4月1日から令和5年3月31日まで）	不要
適用期限	10年以内の贈与・相続等（平成30年1月1日から令和9年12月31日まで）	なし
対象株数	全株式	総株式数の最大3分の2まで
納税猶予割合	100%	贈与：100% 相続：80%
承継パターン	複数の株主から最大3人の後継者	複数の株主から1人の後継者
雇用確保要件	弾力化	承継後5年間平均8割の雇用維持が必要
事業の継続が困難な事由が生じた場合の免除	あり	なし
相続時精算課税の適用	60歳以上の者から20歳以上の者への贈与	60歳以上の者から20歳以上の推定相続人・孫への贈与

出典：「非上場株式等についての贈与税・相続税の納税猶予・免除（法人版事業承継税制）のあらまし」1頁の図表「特例措置と一般措置の比較」より

　また、令和元年改正においては、個人事業者の事業承継税制の創設等（個人版事業承継税制が10年間〔平成31年1月1日から令和10年12月31日まで〕）の時限措置として創設された（措法70条の6の8〜70条の6の10）。

第2節　贈与税

Ⅰ　贈与税の概要

❶………**贈与税は誰に課されるのか**――遺産税的贈与税と遺産取得税的贈与税

　贈与税は、個人から個人に贈与があった場合に、贈与を受けた者（受贈者）に課される税金である。贈与税法という法律はなく、相続税法に規定されている。贈与税は、生前に贈与を行うことで相続税を免れる行為を防止するために定められた税金だからである。そこで、贈与税は、相続税の補完税である、といわれる。

　国税について、一税目一法律主義が採られている日本の税法体系のなかで、例外的に、相続税法では相続税と贈与税の2税目が定められているのは、贈与税が相続税を補完するために設けられた税金だからである。

> ### Keyword 6　一税目一法律主義
> 　日本の税金は、国税については一税目一法律主義が採用されている。所得税は所得税法に規定され、法人税は法人税法に規定され、消費税は消費税法に規定されている。しかし、例外的に相続税法には、相続税と贈与税の2税目が規定されている。その理由は本文で述べたとおりである（贈与税が相続税の補完税だからである）。以上は課税要件を定めた実体法（租税実体法）についてであるが、国税の手続（課税の手続）を定めた手続法（租税手続法）については、国税通則法に規定されている。

　贈与税は誰に課されるのかについては、二つの考え方がある。一つは、贈与税は贈与をした者（贈与者）に課されるとする考え方である（贈与者課税方式）。これに対して、贈与税は贈与を受けた者（受贈者）に課され

るとする考え方もある（受贈者課税方式）。

　この二つの考え方は、前述した相続税は誰に課されるのかの議論（202
〜204頁参照）に対応している。つまり、相続税を遺産税と考えると、贈
与税は贈与者課税方式につながりやすい（遺産税的贈与税）。これに対し
て、相続税を遺産取得税と考えると、贈与税も受贈者課税方式につながり
やすくなる（遺産取得税的贈与税）。

　日本の贈与税は、受贈者に対して課される（受贈者課税方式）。日本の
贈与税が受贈者課税になっているのは、相続税が遺産取得税方式を採用し
ていることに対応するものといえる。贈与税は、相続税の補完税であると
いわれるゆえんである。

Keyword 7　贈与者課税と受贈者課税

　日本の贈与税は、相続税を遺産税ではなく遺産取得税として捉えている
ことに対応し、贈与税の納税義務を負うのは、贈与を受けた者（受贈者）
とされている（受贈者課税）。これに対して、相続税について遺産取得税で
はなく遺産税と捉えているアメリカでは、贈与税は、受贈者ではなく贈与
をした者（贈与者）に課される（贈与者課税）。

　アメリカでは、そもそも相続税の課税が1年停止された年もあり（204
頁参照）、富の移転についての課税に対する考え方については、日本の税法
と大きく異なる部分がある。遺産税（日本における相続税）が廃止された
2010年のアメリカでは、贈与税は廃止されなかった。また、アメリカの贈
与税は、2001年における生涯非課税枠が67万5000ドルあり、2002年には
100万ドルに引き上げられるなど、贈与税が課される対象者が少ないとい
う特色がある（2010年に遺産税、贈与税、世代跳躍移転税の非課税枠が統
一され、2014年の統一非課税枠は534万ドルである）（佐古麻理『米国に
おける富の移転課税』〔清文社・2016年〕参照）。

---

❷………贈与税はどのような場合に課されるのか──遺贈・死因贈与と
　　　　生前贈与

　贈与税は、相続税の補完税である。もし贈与税がないとした場合、生前

に贈与がなされると、超過累進税率による相続税の高い税額（245頁参照）を回避して財産を承継することが可能になることから、これを防止するために、被相続人の死亡前、つまり生前になされた贈与（生前贈与）については、受贈者に贈与税を課すこととしているのである。贈与税の税率は相続税よりも高いため（262頁参照）、こうした租税回避を防止することが可能になる。

　こうして、生前贈与の場合には、受贈者に贈与税が課されることになり、被相続人の生前の意思の発現であるとしても、効力が生じるのが死亡（相続開始）時である遺贈や死因贈与（205頁参照）については、当該受贈者に対して相続税が課されることになる（相法2条1項・1条の3第1項1号参照）。

❸………贈与税は財産税なのか──所得税との関係

　贈与税は、個人からの贈与に対して課される税金であり、法人からの贈与に贈与税は課されない。これは、贈与税が相続税の補完税として定められているからである。つまり、個人は死亡により相続が開始するため、個人からの贈与については相続税を免れるための生前贈与の可能性があるが、法人は死亡することがなく相続開始がないため（法人は解散して消滅することはあるが、解散しても相続が開始されるわけではない）、法人からの贈与については相続税を念頭におく必要がない。そこで、法人から個人に贈与があった場合、受贈者に贈与税は課されず、所得税が課されることになる。この場合、通常は一時所得になる（所基通34−1(5)参照）。

　このように、法人から個人が贈与を受けた場合に、受贈者に所得税が課されることからすると、個人から個人が贈与を受けた場合も、受贈者である個人に「所得」が生じている点では同様であるはずである（贈与が無償による財産の移転を内容とする契約である以上、受贈者は無償で当該財産を取得することになるから、当該財産の時価相当額について所得を得たことになる（包括的所得概念、146頁・206頁参照））。しかし、「個人からの贈与」については、相続や遺贈と同様に非課税とされている（所法9条1項17号）。

これは、贈与税と所得税の二重課税を排除するためである（相続や遺贈の場合は、相続税と所得税の二重課税を排除する趣旨であった〔206〜208頁参照〕）。贈与税は財産税であり、所得税との二重課税は生じないとの考えもあるが、非課税規定がおかれている。この非課税規定が「個人からの贈与」を対象にしており「法人からの贈与」を除外しているのは、法人からの贈与の場合は上記のとおり受贈者に贈与税は課されないため、二重課税を排除する必要がないからである。

❹………暦年課税と相続時精算課税──贈与税はいつ、どのようにして納めるのか

　贈与税の納税義務は贈与による財産の取得の時であるが（税通15条2項5号）、その確定は申告納税方式であるため、第1次的には確定申告により、第2次的には税務署長からの決定または更正による（同条1項・16条1項1号・2項1号、相法28条）。贈与により財産を取得した者は、その年の翌月2月1日から3月15日（原則）までに、課税価格、贈与税額その他財務省令で定める事項を記載した申告書を納税地の所轄税務署長に提出しなければならない（同条）。その年中（1月1日から12月31日）に取得した財産の価額を合計して贈与税額は計算されるため（同21条の2第1項・2項）、所得税と同様に暦年課税である。

　相続時精算課税制度（263頁参照）が適用される場合、贈与税は贈与税の課税価格から特別控除をした後に残額がある場合にのみ、税率20％で課税されることになる（相法21条の12第1項・21条の13）。

TOPICS 11

資産移転時期に中立的な相続税・贈与税の一体化に向けた検討（令和3年度税制改正大綱）

　高齢化等から、高齢世代に資産が偏在し、若年世代への資産移転が進みにくい状況下で、早いタイミングで資産移転が起きれば経済

活性化につながるため、資産の早期における世代間移転の促進のための税制の構築が、現在重要課題とされている。

　こうした課題に取り組むため、令和3年度税制改正大綱においては、諸外国の制度も参考にしながら、「相続税と贈与税をより一体的に捉えて課税する観点から、現行の相続時精算課税制度と暦年課税制度のあり方を見直すなど、格差の固定化の防止等に留意しつつ、資産移転の時期の選択に中立的な相続税・贈与税の確立に向けて、本格的な検討を進める」こととされた。また、令和4年度税制改正大綱でも同旨の記載がされ、今後の課題となった。

Ⅱ　納税義務者──贈与税の納税義務は、誰が負うのか

　贈与税は、以下の者を納税義務者として課される税である（相法1条の4第1項）。

(1)　贈与により財産を取得した法所定の個人で当該財産を取得した時に国内に住所を有するもの（相法1条の4第1項1号。居住無制限納税義務者）

(2)　贈与により財産を取得した次に掲げる者で、当該財産を取得した時に国内に住所を有しないもの（相法1条の4第1項2号。非居住無制限納税義務者）

(ⅰ)　日本国籍を有する個人（当該贈与前10年以内のいずれかの時に国内に住所を有していたことがあるもの等）

(ⅱ)　日本国籍を有しない個人（当該贈与をした者が外国人または非居住の場合を除く）

(3)　贈与により国内財産を取得した個人で当該財産を取得した時に国内に住所を有するもの（(1)の者を除く）、または有しないもの（(2)の者を除く）（相法1条の4第1項3〜4号。制限納税義務者）

かつては、国外財産の贈与がなされた場合、受贈者の住所が国内にない場合、当該受贈者は、贈与税の納税義務を負わなかった。しかしこの規定を利用した租税回避が行われるようになったため、平成 12 年度の租税特別措置法改正で防止規定が設けられ、その後、平成 15 年度の相続税法改正で規定（1条の4第1項2号イ参照）が設けられた。

　なお、相続税と同様に、平成 29 年度の相続税法改正で、贈与税の納税義務者は修正された。国外居住期間を5年以内から 10 年以内に拡大するなどの改正である（231 頁参照）。

　平成 12 年度改正前に、大手消費者金融であった武富士の会長が長男に同社株式が資産の8割以上を占めるオランダの会社の株式（国外財産）を、長男が香港に居住するようになってから贈与した事案があった。約 1200 億円の贈与税の回避であったため、課税要件としての「住所」の意義をめぐり訴訟が起きた。最高裁は客観的に居住の実態がある場所が「住所」であり（民法の概念）、租税回避の意図があったとしても、香港が住所であるとして、贈与税決定処分を違法と判断した（最判平成 23 年2月 18 日集民 236 号 71 頁）。

TOPICS 12

住所の意義

　みなし贈与が適用される信託行為時に乳幼児であった納税者 X の住所が争われた裁判例がある。裁判所は住所の判定について、「生後約8か月の乳児であって、両親に養育されていたのであるから、X の住所を判断するに当たっては、X の両親の生活の本拠が異ならない限り、その生活の本拠がどこにあるかを考慮して総合的に判断すべきである」とした。そのうえで、アメリカ国籍のみをもち、アメリカに生まれ、出生から信託行為当時までの1年間で 183 日アメリカに滞在し、日本の滞在が 72 日のみの場合でも、「両親の生活の本拠を重要な要素として考慮すべき」として、住所を日本と判断した（名古屋高判平成 25 年4月3日訟月 60 巻3号 618 頁）。

不動産の贈与による財産の取得時期について、公正証書による贈与契約書が存在しても、贈与税の負担を回避するために作成されたものとして、作成時に書面による贈与があったことを認めず、所有権の移転登記手続がされたときに財産の取得が認められたものがある（名古屋高判平成 10 年 12 月 25 日訟月 46 巻 6 号 3041 頁）。

なお、贈与税の場合も、個人以外の人格のない社団または財団等が例外的に贈与税の納税義務を負う場合がある（相法 66 条 1 項・4 項。232 頁参照）。

Ⅲ　課税物件

❶………**本来の贈与財産**──本来の贈与財産は、どのようなものか

贈与税は、納税義務者（相法 1 条の 4 第 1 項。253〜255 頁参照）が、贈与者から贈与により取得した財産の全部について課されるのが原則である（同 2 条の 2 第 1 項。ただし、制限納税義務者は国内財産に限られる〔同条 2 項〕）。

ただし、相続税法の規定により贈与があったとみなされる場合にも、贈与税が課される（5 条〜 9 条の 6。みなし贈与）。また、様々な理由から、同法が特に贈与税の課税対象から除外しているものもある（21 条の 3・21 条の 4。非課税財産）。

TOPICS 13

贈与税の成立時期の主張立証責任

父から金地金の贈与を受けた時期が争われた裁判例がある（京都地判平成 27 年 10 月 30 日税資 265 号順号 12750）。裁判所は、次の考え方を示し、請求を一部認容した。

課税処分取消訴訟では、訴訟物が「課税処分の取消原因としての違法性一般（適法性の欠缺一般）、すなわち、処分の主体、内容、手

続、方式等実体上及び手続上のすべての面における違法である」ため、原告（納税者）は、「課税処分を主体、名宛人、主文等によって特定し、それが『違法』である旨主張すれば……訴訟物は特定され、請求原因に係る主張としては足り」、被告（課税庁。国）は「租税債権の発生原因事実として、課税処分が実体上及び手続上の適法要件を具備していることを抗弁として主張立証」する必要がある。

　金地金の贈与の時期（贈与税の納税義務の成立時期）が争点になった本件では、原告が一応、3回の贈与（平成6年6月、平成12年7月、平成16年12月）を主張するものの、原告は「3回の贈与につき立証責任を負担しているものではなく、被告が平成18年4月4日の贈与の立証責任を負担している」ため、原告は「被告の上記立証に合理的な疑いを生ぜしめ、これを不奏功にしさえすれば足りる」という、主張立証責任の構造を示した。

　そのうえで、贈与税の納税義務が「贈与……による財産の取得の時」に成立するとされ（税通15条2項5号）、「贈与……された時」とはされていないことの「趣旨は、贈与税が、受贈者の担税力に着目して課される税であることから、受贈者が当該贈与によって現実に担税力を取得するに至った時に課税する点にある」とし、「書面によらない贈与がされた場合、その履行が終わるまでは、各当事者がいつでも自由に撤回することができるため（民法550条）」、「履行完了前は、贈与の目的とされた財産の確定的な移転があったということができ」ず、「受贈者が現実に担税力を取得するに至ったとまで評価することはできない」ため、「贈与税の納税義務の成立時期は、書面によらない贈与の場合は、その履行が完了した時」であるとの解釈が示された。

❷………みなし贈与財産

1　意義──みなし贈与財産は、なぜ規定されているのか

　贈与がなされていないにもかかわらず、贈与があったとみなされて（みなし贈与）、贈与税が課されるのは、次の場合である（相法5条〜9条の6）。

これらの場合、法的には贈与によって取得したとはいえないが、租税回避防止のため、実質的にみて、一定の利益が贈与者から受贈者に移転していると考え、贈与財産とみなす規定が設けられている（235～236頁参照）。

2 保険契約の保険金──どのようなものが、みなし贈与財産に当たるのか

生命保険契約の保険事故または損害保険契約の保険事故が発生した場合、保険料の全部または一部を保険金受取人以外の者が負担したものである場合、保険事故が発生した時に、保険金受取人が、取得した保険金のうち当該保険金受取人以外の者が負担した保険料で保険事故が発生した時までに払い込まれたものの全額に対する割合に相当する部分を保険料負担者から贈与により取得したものとみなされる（相法5条1項）。

3 定期金給付契約の定期金──どのようなものが、みなし贈与財産に当たるのか

定期金給付契約の定期金給付事由が発生し、当該契約の保険料等の全部または一部が定期金受取人以外の者が負担したものである場合、当該定期金給付事由が発生した時に、定期金受取人が、取得した定期金給付契約に関する権利のうち当該定期金受取人以外の者が負担した保険料等の金額の当該契約の保険料等で当該定期金給付事由が発生した時までに払い込まれたものの全額に対する割合に相当する部分を当該保険料等の負担者から贈与により取得したものとみなされる（相法6条1項）。

4 著しく低い価額の対価で財産の譲渡を受けた場合──どのようなものが、みなし贈与財産に当たるのか

著しく低い価額の対価で財産の譲渡を受けた場合、当該財産の譲渡があった時に、当該財産の譲渡を受けた者が、当該対価と当該譲渡があった時の当該財産の時価との差額に相当する金額を譲渡した者から贈与により取得したものとみなされる（相法7条本文）。ただし、譲受人が資力を喪失して債務を弁済することが困難である場合に、扶養義務者から当該債務の弁済に充てるためになされたときは、弁済することが困難な金額は除外され

る（同条但書）。

親族間での土地持分の譲渡について、相続税評価額（路線価）と同程度の時価の約78％であったことから「著しく低い価額」の対価ではないとして、相続税法7条の適用が否定された例がある（東京地判平成19年8月23日判タ1264号184頁）。

5 対価を支払わないで、または著しく低い価額の対価で債務の免除等がなされた場合——どのようなものが、みなし贈与財産に当たるのか

対価を支払わないで、または著しく低い価額の対価で債務の免除、引受けまたは第三者のためにする債務の弁済による利益を受けた場合、当該債務の免除、引受けまたは弁済があった時、当該債務の免除、引受けまたは弁済による利益を受けた者が、当該債務の免除、引受けまたは弁済についての債務の金額に相当する金額を当該債務の免除、引受けまたは弁済をした者から贈与により取得したものとみなされる（相法8条本文）。

ただし、債務者が資力を喪失して債務を弁済することが困難な場合の除外規定がある（相法8条但書1号・2号）。

6 対価を支払わないで、または著しく低い価額の対価で利益を受けた場合——どのようなものが、みなし贈与財産に当たるのか

上記1～5のいずれのみなし贈与にも該当しない場合でも、対価を支払わないで、または著しく低い価額の対価で利益を受けた場合、当該利益を受けた時に、当該利益を受けた者が、当該利益を受けた時の当該利益の価額に相当する金額を当該利益を受けさせた者から贈与により取得したものとみなされる（相法9条本文）。ただし、受益者が資力を喪失して債務を弁済することが困難な場合の除外規定がある（同条但書）。

医療法人の増資に応じた者に相続税法9条が適用されるとした例（最判平成22年7月16日判タ1335号57頁）、死亡共済金の受給者に「贈与と同様の経済的利益の移転があったとは認められない」として同条の適用が否定された例（大阪高判平成26年6月18日税資264号順号12488）等がある。

7 信託による利益──どのようなものが、みなし贈与財産に当たるのか

信託による利益についても贈与により取得されたとみなされるものがある（相法9条の2〜9条の6）。平成19年改正前の相続税法4条1項の規定ではあるが、信託行為および受益者の意義について、信託法と同義に捉えたものがある（名古屋高判平成25年4月3日訟月60巻3号618頁〔254頁〕）。

TOPICS 14

信託行為の受益者としてみなし贈与の適用が争われた事案

平成19年改正前の相続税法4条1項の規定ではあるが、祖父がアメリカのニュージャージー州法に準拠して、アメリカ国籍のみをもつ孫（アメリカで生まれて1年程度）を受益者とする信託を設定した信託行為についての裁判例がある。信託財産が当該孫の父（生命保険契約締結時32歳）を被保険者とする生命保険契約に投資し、その死亡保険金をもって信託の受益者に利益を分配することが目的とされていた。そこで、第1審では、「信託行為」には当たるが、未だ信託による利益を現に有する地位がないとして「受益者」には当たらないとされた（名古屋地判平成23年3月24日税資261号順号11654）。

しかし、控訴審では「受益者」の意義を1審のように限定する理由はないとして、信託法の定義によれば受益者に当たるとされた（前掲名古屋高判平成25年4月3日）。

❸ ⋯⋯⋯⋯非課税財産──非課税財産には、どのようなものがあるのか

次の財産については、贈与税の課税価格（261頁参照）に算入されない（相法21条の3第1項。非課税財産）。

(1) 法人からの贈与により取得した財産（相法21条の3第1項1号）。法人には相続が発生せず、相続税法の補完税としての贈与税を課すべき場面ではない。受贈者が個人の場合には所得税が課され（通常は一時所得になる（所基通34−1(5)参照。116頁参照）、法人の場合には法人税

が課される（法法22条2項）。

(2) 扶養義務者相互間において生活費または教育費に充てるためにした贈与により取得した財産のうち通常必要と認められるもの（相法21条の3第1項2号）。

(3) 宗教、慈善、学術その他公益を目的とする事業を行う者で政令で定めるものが贈与により取得した財産で当該公益を目的とする事業の用に供することが確実なもの（相法21条の3第1項3号）。

(4) 所得税法78条3項（寄附金控除）に規定する特定公益信託で学術に関する顕著な貢献を表彰するものとして、もしくは顕著な価値がある学術に関する研究を奨励するものとして財務大臣の指定するものから交付される金品で財務大臣の指定するものまたは学生もしくは生徒に対する学資の支給を行うことを目的とする特定公益信託から交付される金品（相法21条の3第1項4号）。

(5) 条例の規定により地方公共団体が精神または身体に障害のある者に関して実施する共済制度で政令で定めるものに基づいて支給される給付金を受ける権利（相法21条の3第1項5号）。

(6) 公職選挙法の適用を受ける選挙における公職の候補者が選挙運動に関し贈与により取得した金銭、物品その他の財産上の利益で同法189条の規定（選挙運動に関する収入および支出の報告書の提出）による報告がなされたもの（相法21条の3第1項6号）。

Ⅳ　贈与税の計算

❶⋯⋯⋯⋯贈与税の計算──贈与税はどのように計算されるのか

　贈与税は、贈与税の課税価格（相法21条の2）から、基礎控除（同21条の5）および配偶者控除（同21条の6）の各控除をした後の課税価格に、所定の税率表の区分に応じた税率を適用し（同21条の7）、さらに税額控除（同21条の8）を行い計算される（同21条）。

❷⋯⋯⋯**課税価格**──贈与税の課税価格はどのように計算されるのか

　居住無制限納税義務者（相法1条の4第1項1号）・非居住無制限納税義務者（同条1項2号）は、その年中（1月1日から12月31日までの1年間）に贈与によって取得した財産の価額の合計額が、贈与税の課税価格となる（同21条の2第1項）。

　これに対して、制限納税義務者（相法1条の4第1項3〜4号）は、その年中において贈与により取得した国内財産の価額の合計額が、贈与税の課税価格となる（同21条の2第2項）。

　以上の課税価格には、非課税財産は算入されない（相法21条の3・21条の4）。

❸⋯⋯⋯**課税価格からの控除**

　以上の課税価格から、以下の控除がなされる（基礎控除、配偶者控除）。

1　基礎控除──基礎控除はいくらか

　贈与税を計算する際に必ず控除されるのが、基礎控除である。課税価格から60万円が控除されると相続税法に規定されているが（21条の5）、平成13年1月1日以後の贈与については110万円とされている（措法70条の2の4。基礎控除の特例）。そこで、基礎控除の額は、1年間で110万円となる。

2　配偶者控除──配偶者控除はどのように定められているのか

　配偶者控除は、配偶者であれば必ず控除されるものではない。所定の要件を満たす場合に課税価格から、2000万円を限度として控除される（相法21条の6）。その要件は、①婚姻期間が20年以上の配偶者であること、②専ら居住の用に供する土地もしくは土地の上に存する権利もしくは家屋で日本国内にあるもの（居住用不動産）または金銭を取得したこと、③当該取得の日の属する年の翌年3月15日までに当該居住用不動産をその者の居住の用に供し、かつ、その後引き続き居住の用に供する見込みである

場合または同日までに当該金銭をもって居住用不動産を取得して、これをその者の居住の用に供し、かつ、その後引き続き居住の用に供する見込みである場合である（同条1項）。

手続要件として、申告書または更正請求書（税通23条1項）に、配偶者控除を受ける金額その他の控除に関する事項等を記載した書類その他の財務省令で定める書類の添付が必要になる（相法21条の6第2項）。

❹………税率——贈与税の税率は、どのように定められているのか

贈与税の額は、課税価格から基礎控除および配偶者控除の各控除をした後の課税価格に、以下の税率表に従った税率を適用することで計算される（相法21条の7）。贈与税の税率は、以下の税率表のとおり、所得税および相続税と同様に超過累進税率である（税率は相続税の税率よりも、補完税であることから、高くなっている）。

贈与税の税率は、現在は二つある。一般税率は、図表5のものである（一般贈与財産）。これに対し、平成27年1月1日以後に直系尊属からの贈与により財産を取得したその年の1月1日に20歳（令和4年4月1日からは、18歳）以上の者に対しては、一般税率とは異なる（一般税率よりも低い）特例税率が適用される（措法70条の2の5。特例贈与財産）。

【図表5　贈与税の税率（一般税率）】

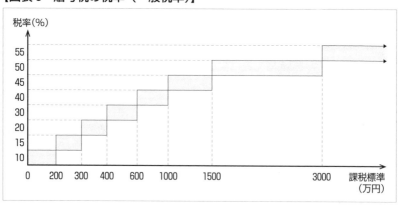

なお、次に述べる税額控除がある場合には、税率適用後の税額からさら
に税額控除額を控除したものが贈与税の額になる。

❺………**税額控除**──贈与税の税額控除には、どのようなものがあるのか

　贈与により国外財産を取得した場合、当該財産について外国の法令によ
り贈与税に相当する税が課せられたときは、税率を適用して計算した金額
から外国で課せられた税額に相当する金額を控除した残額が、納付すべき
贈与税額となる（相法 21 条の 8 本文。**外国税額控除**）。外国で納付した税額
と日本で納付すべき贈与税額との間に生じる二重課税を調整するものであ
る。

　ただし、その控除すべき金額が、計算した金額に当該財産の価額が当該
財産を取得した日の属する年分の贈与税の課税価格に算入された財産の価
額のうちに占める割合を乗じて計算した金額を超える場合、その超える部
分の金額は、控除されない（相法 21 条の 8 但書）。

V　生前贈与促進税制

　生前贈与を促進する税制に、次のようなものがある。

❶………**相続時精算課税制度**──相続時精算課税制度とは、どのような制度
　　　　なのか

　相続時精算課税制度は、相続税と贈与税の一体化措置として、平成 15
年度改正で創設されたものである（相法 21 条の 9 ～ 21 条の 18）。同制度は、
生前贈与と相続との間で資産移転の時期の選択に対して**税制の中立性**を確
保することの重要性が認識され、従来の相続税と贈与税の関係を大きく見
直す目的で導入された（税制調査会「平成 15 年度における税制改革について
の答申─あるべき税制の構築に向けて」〔平成 14 年 11 月〕10 頁）。

　相続時精算課税の適用を受けるためには、受贈者が、贈与者の直系卑属

で、その年の1月1日に20歳（令和4年4月1日からは、18歳）以上の推定相続人であり、かつ、贈与者が贈与日に60歳以上であることを満たす必要がある（相法21条の9第1項）。また、贈与税申告書の提出期限（同28条1項）までに、この規定の適用を受けようとする旨その他財務省令で定める事項を記載した届出書を納税地の所轄税務署長に提出しなければならない（同21条の9第2項）。

相続時精算課税が適用されると、この適用を受ける贈与者ごとに、その年中に贈与により取得した財産の価額を合計し、それぞれの合計額が贈与税の課税価格となる（相法21条の10）。また、贈与者ごとの贈与税の課税価格から、2500万円または贈与者ごとの課税価格のうち低い金額が控除される（同21条の12第1項。特別控除）。なお、この2500万円については、すでに過去の年分で控除された金額がある場合は控除後の残額になる（同項1号括弧書）。

相続時精算課税が適用されると、上記控除後の金額に一律20％の税率を適用して、納付すべき贈与税額が計算される（相法21条の13）。

相続時精算課税の適用を受けた贈与については、相続が開始した場合、その贈与財産の価額を相続税の課税価格に加算する（相法21条の15第1項）。ただし、すでに納付した贈与税がある場合、相続税額から当該贈与税の価額に相当する金額が控除され（税額控除。243頁参照）、その控除後の金額が納付すべき相続税額になる（同条3項）。

TOPICS15

相続時精算課税制度における贈与税相当額の還付請求権
——消滅時効の起算点

相続時精算課税制度における贈与税相当額の還付金請求権の消滅時効の起算日が争われた裁判例がある（東京地判令和2年3月10日判例集未登載〔LEX/DB25584311〕）。

具体的には、国税通則法74条1項が定める「その請求をすること
ができる日」の解釈が問題になった。課税庁は、「相続開始の日の
翌日」であると主張し（相続開始日説）、納税者は、「相続税の法定
申告期限の最終日」であると主張した（法定申告期限説）。

　裁判所は、相続時精算課税に係る贈与税相当額の還付金請求権が、
「還付金等に係る国に対する請求権」（税通74条1項）に該当する
とし、5年の消滅時効の起算日となる「その請求をすることができ
る日」の解釈は、判例法理に従い、「法律上権利行使の障害がなく、
権利の性質上、その権利行使が現実に期待のできるものであること
を要する」とした（最大判昭和45年7月15日民集24巻7号771頁、
最判平成8年3月5日民集50巻3号383頁参照）。

　そのうえ、「相続時精算課税に係る贈与税相当額の還付金請求権
は、相続税還付申告書を提出することによって請求をすることがで
き」、「相続税法上、同還付金請求権について申告期限の定めはない
ところ、相続の開始時に相続税の納税義務が発生する（国税通則法
15条2項4号）一方で、同還付金請求権がある場合には、その額の
算定も可能となる」とし、「その請求をすることができる日」を相続
開始の日であると解し、同請求権は「相続開始の日の翌日から起算
して5年を経過した時点で時効消滅する」と判断した。

❷………住宅取得等資金の贈与税の非課税──住宅取得等資金の贈与税
　　　の非課税とは、どのような措置なのか

　直系尊属からの住宅取得等資金の贈与については、所定の要件を満たし
た場合に非課税となる措置が定められている（措法70条の2。住宅取得等
資金の贈与税の非課税）。

　平成27年1月1日から令和3年12月31日（同4年度改正で、同5年12
月31日に延長予定）までの間に直系尊属からの贈与により住宅取得等資金
（措法70条の2第2項5号）の取得をした受贈者が、所定の要件を満たす
場合には、当該贈与により取得をした住宅取得等資金のうち住宅資金非課

税限度額（500万～1500万円。同項6号）までの金額または**特別住宅資金非課税限度額**（1000万～3000万円。同項7号）までの金額（平成31年4月1日以後に住宅用の家屋の新築、取得または増改築等の契約を締結してこの項の規定の適用を受ける場合には、これらの金額のうちいずれか多い金額）は、贈与税の課税価格に算入されない（同条1項）。

❸………**教育資金の一括贈与に係る贈与税の非課税**── 教育資金の一
　　　　　括贈与に係る贈与税の非課税とは、どのような措置なのか

　直系尊属からの教育資金の一括贈与についても、所定の要件を満たした場合に非課税となる措置が定められている（措法70条の2の2。教育資金の一括贈与に係る贈与税の非課税）。

　平成25年4月1日から令和5年3月31日までの間に、個人（教育資金管理契約を締結する日に30歳未満の者に限る）が、その直系尊属と信託会社との間の教育資金管理契約に基づき信託受益権を取得した場合、その直系尊属からの書面による贈与により取得した金銭を教育資金管理契約に基づき銀行等の営業所等において預金もしくは貯金として預入れをした場合または教育資金管理契約に基づきその直系尊属からの書面による贈与により取得した金銭等で金融商品取引法2条9項に規定する金融商品取引業者の営業所等において有価証券を購入した場合、当該信託受益権、金銭または金銭等の価額のうち1500万円までの金額（すでにこの項の規定の適用を受けて贈与税の課税価格に算入しなかった金額がある場合には、当該算入しなかった金額を控除した残額）に相当する部分の価額は、贈与税の課税価格に算入されない（措法70条の2の2第1項）。

　なお、平成31年4月1日以後は、受贈者の前年の合計所得金額が1000万円を超える場合は、適用されない（措法70条の2の2第1項但書）。

　　☛ Aが孫Fに500万円を司法試験の勉強のために贈与したのは、孫への教育
　　　資金の贈与ではあるが、信託会社との契約等があるわけではなく上記要件を
　　　満たないため、非課税制度の適用はない。

❹………結婚・子育て資金の一括贈与に係る贈与税の非課税──結婚・子育て資金の一括贈与に係る贈与税の非課税とは、どのような措置なのか

　直系尊属からの結婚・子育て資金の一括贈与についても、所定の要件を満たした場合に非課税となる措置が定められている（措法70条の2の3第1項。結婚・子育て資金の一括贈与に係る贈与税の非課税）。

　平成27年4月1日から令和5年3月31日までの間に、個人（結婚・子育て資金管理契約を締結する日に20歳〔同4年4月1日からは、18歳〕以上50歳未満の者に限る）が、その直系尊属と信託会社との間の結婚・子育て資金管理契約に基づき信託受益権を取得した場合、その直系尊属からの書面による贈与により取得した金銭を結婚・子育て資金管理契約に基づき銀行等の営業所等において預金もしくは貯金として預入れをした場合または結婚・子育て資金管理契約に基づきその直系尊属からの書面による贈与により取得した金銭等で金融商品取引法2条9項に規定する金融商品取引業者の営業所等において有価証券を購入した場合、当該信託受益権、金銭または金銭等の価額のうち1000万円までの金額（すでにこの項の規定の適用を受けて贈与税の課税価格に算入しなかった金額がある場合には、当該算入しなかった金額を控除した残額）に相当する部分の価額は、贈与税の課税価格に算入されない（措法70条の2の3第1項）。

　なお、平成31年4月1日以後は、受贈者の前年の合計所得金額が1000万円を超える場合は、適用されない（措法70条の2の3第1項但書）。

第3節　財産の評価

Ⅰ　時価評価と法定評価

❶………時価評価——財産評価基本通達の規定は、どのように考えるべきか

　相続税の課税物件は、原則として、「相続又は遺贈により取得した財産の全部」であり（相法2条1項）、課税価格は「当該相続又は遺贈により取得した財産の価額の合計額」である（同11条の2第1項）。

　また、贈与税の課税物件は、原則として、「贈与により取得した財産の全部」であり（相法2条の2第1項）、課税価格は「贈与により取得した財産の価額の合計額」である（同21条の2第1項）。

　このように、相続税も贈与税も「取得した財産」が課税の対象にされているため（例外的に国外財産になる場合も変わらない）、相続税法は「評価の原則」の規定を設けており、相続または遺贈により取得した財産の価額は、当該財産の取得の時における時価によることになる（22条）。

　財産の評価には、一般論としては、取得原価主義（原価主義）と時価主義の二つの考え方がある。相続税法では、時価主義が採用されている（22条。なお、「控除すべき債務の金額」については、「その時の現況による」と定められている〔同条〕）。

　相続により財産を取得した時とは、遺産分割時ではなく、相続開始時をいう（東京高判平成18年9月14日判時1964号40頁）。時価とは、客観的交換価値のことである。具体的には、不特定多数の当事者間で自由な取引が行われる場合に通常成立する価額をいう（名古屋地判平成3年5月29日税資183号837頁等）。

　不特定多数の当事者間であることが要されるため、特定少数の当事者間での取引があったとしても、その取引で用いられた価額は、時価を表す適切な売買事例ではない（東京地判平成17年10月12日税資255号順号10156

参照）。

　納税者間の公平を確保し、大量の事案を画一的に処理すべき課税実務上の要請に応えるため、国税庁長官によって発遣されている財産評価基本通達（以下「評価通達」という）の規定がある。しかし、通達は行政庁における内部命令であり法律ではない（国家行政組織法 14 条 2 項）。法律による委任があるものではなく「法律の定める条件」（憲 84 条）にも当たらないため、通達の規定は、課税の根拠にはならない（課税要件法定主義）。判例も、通達に法源性を認めていない（最判昭和 33 年 3 月 28 日民集 12 巻 4 号 624 頁、最判昭和 38 年 12 月 24 日集民 70 号 513 頁等）。しかし、課税の公平性（租税平等主義）の観点から、評価通達が定める時価評価の計算方法に合理性があることが立証された場合には、納税者間の公平を著しく害するような特段の事情がないかぎりは、評価通達が定めた計算方法によるべきとされている（東京高判平成 25 年 2 月 28 日税資 263 号順号 12157 等）。

Keyword 8　一物一価と評価通達、総則 6 項

　相続税および贈与税は「時価」で財産が評価されるが（相法 22 条）、時価は果たして一つだけなのか、という議論もある。一物一価といわれる考え方は、財産の時価は一つのみという考え方であるが、非上場会社の株式など市場性がない財産については、これを取得する目的や立場により適正な価額（時価）は変わるのが実際である。しかし、相続税・贈与税の税額を計算するために必要なのが財産の評価（時価評価）である。

　評価通達には総則 6 項という規定がある。総則 6 項では、同通達の定めによって評価することが「著しく不適当と認められる」財産の価額は、国税庁長官の指示を受けて評価する。裁判では特段の事情があることが立証されれば、一般的に合理性があるとされた評価通達の規定がある場合でも、それ以外の評価方法を用いることが可能になると考えられている。

　相続開始の 3 年半ほど前に共同住宅を借入れによって購入する相続税対策が行われた事例で、総則 6 項が適用され、評価通達と異なる鑑定評価額で更正処分がされた事例がある。第一審・控訴審は「特段の事情」を認めた（東京地判令和元年 8 月 27 日税資 269 号順号 13304、東京高判令和 2 年

6月24日金判1600号36頁）。敗訴した納税者の上告受理申立てが受理され、弁論が開かれることになった上告審の判断が待たれる。

❷………法定評価──法定評価には、どのようなものがあるのか

　財産の評価（時価評価）についての具体的な計算方法は、評価通達に規定があり（ただし、法が委任しているわけではなく「法律の定める条件」〔憲84条〕に当たるものではない）、課税実務はこれにならっている。

　もっとも、相続税法が評価方法を定めているものもある（**法定評価**）。①地上権および永小作権の評価（23条。権利を取得した時の権利が設定されていない場合の時価に、残存期間に応じて同条が定める割合を乗じて計算する）、②配偶者居住権等の評価（23条の2。配偶者居住権、その目的となる建物、その敷地の用に供される土地を使用する権利、土地のそれぞれの価額を、同条1〜4項に基づき計算する）、③定期金に関する権利の評価（24条・25条。276頁参照）、④立木の評価（26条。取得時の時価に85％の割合を乗じて計算する）である。

> **Ⅱ　財産の種類に応じた評価**

❶………評価の原則──時価評価は、どのように考えるべきか

　通達の規定で時価評価を行うことには租税法律主義（憲84条）との関係で問題があるとの指摘もあるが、相続税法22条が定める課税要件である時価の評価方法を定めるにすぎない。裁判例も、租税平等主義（憲14条1項・84条）の観点から、その内容に合理性があれば特別の事情がないかぎり、評価額により時価を算定する傾向がある。

　そこで以下では、評価通達（財産評価基本通達。以下、「財基通」）が定める評価方法について説明する。

　☛ Aの財産である甲社株式、乙建物、丙土地は、原則として以下の評価通達

によって評価されることになる。

　ただし、特別の事情があれば、評価通達の規定どおりではない時価評価がされる可能性はある。

❷………不動産の評価

1　土地の評価

　⑴　宅地の評価——宅地の評価は、どのように行われるのか　　住居や事務所の敷地になる土地を宅地という。宅地の評価には、路線価方式と倍率方式がある。原則として、市街地の場合は路線価方式で評価し、それ以外の場合は倍率方式で評価する（財基通11）。

　路線価方式は、路線価（その宅地の面する路線に付された価格）に宅地の面積を乗じて計算する評価方法である（財基通13）。路線価×奥行価格補正率×各種補正率×宅地の面積で計算する（同13）。各種補正率には、奥行長大補正率（奥行が長い宅地の補正率）、不整形地補正率（形が整っていない宅地の補正率）、間口狭小補正率（間口が狭い宅地の補正率）などがある（同15・20・20-3・20-4）。

　倍率方式は、固定資産評価額に評価倍率（地価事情の類似する地域ごとに、その地域にある宅地の売買実例価額、公示価格、不動産鑑定士等による鑑定評価額、精通者意見価格等を基として国税局長の定める倍率）を乗じて計算する評価方法である（財基通21・21-2）。

　なお、市街化区域内の宅地の評価が争われた事案で、土地について複数の異なる評価額の不動産鑑定が存在する場合、当該鑑定の合理性を比較検討したうえで、より合理性が高いと判断できる鑑定の評価額を時価と評価すべきとしたものがある（名古屋地判平成16年8月30日判タ1196号60頁）。

TOPICS 16

私道供用地の財産評価

　相続財産である土地の一部について、私道の用に供されている宅

地（私道供用宅地）の相続税の申告について、その財産評価の方法が争われた事例がある（最判平成29年2月28日民集71巻2号296頁）。最高裁は、私道供用地についての財産評価（相法22条）においては減額がなされるべきとの主張をした納税者の請求を棄却した第一審判決（東京地判平成27年7月16日税資265号順号12697）について控訴棄却をした原審（東京高判平成28年1月13日税資266号順号12782）の判断を覆し、以下のように判示した。

　まず、相続税法22条の定める「時価」について、「課税時期である被相続人の死亡時における当該財産の客観的交換価値をいう」としたうえで、「私道の用に供されている宅地については、それが第三者の通行の用に供され、所有者が自己の意思によって自由に使用、収益又は処分をすることに制約が存在することにより、その客観的交換価値が低下する場合に、そのような制約のない宅地と比較して、相続税に係る財産の評価において減額されるべき」とした。また、そうであれば、私道供用地の「客観的交換価値が低下するものとして減額されるべき場合を、建築基準法等の法令によって建築制限や私道の変更等の制限などの制約が課されている場合に限定する理由はな」いとし、こうした「宅地の相続税に係る財産の評価における減額の要否及び程度は、私道としての利用に関する建築基準法等の法令上の制約の有無のみならず、当該宅地の位置関係、形状等や道路としての利用状況、これらを踏まえた道路以外の用途への転用の難易等に照らし、当該宅地の客観的交換価値に低下が認められるか否か、また、その低下がどの程度かを考慮して決定する」と判示した。

⑵　**貸宅地の評価**——貸宅地の評価は、どのように行われるのか　　宅地を他人に貸している場合を貸宅地といい、自己が使用している自用地と区別される。貸宅地は、自用地の評価額（路線価方式または倍率方式）に1から借地権割合を減じたものを乗じて計算する（財基通25）。

⑶　**借地権の評価**——借地権の評価は、どのように行われるのか　　借地人に相続が開始した場合、借地権が相続財産になる。借地権は、自用地の評価

額（路線価方式または倍率方式）に借地権割合を乗じて計算する（財基通27）。

(4) **貸家建付地の評価**──**貸家建付地の評価は、どのように行われるのか**　宅地に建てられた建物を賃貸している土地を貸家建付地という。貸家建付地は、自用地の評価額（路線価方式または倍率方式）に1から借地権割合に借家権割合（国税局長の定める割合〔財基通94(1)〕）と賃貸割合（賃貸部屋の床面積の合計÷全部屋の床面積）を乗じた額を減じたものを乗じて計算する（同26）。

(5) **小規模宅地等の評価減**──**小規模宅地等の評価減は、どのように行われるのか**　被相続人が事業用または居住用に使用していた土地は、要件を満たせば、所定の割合の評価減がある（措法69条の4。小規模宅地等の評価減の特例）。生活の基盤としての価値が認められることを考慮した特例である。

小規模宅地等には、特定事業用宅地等（措法69条の4第3項1号）、特定居住用宅地等（同項2号）、特定同族会社事業用宅地等（同項3号）、貸付事業用宅地等（同項4号）の4種類がある。それぞれについて、限度面積要件（同条2項）と評価減割合（同条1項1号・2号）が定められている。

　☛丙土地はAが居住に使用していた土地であるため、特定居住用宅地に当たり、限度面積要件を満たせば、特例の適用を受けられる可能性がある。

TOPICS 17

小規模宅地等の評価減が認められた
最高裁判決

　平成11年改正前の租税特別措置法69条の3が規定する小規模宅地等の評価減の特例の適用について、納税者を救済した判例がある。土地区画整理事業における仮換地の指定に伴い相続開始の直前に更地となっていた土地で、現実に使用されている状況はなかった。しかし、公共事業である仮換地指定により使用収益が禁止された結果、やむをえない状況にあった。裁判所は、相続開始ないし相続税申告の時点で仮換地を居住の用に供する予定がなかったと認めるに足りる特段の事情がないかぎり「相続の開始の直前において……居住の

用に供されていた宅地」に当たるとして、同特例の適用を認めた（最判平成19年1月23日訟月54巻8号1628頁）。

2 家屋——家屋の評価は、どのように行われるのか

家屋は固定資産税評価額で評価する（財基通89）。マンションの場合は、建物部分は固定資産税評価額で、土地部分は敷地全体の評価額に持分割合を乗じたものの合計額で計算する（同3）。

他人に賃貸している家屋を貸家という。貸家は、建物の評価額（固定資産税評価額）に1から借家権割合を減じたものを乗じて計算する（財基通93）。

❸………株式の評価

1 上場株式——上場株式の評価は、どのように行われるのか

上場株式（証券取引所に上場している株式）は、課税時期の最終価格（終値）によるが、課税時期の属する月以前3か月間の毎日の最終価格の各月ごとの平均額（最終価格の月平均額）のうち最も低い価額を超える場合は、その最も低い額で評価する（財基通169）。

2 気配相場等のある株式——気配相場等のある株式の評価は、どのように行われるのか

気配相場等のある株式のうち、登録銘柄、店頭管理銘柄は上場株式と同じ評価をし、公開途上にある株式は公開価格で評価する（財基通174）。

3 取引相場のない株式——取引相場のない株式の評価は、どのように行われるのか

上場株式にも気配相場等のある株式にも該当しない株式は、取引相場のない株式として、会社の規模（従業員数、総資産価額〔帳簿価額によって計算した金額〕、1年間の取引金額）に応じて大会社、中会社、小会社に分け

られる（財基通178）。大会社は類似業種比準方式（類似業種の評価を基に、1株当たりの配当金額、利益金額、純資産価額〔簿価〕の三つを比準する評価方法）で、中会社は類似業種比準方式と純資産価額方式を併用し、小会社は純資産価額方式（1株当たりの相続税評価額を評価する方法）で評価する（ただし、いずれも、純資産価額が低い場合は純資産価額で評価できる。同179）。以上は同族株主の場合の評価方法である。

　同族株主以外の株主等は、会社に対する支配権をもたない少数株主であり、配当に対する期待をもつにすぎないため、配当還元方式で評価する（財価通188-2）。甲社株式は、原則として配当還元方式で評価される。

TOPICS 18

株式保有特定会社の25％基準を定めた通達の合理性

　非上場会社の株式の評価が争われた相続税の事案で、評価通達の規定に合理性がないとして相続税の更正処分等が取り消された事案がある（東京高判平成25年2月28日税資263号順号12157〔269頁、TOPICS 2〕）。

　株式保有割合が多い会社を「株式保有特定会社」（株特）として、通常の評価方法と異なり純資産価額方式等で時価評価をすべきことを定めた評価通達の規定がある（財基通189-3）。評価通達は、株式保有特定会社を株式保有割合25％以上のものをいうとしていた。裁判所は、この25％基準が規定が制定された平成2年（租税回避防止のために規定された）には合理性があるものの、同事案の相続開始時（平成13年）には合理性があるとの立証がなされていないとされた。制定後、平成9年に独占禁止法が改正されて持株会社が解禁されたことにより、法人の株式保有割合に、統計上明白な変化が生じていたためである。

　評価通達の規定の合理性を制定時だけでなく、適用時においても必要とした点、その立証責任が被告（課税庁）にあるとした点に、この判決の特色がある。取り消された税額も約50億円と巨額であっ

た。上記判決（確定）を受けて、評価通達の規定が改正され、25%
基準が 50%基準となった（財基通 189(2)）。

❹………定期金──定期金に関する権利の評価は、どのように行われるのか

　定期金（給付契約）に関する権利とは、契約によりある期間定期的に金
額その他の給付を受けることを目的とする債権のことであり、毎期に受け
る支分債権ではなく、基本債権のことをいう（東京高判平成 26 年 9 月 11 日
判時 2242 号 56 頁）。

　定期金に関する権利の評価については、相続税法に規定がある（270 頁
参照）。権利を取得した時に定期金給付事由が発生しているもの（同 24 条）
と、権利を取得した時に定期金給付事由が発生していないもの（同 25 条）
に分けて所定の金額で評価することが定められている。

❺………債務の評価──債務の評価は、どのように行われるのか

　債務の評価とは「当該財産の価額から控除すべき債務の金額」の評価の
ことであり（相法 22 条）、債務控除（同 13 条。239 頁参照）の具体的金額の
計算を意味する。債務の評価は、「その時の現況」による（同 22 条）。

　「その時の現況」とされているのは、債務には、財産と異なり、その性
質上客観的な交換価値に相当するものがないためである。控除債務が弁済
すべき金額の確定している金銭債務の場合でも、その金額が当然に当該債
務の相続開始時における消極的経済的価値を示すものとして課税価格算定
の基礎になるものではなく、その利率や弁済期等の現況によって控除すべ
き金額を個別に評価する（最判昭和 49 年 9 月 20 日民集 28 巻 6 号 1178 頁）。

　弁済すべきであるが金額が確定しない債務については、弁済すべきこと
が確実と認められる限度で、控除債務として評価される（相法 14 条 1 項）。
弁済すべき金額が確定し、かつ、相続開始の当時まだ弁済期の到来しない
金銭債務については、通常の利率による利息の定めがある場合は、債務の

元本金額をそのまま控除債務の額として評価するが、約定利率が通常の利率より低い場合は、留保される毎年の経済的利益について通常の利率により弁済期までの中間利息を控除して得られたその現在価値を元本金額から差し引いた金額を、控除債務と評価する（前掲最判昭和 49 年 9 月 20 日）。

事項索引

谷口勢津夫　大阪大学大学院高等司法研究科教授
一高　龍司　関西学院大学法学部教授
野一色直人　京都産業大学法学部教授
木山　泰嗣　青山学院大学法学部教授・弁護士

基礎から学べる租税法〔第3版〕

2017（平成29）年 4 月30日　初版 1 刷発行
2019（平成31）年 3 月30日　第 2 版 1 刷発行
2022（令和 4 ）年 3 月30日　第 3 版 1 刷発行

著　者　谷口勢津夫・一高龍司・野一色直人・木山泰嗣
発行者　鯉渕　友南
発行所　株式
　　　　会社　弘文堂　　101-0062　東京都千代田区神田駿河台1の7
　　　　　　　　　　　　TEL 03（3294）4801　振替 00120-6-53909
　　　　　　　　　　　　https://www.koubundou.co.jp

装　丁　笠井亞子
印　刷　三美印刷
製　本　井上製本所

ISBN978-4-335-35899-9